Les Éditions du Boréal
4447, rue Saint-Denis
Montréal (Québec) H2J 2L2
www.editionsboreal.qc.ca

Nord infini

Kathleen Winter

Nord infini

récit

*traduit de l'anglais (Canada)
par Sophie Voillot*

Boréal

L'édition originale de cet ouvrage a été publiée en 2014 par House of Anansi Press
sous le titre *Boundless: Tracing Land and Dream in a New Northwest Passage.*

Diffusion au Canada : Dimedia
Diffusion et distribution en Europe : Volumen

*Catalogage avant publication de Bibliothèque et Archives nationales du Québec
et de Bibliothèque et Archives Canada*

Winter, Kathleen

    [Boundless. Français]

    Nord infini

    Traduction de : Boundless

    ISBN 978-2-7646-2385-5

    1. Winter, Kathleen – Voyages – Nord-Ouest, Passage du. 2. Inuits – Canada – Conditions sociales. 3. Nord-ouest, Passage du – Descriptions et voyages. I. Titre. II. Titre : Boundless. Français.

    FC3956.W4514   2015   917.19′044   C2015-941658-2

ISBN PAPIER 978-2-7646-2385-5

ISBN PDF 978-2-7646-3385-4

ISBN EPUB 978-2-7646-4385-3

Pour JD

L'eau, la terre, le vent, le ciel : eux seuls possèdent la liberté absolue.

BERNADETTE DEAN

Le corps est une plume que le vent pousse sur la toundra.

AAJU PETER

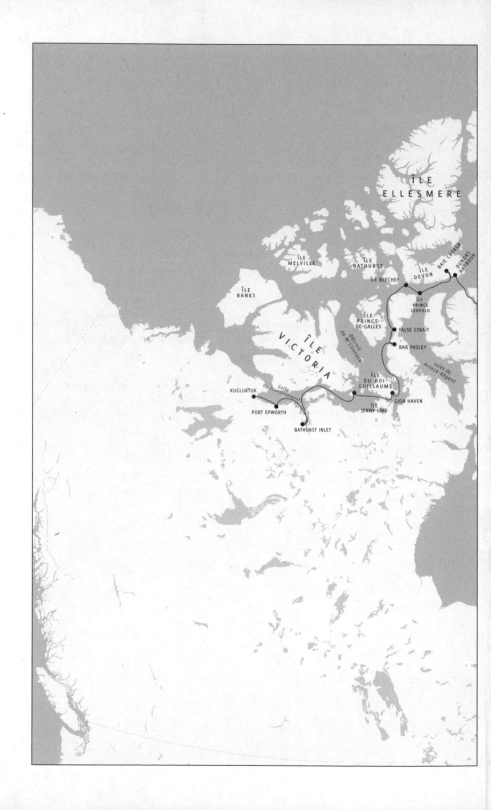

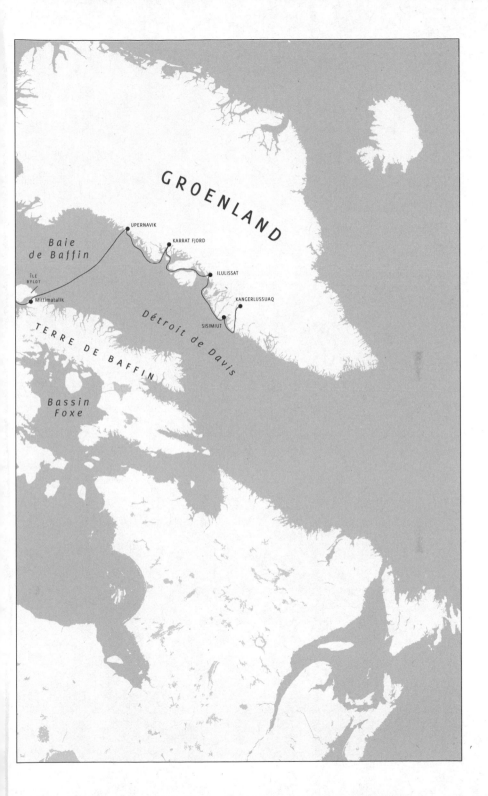

Une invitation

Une semaine avant de recevoir l'invitation qui allait raviver une quête ancienne, oubliée, je lézardais sur un ponton en compagnie d'amis de l'université. C'étaient nos deuxièmes retrouvailles d'été. Après trente ans passés à mener des vies séparées, nous étions désormais des adultes. Je venais d'avoir cinquante ans, et il m'était enfin possible de rire, avec une sorte de compassion, devant la déchirante jeunesse de nos visages alignés dans l'album de fin d'année. Oubliant nos petites rancœurs, nous portions les uns sur les autres un regard que le temps avait rendu plus profond, plus humain. J'avais pourtant perdu l'habitude de rire, remplacée par celle des longues heures passées à écrire, enfermée à l'écart du monde, avant le retour de ma famille pour le repas du soir. Je sortais parfois pour aller à la bibliothèque, pour boire un café en tête à tête avec une amie ou pour un bref pèlerinage en solitaire. Sur le ponton, c'était la fête. Je me serais crue dans un livre de Judy Blume. Il y avait de la bière froide et des nachos; c'était Aloïse, ma compagne de chambre à l'université, qui avait bâti le chalet, un morceau de paradis, avec son mari.

Étendue sur ce quai flottant, je me rappelais les innombrables questions que je me posais sur la vie, à l'époque, quand la lumière colorée de l'enseigne de la taverne juste en dessous du logement que nous partagions, Aloïse et moi, envahissait ma chambre par intermittence. En ce temps-là, il m'arrivait de surprendre le monde ordinaire en pleine métamorphose, d'assister un bref instant à un phénomène étrange et beau qui transformait les pierres, les pommes, les rues, les arbres en autre chose qu'un chaos sans histoire : la ville m'apparaissait envelop-pée d'une sorte de musique inaudible, volutes transparentes chargées d'une signification mystérieuse. À ces moments-là, plus rien n'était ordinaire. Lorsqu'elle se dissipait, comme cela arrivait toujours, cette vision me laissait le cœur en peine. J'avais l'impression que le monde avait cherché à communiquer. La totalité de l'existence me semblait chargée d'une signification lumineuse que je mourais d'envie d'explorer davantage.

Tout au long de ma jeunesse, ces événements transcendants m'avaient plongée, quelques minutes seulement, dans une onde de confluence, d'appartenance à l'univers. Comme si j'étais une particule d'énergie égarée, comme si, l'espace d'un moment d'extase, j'avais été raccordée par hasard au circuit électrique dont je n'avais jamais pourtant cessé de faire partie. Mais la séparation reprenait vite ses droits, ainsi que la tristesse familière. Une mystérieuse menace pesait sur ces visions de splendeur, aussi fortes et vivantes qu'elles fussent. Quelque chose me disait que cette vie, avec ses choses précieuses et simples – les grues profilées contre le ciel, la lueur de l'aube sur les ailes des goélands, le jeu enchanteur de l'ombre et de la lumière dans les escaliers de la ville –, que cette vie cachait une grandeur insoupçonnée et qu'un danger encore inintelligible la guettait. J'avais beau demander aux autres s'ils éprouvaient la même chose et sonder mes manuels à la recherche d'une explication, en plus d'explorer diverses voies spirituelles ; la seule source véritable, c'était le monde naturel lui-même, avec ses objets tangibles, sa lumière, ses formes.

Je trouvais cependant un certain réconfort en la compagnie des poètes, qui, croyais-je, étaient les seuls à comprendre. William Wordsworth a écrit que, dans son enfance, la terre et « les objets communs que nous voyons » lui apparaissaient vêtus de lumière, de « la limpide splendeur neuve des rêves ». Une fois adulte, il déplorait qu'il manquât désormais « une gloire à la fleur, une splendeur à l'herbe ». Je comprenais ce qu'il voulait dire. Après que j'eus quitté l'université, ces visions se sont dissipées pour faire place aux mille et un soucis de ce que mes filles appelleraient ma « période domestique ». Je me suis égarée dans un mariage avec un homme qui espérait trouver en moi une femme que je n'étais pas. Il est tombé malade, puis il est mort au bout de deux ans. Je me disais parfois que c'était la déception que je lui avais causée qui l'avait emporté. Nous avions eu une petite fille qui, après la mort de son père, m'avait aidée à empiler le bois et à ramoner la cheminée. Campée dans l'âtre, elle tenait un seau dans lequel, moi, perchée sur le toit, je chassais la suie avec un balai-brosse en acier.

Puis j'ai fait la connaissance de mon second mari,

briqueteur, maçon, expert en cheminées, et les choses ont commencé à s'améliorer. Nous avons eu une seconde fille, et le travail d'élever une famille nous a absorbés. Dans ce monde-ci, malgré les beaux moments, mon ancienne vision mystérieuse d'un monde perdu fuyait derrière les casseroles de soupe, les mensualités de l'hypothèque et l'heure de nourrir les chèvres. Je désespérais secrètement de retrouver la clé de l'univers entrevu juste en dessous – ou en dedans, je ne sais – de celui qui manquait si cruellement d'inspiration.

Et voilà que cette époque touchait à sa fin. En déménageant à Montréal, j'avais laissé le balai-brosse derrière moi. Mes filles étaient de plus en plus indépendantes, ce qui m'avait permis d'accepter cette invitation, au bord du lac d'Aloïse, et de retrouver mes amis de longue date, ceux qui m'entouraient dans ma jeunesse, alors que tout regorgeait de possibilités. Allongée au soleil sur le ponton léché par les vagues, je devenais à la fois une version plus jeune et plus vieille de moi-même. De temps en temps, l'un d'entre nous énonçait une leçon glanée au fil des années; c'est Denise qui a lancé :

— L'une des choses que j'ai apprises, c'est d'être toujours prête à accepter une invitation, pourvu qu'elle implique un voyage quelque part. Si quelqu'un me dit : « Denise, tu veux venir skier dans les Rocheuses ? » ou bien « Dis donc, on devait aller voir Scarlett Johansson sur Broadway tous les quatre, mais Hadley ne peut plus venir », vous savez ce que je réponds ?

— Non, Denise. Qu'est-ce que tu réponds ? ai-je voulu savoir.

— Mes. Valises. Sont. Déjà. Faites.

— Wow.

— C'est la pure vérité. Dans mon placard, je garde en permanence un sac de voyage tout prêt. Il contient une version congrue de ma trousse de toilette, quelques sous-vêtements, une ou deux tenues de rechange. Je n'ai même pas besoin d'y jeter un coup d'œil.

Cette idée m'a beaucoup plu. Je ne sais trop si c'était parce que je me chauffais au soleil de juillet sur les planches argentées du ponton d'Aloïse – bercée par le léger clapotis des vaguelettes, puis par l'appel d'un huart, tandis que des nuages de coton blanc voguaient dans le ciel –, mais elle m'a électrisée. J'ai déclaré :

— Je vais faire ça, moi aussi, boucler un sac d'escapade. Dès que je serai rentrée.

— Ne te contente pas d'en parler, a répliqué Denise tout en sirotant sa bière avec la même espièglerie que trente ans auparavant.

Denise, c'était l'instigatrice. Celle qui nous mettait au défi de déballer nos secrets sans jamais en révéler un seul des siens. Une diablesse, une subversive dont le culot déteignait sur moi, moi qui me voyais déjà remplir mon bagage et le caser dans l'armoire de ma chambre.

— Ne l'encombre pas de choses superflues, m'a-t-elle conseillé. Le strict minimum. C'est ça, le truc. N'emporte pas une tonne de chiffons.

Et c'est ce que j'ai fait. À peine arrivée chez moi, j'ai bouclé un sac de voyage en me vantant d'être prête pour l'aventure. Jean, mon mari, et Juliette, ma cadette, n'ont pas bronché, fidèles au silence qu'ils observent devant mes déclarations péremptoires, sachant trop bien que, s'ils me posent des questions, je deviens impossible. Trop habitués à ce que je laisse l'intuition guider ma vie et à voir celle-ci prendre des tournures inexplicables. Ils connaissent parfaitement la torture que représente pour moi, par exemple, toute obligation de suivre une recette ou d'annoncer mon programme pour la journée. Que je peux très bien mettre des figues dans la ratatouille, descendre l'escalier du métro en glissant sur la rampe, changer d'avis à mi-chemin vers la bibliothèque pour aboutir sur le canal en pédalo. À quoi bon lire *Le Vent dans les saules* quand on peut se faire soi-même Taupe ou Blaireau ?

Mon sac d'escapade tout neuf ne faisait qu'illustrer encore mon besoin d'imprévu. Pourtant, ma surprise a égalé la leur quand, à peine quelques jours plus tard, j'ai reçu l'appel qui allait réveiller mon bagage, un samedi matin à sept heures ; drôle d'heure pour entendre mon téléphone sonner.

— Cela t'intéresserait-il un tant soit peu, me demandait un collègue écrivain, de franchir le passage du Nord-Ouest en bateau ?

— Le passage du Nord-Ouest ?

— Oui, a confirmé mon ami Noah. Tu as dû entendre raconter que des brise-glace russes s'y rendent parfois et qu'ils prennent des passagers. Ils aiment bien avoir un écrivain à bord. Comme je ne peux pas y aller, je leur ai suggéré ton nom, mais je voulais d'abord m'assurer que ça te plairait.

J'ai pensé au squelette de Franklin, aux voiles des goélettes de Sa Majesté britannique, à une vaste toundra que seuls les Inuits, les héros du calibre de Franklin ou d'Amundsen et une poignée de savants avaient eu l'honneur d'arpenter. Au plomb des boîtes de conserve toxiques de l'équipage de Franklin, à leurs sépultures sous-marines, à des navires perdus nommés *Erebus,* qui signifiait « ténèbres », et *Terror,* qui signifiait… J'ai repensé à mon enfance en Angleterre, bercée de récits de périples maritimes. Aux *Mélis-Mélos* d'Edward Lear, embarqués à bord d'une passoire sur les flots déchaînés. À la reine Victoria, à Jane Franklin, au romantisme nostalgique qui avait poussé mon père à immigrer au Canada. À tous les livres que j'avais lus au sujet de l'exploration des pôles, des hommes blancs, des femmes blanches qui ont voulu parcourir le Grand Nord canadien.

J'avais l'impression que Noah m'invitait à partir vers l'intersection du monde connu avec un univers imaginaire : un endroit où le temps s'écoulait différemment du courant linéaire que nous lui avons imprimé ici-bas, dans les contrées du Sud. L'appellation « passage du Nord-Ouest » ne figure pas sur les mappemondes ; ce n'est pas un lieu, mais une idée dont la magie exerçait sur moi une attraction que je ne comprenais pas tout à fait.

Mes filles étaient assez grandes pour se débrouiller ; j'avais déjà osé les priver de mère brièvement, le temps de quelques brefs allers-retours. Tandis que je suivais sur la carte l'itinéraire que me proposait Noah, des images de glace, de mer, de solitude ont jailli. Cette solitude qui exerce une attraction magnétique sur tous ceux qui écrivent. Jusqu'aux toponymes qui piquaient ma curiosité : détroit de Lancaster, baie Resolute, golfe de Boothia. Je pressentais que, si je m'y rendais, ces lieux tireraient du sommeil ce qui rêvait en moi depuis si longtemps.

Je pensais au chemin de l'âme vers toutes sortes de frontières, physiques ou spirituelles. Dans mon esprit, le passage du Nord-Ouest représentait l'incarnation suprême de la destination rêvée, un lieu si fabuleux que je n'aurais jamais osé croire que je le verrais un jour. Combien de fois, assise dans ma cuisine avec ma guitare, n'avais-je pas joué la mélodie obsédante d'une vieille ballade populaire, *La Complainte de Lady Franklin*?

Dans la baie de Baffin où croisent les baleines,
Qu'advint-il de Franklin, ce noble capitaine?
Nul ne saura jamais ce que fut son destin,
Égaré pour toujours ainsi que ses marins…

— Le navire, reprit Noah, lève l'ancre samedi prochain. Tu seras partie deux semaines. Je me rends compte que ça ne te laisse pas beaucoup de temps pour te préparer…

Impossible de résister au vortex de fébrilité qui m'emportait ce matin-là. À peine quelques jours auparavant, sur le ponton d'Aloïse, Denise ne m'avait-elle pas soufflé d'avance la réponse tout indiquée à cette invitation? Et quand un homme du nom de Noé vous invite à monter à bord d'un navire, ne vaut-il pas mieux obtempérer?

— Mes valises, lui ai-je répondu, sont déjà faites.

J'ai fait un effort pour me rappeler ce que j'avais mis dans le sac d'escapade prescrit par Denise : une petite robe noire, deux ensembles de sous-vêtements, un t-shirt, un jean. Je me suis souvenue d'avoir lu quelque part que Franklin et ses hommes avaient marché vers la mort dans la version masculine du même principe, sauce XIXe siècle :

culottes de golf, chemises et bas de soie. En me représentant les dépouilles momifiées de l'équipage que j'avais vues dans les livres, avec leurs grimaces intactes, leur émaciation atroce, j'ai décidé d'appeler mon ami Ross pour lui demander son avis. Ross, je l'ai connu à dix-sept ans, au secondaire, à Corner Brook; juchés sur des bennes à ordures, nous contemplions la paroi rocheuse qui se dresse derrière le magasin Woolworth en nous faisant accroire que nous étions à Naples. Nous avons tous les deux fini par échouer à Montréal, qui représente, avons-nous décrété d'un commun accord, un substitut honorable.

— Le passage du Nord-Ouest? a répété Ross.

— Oui. Ça m'angoisse un peu. Je suis emballée, c'est sûr, mais…

— Ça, je peux le comprendre. Que tu sois un peu inquiète.

— Enfin, le corps à moitié dévoré de Franklin est toujours là-bas, sous la glace.

— Oui, mais…

— Cannibalisé.

— Je sais, mais ce n'est pas comme si tu allais…

— Saturé de plomb, et je sais que la glace est en train de fondre là-haut, mais c'est toujours au diable vert – loin de tout, je veux dire : la majeure partie du territoire est encore inexplorée, pour l'amour du ciel.

— D'accord, mais l'équipage du navire doit bien savoir ce qu'il fait. Ils n'iraient pas dans cette région si…

— Tu as raison. Mais tout de même, on entend tous les jours, aux nouvelles…

— Je crois que tu as un peu peur et que c'est compréhensible. Mais je ne pense pas que ce soit si…

— Il ne va rien m'arriver, tu es sûr ? Bon, Esther a vingt et un ans, mais Juliette n'en a que treize.

— Oui, c'est normal que tu te fasses du souci pour tes filles. Mais ce genre d'inquiétude peut prendre des proportions démesurées par rapport à…

— Tu crois que je dois accepter, tout simplement, c'est ça ?

— Enfin, je veux dire que c'est normal d'hésiter. Mais vraiment, si tu partais, qu'est-ce qui pourrait arriver de pire ?

Cette dernière question, nous allions nous en souvenir plus tard. Mais sur le coup, elle m'a paru raisonnable ; le simple fait qu'il me la pose apaisait mes craintes comme seule peut le faire une conversation avec un ami de longue date, même s'il n'a pas vraiment de réponses. Puis j'ai désobéi à Denise en refaisant mes bagages, cette fois avec en main une liste que m'avaient fait parvenir les organisateurs de l'expédition. Il y était précisé que j'aurais besoin d'une veste en laine, de bottes de caoutchouc et d'une combinaison thermale de pointe, comme Franklin et son équipage n'en avaient jamais connu, eux dont le linge de corps était entièrement cousu main, puisque leur disparition s'était produite à peine quelques mois avant l'invention de la machine à coudre. Moi qui appartiens à une époque plus moderne, ce dont je tirais une certaine dose de courage, j'ai signé décharges et formulaires d'inscription, qui m'étaient parvenus en même temps que les photos des autres accompagnateurs de l'expédition. J'ai remarqué que c'étaient presque tous des hommes, arborant pour la plupart une barbe d'explorateur. Fort heureusement, j'avais également une barbe, que j'avais crochetée avec de la laine brune au cours d'un voyage en train avec ma mère. Elle évoquait davantage Raspoutine que Vasco de Gama, mais comme elle était munie d'attaches qui s'accrochaient parfaitement à mes oreilles, je l'ai glissée dans ma valise.

Nulle mention n'était faite d'instruments de musique dans la liste, mais j'avais lu quelque part que le navire de Franklin transportait une sorte de piano et que, avant de périr, les hommes avaient tenté de se remonter le moral d'une manière typiquement anglaise, c'est-à-dire en se divertissant mutuellement de pantomimes, de chansons et de danses pendant les longues nuits arctiques. Je m'amusais depuis quelque temps avec un vieux concertina allemand sur lequel j'arrivais à jouer *La Complainte de Lady Franklin* ainsi que quelques chansons terreneuviennes, sans oublier un chant révolutionnaire polonais, *La Varsovienne,* que m'avait appris Gearóid Ó hAllmhuráin à St. John's. Mon accordéon n'avait pas d'étui, mais je l'ai apporté chez Canadian Tire et je lui ai trouvé une glacière à bière munie d'une bandoulière et garantie étanche. Si je me sentais seule dans ma traversée du Nord-Ouest, si je m'échouais sur un iceberg sans le moindre espoir d'être secourue, il me resterait mon concertina. Je me rappelais que mon grand-père m'avait dit un jour qu'on l'appelait également piano de marin.

En me voyant rouler mon pitoyable coupe-vent pour le faire entrer dans mon sac, mon mari m'a proposé :

— Tu devrais emporter mon imperméable Helly Hansen.

Le sien, très robuste, ressemblait à la bâche dont je me servais dans le temps pour couvrir mon tas de bois.

— Ça ne rentrera jamais.

— Tu n'as qu'à le porter.

— Il y a un trou sous le bras.

— Il est parfait.

— Et la poche est déchirée.

— Attends.

Il est descendu au sous-sol dont il est remonté, rapportant un rouleau de ruban adhésif entoilé tout neuf avec lequel, après en avoir prélevé quelques bandes, il a colmaté les déchirures avec art.

— Te voilà prête à affronter les éléments.

— Tu devrais emporter le reste du rouleau, a suggéré Juliette en fourrant le ruban dans ma poche, qui en était désormais pratiquement toute faite.

Elle avait raison. Dans le passage du Nord-Ouest, notre navire et tout son équipage auraient besoin du moindre petit bout de ruban adhésif sur lequel on pourrait mettre la main.

CHAPITRE DEUX

Kangerlussuaq

Un avion nolisé nous attendait à Toronto. Avec nos polochons et nos sacs à dos, notre groupe clairsemé, bardé de sangles retenant qui des jumelles, qui des bâtons de randonnée ou des guides d'ornithologie Audubon, contrastait avec les gestionnaires tirés à quatre épingles qui sillonnaient l'aéroport, halant leurs valises à roulettes aérodynamiques. Les barbus foisonnaient ; le contre-amiral et le chef autoproclamé de notre expédition se demandaient comment persuader les agents de l'aéroport qu'il était juste et bon pour eux de transporter des armes à feu.

— Ces fusils nous serviront moins à vous protéger des bêtes sauvages, nous ont lancé les deux hommes armés, qu'à vous faire tenir tranquilles si vous nous donnez du fil à retordre dans la toundra.

Les agents de sécurité voulaient me séparer de mon concertina, mais, ne sachant trop qu'en faire, ils m'ont envoyée au comptoir des bagages surdimensionnés, bien que la glacière n'ait été conçue pour contenir qu'une douzaine de canettes de bière.

— C'est pour où ? m'a demandé la personne qui se tenait derrière l'appareil à rayons X.

— Le Groenland.

Nous décollions pour Kangerlussuaq, où notre bateau nous attendait pour nous faire franchir la première étape de notre odyssée en remontant la côte sud-ouest du Groenland. Nous traverserions ensuite la baie de Baffin en direction de Mittimatalik, notre premier arrêt en terre canadienne. De là, nous mettrions le cap sur le détroit d'Éclipse, entre la pointe nord-ouest de la Terre de Baffin et l'île Bylot, puis sur le détroit de Lancaster, porte d'entrée du passage du Nord-Ouest exploré par Roald Amundsen. Notre but était de traverser le passage pour toucher terre à Kugluktuk, « là où l'eau bouge », d'où un second avion nolisé nous ramènerait vers le sud. La simple évocation de cet itinéraire suffisait à me couper le souffle.

— Où est-ce que c'est ?

L'agente qui s'occupait de la machine à rayons X portait des gants de latex, une queue de cheval et elle ignorait où se trouvait le Groenland. Mon concertina à la main, elle s'apprêtait à le faire disparaître par un trou dans le mur. Il y a des gens qui sont capables de garder la tête froide dans ce genre de circonstances. Avec la plus grande retenue possible, j'ai articulé :

— Le Groenland est une vaste terre émergée couverte de glace, située au nord-est du Canada.

Si le personnel de sécurité de l'aéroport ignorait tout du Groenland, dans quel coin perdu, à mille lieues de l'univers connu, se déroulerait le reste du trajet ?

À bord de l'avion, une sorte de paix s'est abattue sur la centaine de passagers destinés à devenir compagnons de voyage, libérés du besoin d'expliquer à qui que ce soit notre allure dépenaillée, vaguement suspecte : sacs d'expédition, pantalons truffés de poches supplémentaires et de rabats. Des groupes commençaient à se former autour des accompagnateurs selon les champs d'intérêt. Rassemblés près de l'ornithologue Richard Knapton, les observateurs d'oiseaux comparaient leurs téléobjectifs et les espèces cochées sur leurs listes, cherchant à savoir qui rêvait d'apercevoir en cours de route un pygargue à queue blanche, un huart à gorge rousse ou un phalarope. J'ai remarqué un contingent de voyageurs japonais élégamment vêtus, chaperonnés par une jeune femme qui traduisait à leur intention tout ce que nous disaient le pilote ou le chef de l'expédition. Les amateurs de minéraux feuilletaient attentivement un livret que Marc St-Onge, notre géologue de bord, avait préparé pour nous. L'historien Ken McGoogan racontait d'une voix passionnée que ce n'était pas du tout Franklin qui avait découvert le passage du Nord-Ouest, mais un Écossais intrépide du nom de John Rae. Sa femme, l'artiste Sheena Fraser McGoogan, se tenait prête à distribuer crayons de couleur et cahiers à dessin à qui aurait le goût de croquer les merveilles que nous nous apprêtions à contempler. Sans compter l'anthropologue Kenneth Lister, timide et réservé, et le spécialiste de la biologie des mammifères marins, Pierre Richard, accompagné de sa sœur, l'élégante Élisabeth, qui rêvait depuis longtemps de visiter la contrée que son frère aimait tant. La plupart d'entre eux, accompagnateurs, personnes-ressources, n'en étaient plus à leur première expédition dans l'Arctique, mais ça n'a pas empêché les conversations de crépiter quand notre avion s'est hissé au-dessus des nuages.

— Je suis venu souvent pour des projets scientifiques, m'a confié Pierre Richard. Mais y aller pour un
voyage comme celui-ci, où on prend le temps de se promener, de réfléchir, de donner libre cours à son amour de la
terre, ce n'est pas la même chose.

Quelques sièges plus loin, Nathan Rogers, le musicien du navire, après avoir mis à l'abri sa guitare artisanale,
a coiffé son crâne rasé d'une paire d'écouteurs antibruit et
s'est isolé dans ses rêves. Quelqu'un m'avait dit qu'il était
le fils de Stan Rogers, l'idole du folk canadien dont plusieurs passagers connaissaient déjà par cœur la chanson
The Northwest Passage. J'avais pour voisine Bernadette
Dean, une Inuite du Canada, dépêchée à titre d'ambassa-
drice culturelle, ainsi que la Groenlando-Canadienne Aaju
Peter ; leur tâche consistait à nous renseigner sur le Grand
Nord du point de vue des femmes inuites ayant vécu là
toute leur vie, des femmes qui en connaissaient de longue
date la faune, la flore et la population, tant autochtone
que de passage. Pendant le décollage, Bernadette s'affairait
à prendre des notes dans son calepin. Plus tard, tandis que
nous survolions le Nord québécois, notre pilote a annoncé
dans le haut-parleur, de son accent américain le plus
jovial :

— Et voilà, mesdames et messieurs, sous nos pieds…
une vaste étendue de *rien*.

Un murmure de désapprobation a envahi la cabine,
ce qui l'a sans doute amusé.

— C'est ce qu'il croit, a marmonné Bernadette en
levant les yeux des pages, couvertes de notes, d'où dépas-
saient des coins de photos. Ses griffonnages m'intriguaient
et elle m'a surprise en train d'y jeter un coup d'œil.

28

— J'écris, m'a-t-elle confié, pour ne pas penser à mon petit-fils ou à ma petite-fille qui va bientôt naître, sans doute pendant cette expédition. Et moi, je vais regretter de ne pas être là.

Les notes, a-t-elle poursuivi, parlaient de son arrière-grand-mère, Niviatsianaq, qui, au début des années 1900, était tombée amoureuse d'un capitaine de baleinier américain à qui elle avait offert une bonne partie des vêtements brodés qu'elle confectionnait. Quand il était reparti vers Boston, il les avait emportés avec lui. Bernadette avait passé des années à essayer de les retrouver, car ils faisaient partie de son héritage culturel.

— J'ai fini par les trouver, m'a-t-elle appris, dans l'entrepôt du Muséum d'histoire naturelle à New York. J'ai mis beaucoup de temps à les convaincre, ne serait-ce que de me laisser les voir. Les tenues de mon arrière-grand-mère ! En fin de compte, ils m'ont accordé un créneau de deux semaines. J'ai accepté. Je me suis rendue là-bas et… me voici en train d'admirer les habits.

Elle m'a montré une photo où on la voyait au musée, en train de sortir l'habillement d'un tiroir.

— Et là, c'est la conservatrice, une Scandinave, a-t-elle ajouté en pointant l'index vers la silhouette vigilante plantée à côté d'elle. Regardez comme elle me surveille de près. Vous voyez, ils m'ont fait enfiler des gants blancs.

— Elle a l'air inquiète, la conservatrice.

— Ils ne voulaient même pas que je touche aux tenues de mon arrière-grand-mère. Vous voyez, là ? C'est son nom. C'est le capitaine Comer qui a écrit son surnom, Shoofly, sur ses vêtements.

— Je vois.

— Alors j'ai dit : « Il n'y a pas tout. Il manque des morceaux à cet ensemble. Où sont-ils ? » Et la conservatrice ne m'a pas crue. Elle m'a assurée qu'il n'y avait rien d'autre. Mais moi, je voulais les trouver, alors je me suis mise à fouiller, à ouvrir un tiroir après l'autre jusqu'à ce que je tombe dessus. C'est moi qui les ai trouvés ; elle, elle ne savait même pas ce que c'était. Elle n'en avait pas la moindre idée. Exactement comme quand j'étais petite, avec la maîtresse d'école blanche.

Notre avion s'est posé à Kangerlussuaq où, sur fond de falaises et d'herbes desséchées, un vieil autocar russe nous attendait pour nous conduire jusqu'au navire. Le paysage ressemblait un peu à celui, familier, du Labrador : des parois rocheuses en dents de scie prenant d'assaut un ciel immense. La végétation était rabougrie, ce qui n'empêchait pas le soleil de rayonner à travers les pétales mauves ou blancs, comme le faisceau d'un projecteur à travers une pellicule, et d'illuminer le moindre détail de la végétation. Pendant que nous nous entassions dans le car, Pierre Richard, notre biologiste, a lancé à Nathan Rogers :

— Il y a une autre musicienne à bord, elle cache un concertina dans sa glacière !

Les vrais musiciens ont toujours sur le bout de la langue un grand choix de vocables peu flatteurs au sujet des joueurs de concertina, règle à laquelle Nathan ne faisait pas exception :

— Dans ce cas, tiens-la bien loin de moi. Et jette son concertina par-dessus bord ; les supplices de ce genre, il faut les tuer dans l'œuf.

Je savais que Stan, le père de Nathan, avait péri dans un tragique accident d'avion quand son fils avait quatre ans. Pendant le voyage, Nathan interpréterait pour nous, entre autres pièces tirées de son vaste répertoire où se côtoyaient folklore du monde entier et compositions de son cru, la célèbre chanson de son père au sujet du passage du Nord-Ouest. Il allait aussi initier les jeunes filles inuites de Mittimatalik aux chants de gorge de la Mongolie. Mais, en montant dans l'autocar russe, j'ignorais encore tout cela. Tout ce que je savais, c'était que, avec son crâne rasé, ses tatouages provocateurs et ses remarques acerbes, il avait l'air de quelqu'un qu'il valait mieux éviter.

Quand notre car est sorti de l'un des virages en épingle à cheveux de Kangerlussuaq, il flottait là, dans la baie : notre navire, si net, si bleu, si blanc qu'on l'aurait cru fraîchement repassé, amidonné et cousu dans un livre animé, en trois dimensions, comme ceux qui m'enchantaient tant lorsque j'étais enfant. Quand on ouvre les pages, l'univers contenu dans le livre déploie ses recoins secrets, ses escaliers, ses arches. Il scintillait de tous ses pavillons, ses hublots et ses passerelles dans cette anse groenlandaise, le vaisseau de légende qui me serait bientôt aussi cher, aussi précieux qu'un être humain.

Pendant des années, à Terre-Neuve, depuis le rivage, j'avais regardé les navires croiser au large, regrettant de ne pas être à bord. Avec leurs feux qui clignotaient dans le lointain, ils semblaient tout droit sortis d'une rêverie mélancolique. Comme ils me paraissaient mystérieux, comme s'ils n'étaient pas faits de substance mais de pensées, d'histoires. Tandis que nous embarquions dans les zodiacs – des hors-bord pneumatiques qui n'attendaient que nous sur les rochers humides puis, obéissant à l'homme de barre, s'élançaient sur l'eau agitée dans un bruyant crépitement d'écume –, notre bateau se dressait de toute sa hauteur, plus imaginaire du tout, non : tout en muscles, vibrant du ronronnement profond de ses machines.

Ainsi que Noah me l'avait dit au téléphone, on avait effectué les tout premiers voyages éducatifs dans l'Arctique sur des brise-glaces russes tels que celui-ci, mais la fonte des glaces polaires signifiait que le passage du Nord-Ouest n'était plus réservé à ces mastodontes. Notre vaisseau avait beau être équipé pour des conditions climatiques extrêmes, il joignait l'utile à l'esthétique, avec ses passerelles et ses pavillons aux couleurs vives. Sur le pont principal, on avait disposé çà et là des sièges confortables, dont les lignes dépouillées, tout en satisfaisant l'appétit général de rusticité, confinaient tout de même à l'élégance. Dans le salon de proue, les passagers pouvaient s'asseoir sur de spacieux canapés d'angle ou boire un verre au bar, où de petites tables s'aggloméraient autour de la scène centrale, comme si c'eût été un cabaret flottant. Au milieu du navire nichait un autre bar équipé de divans, de tabourets et de recueils de chansons, manifestement choisis par quelqu'un qui aurait deviné tout ce que nous aurions envie de chanter. La salle à manger, vaste étendue de nappes blanches et d'argenterie miroitante éclairée par de nombreuses fenêtres, se trouvait à l'arrière du bateau. On nous y servirait une table d'hôte cinq services chaque jour réinventée, en plus d'un buffet offrant d'inépuisables monceaux d'omble chevalier fumé, de figues jaunes flottant dans leur sirop, de câpres, de fromages danois, de poivrons marinés, d'olives, sans compter les provisions fraîches que des fournisseurs locaux renouvelleraient à notre intention dans des caisses empilées sur des plages ponctuant notre itinéraire, jusqu'à ce que nous soyons hors de leur atteinte.

J'ai confié à Élisabeth, qui m'avait séduite avec son calme et sa bienveillance :

— Je me sens un peu comme les Mélis-Mélos.

— Les Mélis-Mélos ?

— C'est un poème absurde d'Edward Lear.

Ce poème comptait parmi mes favoris depuis que je savais lire.

— Il est aussi l'auteur de *The Owl and the Pussycat* et de nombreux limericks. Mais celui que je préfère, c'est *Les Mélis-Mélos*, qu'il a écrit peu de temps après la disparition de l'expédition de Franklin : *Ils vont la tête verte et ils ont les mains bleues, / Et c'est dans un Tamis qu'ils voyagent sur l'eau* – un peu comme Franklin, et ils sont munis, comme nous, de provisions considérables – *Et quarante bouteilles de Rignebori, / Et plusieurs kilos de bonne Fourme d'Ambert.*

Élisabeth a éclaté de rire. Je sentais qu'elle avait l'esprit si vaste qu'il accueillait des lieux énigmatiques, qu'elle s'était postée en sentinelle muette, toujours parée à recevoir des nouvelles insolites, qu'elle savait rester calme en toute circonstance. Ce qui me plaisait beaucoup. Sa mince silhouette était auréolée d'un nuage de cheveux bouclés qu'elle tentait de discipliner tant bien que mal sous un petit béret. À côté d'elle, j'avais l'air d'une cruche malhabile, mais j'en avais l'habitude.

Le moment était venu de descendre à ma cabine, qui

portait le numéro 108. Empruntant l'étroit escalier, je me suis aperçue que, sous le pont, les choses perdaient leurs ornements, augmentaient en rigidité, en dépouillement. L'air se réchauffait. Les coursives étaient de plus en plus étroites, les portes de plus en plus petites. Quelques-unes étaient faites de métal. Plus on descendait, plus augmentait le vacarme industriel émanant de la salle des machines. Là-haut, par leur porte ouverte, j'avais entrevu l'intérieur des luxueuses cabines de première classe, dont les grandes baies vitrées donnaient sur la mer de Baffin. Une fois descendue jusqu'à ma petite cabine à moi, j'ai appuyé mon nez contre la vitre du hublot minuscule surplombant tout juste la surface de la mer, qui arrivait au niveau exact de ma cage thoracique. Rien de tout cela ne me dérangeait : je trouvais la pulsation des machines, ainsi que les vibrations qui l'accompagnaient, immensément réconfortantes. J'étais une petite bête pelotonnée tout près du cœur de sa mère, et nous allions nous mettre en route vers le passage du Nord-Ouest, chenal de légende, territoire de rêve.

CHAPITRE TROIS

Funérailles vikings

J'adorais ma cabine nichée dans les entrailles du navire, juste à côté d'une porte sur laquelle étaient peintes les lettres PÉ. Plus tard, quand je comprendrais leur signification, j'hésiterais entre la trouver rassurante ou terrifiante. Toute proprette, ma cabine était équipée d'un lavabo, d'une douche et de deux lampes qui nous permettaient, à ma camarade de chambre et à moi, de lire et de prendre des notes sans nous empêcher l'une l'autre de dormir. Il s'agissait de la jeune animatrice de la petite expédition japonaise, dont le travail d'interprète l'occupait jour et nuit. Quand nous nous levions à six heures et demie pour jeter l'ancre de bon matin et partir en excursion à bord des zodiacs, Yoko était debout à six heures. Si la splendeur des aurores boréales nous empêchait d'aller au lit avant minuit, elle veillait encore plus tard, puis rédigeait des notes au sujet de l'expédition pendant une heure encore sur son ordinateur portable. Tous les accompagnateurs s'acquittaient consciencieusement de leur tâche, mais c'était elle qui y mettait le plus grand nombre d'heures, et le plus grand sérieux.

Et comme elle passait le plus clair de son temps à l'extérieur de la cabine, moi, l'écrivaine recluse, je l'avais pour moi toute seule, ce qui m'allait à ravir. Je pouvais jouer du concertina allongée sur ma couchette ou bien m'agenouiller sur l'oreiller pour contempler, par le hublot, l'eau qui ondulait à quelques centimètres à peine de mon visage. Cela m'enchantait de penser que, si je posais le pied sur le sol de la cabine, mon corps se trouvait sous le niveau de la mer. Quand nous avons levé l'ancre, quand le navire s'est mis en branle, je me suis abandonnée à la sensation de n'avoir sous moi rien de solide. Tandis que le bateau virait et que la cabine s'emplissait des secousses ronflantes du moteur, tandis que s'ébranlaient la mer et les nuages aperçus par notre hublot, tandis que la partie du Groenland que nous avions foulée se faisait ruban de plus en plus ténu, puis lisière d'une substance chimérique dans le lointain, j'ai compris que, pendant toutes ces années passées à clopiner de rocher en rocher, de vallée en vallée, ce que j'avais toujours désiré, à mon insu, c'était de voguer vers la mer de Baffin. Née sous le signe des Poissons, je me trouvais enfin dans mon élément marin et j'espérais que l'aventure ne se terminerait jamais.

Il y a quelque chose d'utérin à se nicher dans une cabine logée dans le ventre d'un navire, surtout la nuit, allongée sur sa couchette, en attendant le sommeil. La cabine est si petite que ce serait inacceptable sur le plancher des vaches, mais à cause du bercement de la mer qui la porte, on y éprouve une sensation archaïque qui ressemble peut-être à celle de flotter dans le liquide amniotique. Alors, les murs peuvent bien se rapprocher tant qu'ils veulent : la nef est une mère dont les organes nous enveloppent, et elle respire. Je me demandais si, de retour sur la terre ferme, j'arriverais encore à dormir.

Ce départ en mer suivait de près un autre périple, plus bref, durant lequel j'avais deviné pour la première fois le pouvoir qu'a la mer de dissiper le tumulte des épreuves vécues sur terre. Pendant les années qu'avait duré la maladie de mon premier mari, un malaise m'avait envahie que rien n'avait réussi à déraciner. J'avais gardé la petite maison où nous vivions avec notre fille, au pied d'une colline surnommée « le Pot de beurre », régulièrement saupoudrée d'une blancheur neigeuse qu'illuminaient la lune et les étoiles. Un ruisseau coulait sous la fenêtre et, en été, les crapauds ponctuaient sa musique liquide de cocasses notes basses tandis qu'une grive solitaire envoyait quelques mesures d'une chanson énigmatique (« *Carambola!* *Carondelet!* ») se perdre dans les cimes des épinettes et des sapins. En juin, les bécassines rendaient une tout autre musique : après s'être élevées très haut, elles plongeaient au-dessus du marais, faisant vibrer l'air d'une voix spectrale entre leurs plumes.

Leur appel faisait écho à la tristesse de la vie que nous menions : non seulement sa beauté toute simple était gâchée par l'agonie de mon mari, mais notre relation comptait parmi nos nombreuses déceptions. En hiver, l'étang gelait derrière la maison, et nous allions patiner sous la lune ; dans le dernier souvenir que j'ai de notre mariage, James, en pardessus et chapeau de fourrure, marche sur la glace. Nous glissons librement, sa fille et moi, tandis qu'il lutte pour accepter de quitter tout ce qu'il aime et qui a déjà commencé à le déserter bien avant sa mort.

J'en ai arpenté, des kilomètres, derrière cette maison. Les chansons qui me venaient, je les chantais aux rochers, pierres gracieuses douées de personnalité auxquelles nous avions donné des noms, ma fille et moi. Sur un sentier boueux qui gravissait la colline, je m'accroupissais devant les orchidées sauvages, émerveillée par les veinures de leurs lobes ; j'apprenais aussi à nommer des plantes comme le poison à couleuvre ou la linnée boréale. Je n'avais pas oublié la vision majestueuse de la réalité entraperçue dans mon jeune âge, impression soudaine que le monde ordinaire, avec ses plantes, ses cailloux, les êtres qui le peuplent, baigne dans une sorte de splendeur qui s'empresse aussitôt de se cacher, de battre en retraite. Cela faisait un moment que la vision m'avait désertée, et je commençais à me demander si ce phénomène ne faisait pas partie des miracles éphémères de la jeunesse. Adolescente, quand j'avais vu des gens blasés, amers, désabusés, je m'étais juré de ne jamais leur ressembler. Mais en ces temps de pauvreté et de maladie, j'avais du mal à ne pas perdre foi en ces bribes de révélation, quelle qu'en fût la nature.

Mon désenchantement me rendait difficile à vivre. Je savais qu'il y avait des livres qui exhortaient le lecteur à « s'épanouir là où il poussait », à épouser le zen des maris mourants et de la vaisselle sale, d'un puits qui gelait en janvier pour se tarir en août. Mais où était-il, le livre qui me montrerait le chemin vers la fin de la souffrance ? Dès que je pouvais échapper aux corvées ménagères, je partais marcher, courir, pleurer le long de ces sentiers forestiers, demander au ciel, aux aulnes et aux ruisseaux de me parler, de me donner un nouvel indice de majesté, de complétude.

Une paire de tourterelles à la gorge constellée de gouttes rouge sang roucoulait sous notre fenêtre. J'élevais quelques poules auxquelles des perdrix sauvages rendaient visite au crépuscule, perchées dans nos bouleaux. Une chouette boréale avait fait son nid dans l'épicéa noir qui poussait de l'autre côté du ruisseau fréquenté par les huarts. Le marais abritait une famille de canards que les chasseurs de la région cherchaient perpétuellement à dénicher ; chaque printemps amenait ses nouveaux canetons. Tous ces oiseaux, je les écoutais, comme j'écoutais le vent, et peut-être qu'ils me parlaient, mais à l'époque, je ne me sentais aucunement interpellée. J'implorais toute cette vie qui peuplait le monde, et le Grand Esprit avec, si tant est qu'il s'y trouvât, de m'enseigner quelque chose, n'importe quoi, le moindre lambeau de sagesse, de vérité, de réconfort. Je sentais des secrets affleurer puis refluer ; je les suppliais de se révéler. Mais je parlais à un mur opaque et muet.

J'étais si dépitée que la vie soit tellement difficile, que la maternité, la pauvreté, la maladie m'aient privée de toute énergie, de toute capacité de me poser des questions plus importantes que de savoir si, oui ou non, mes poules auraient pondu avant le dîner, si j'allais pouvoir dégeler les tuyaux qui venaient du puits, combien de temps mon bois de chauffage trop vert allait mettre avant de produire de la chaleur plutôt que la fumée, qui envahissait la cuisine et nous faisait tousser en permanence. J'avais une guitare, un ou deux cahiers remplis de paroles de chansons, et s'il existait une chanson qui résumait mon état d'esprit à cette époque, entre deux allers-retours à la banque alimentaire ou à l'hôpital, c'était bien *Hard Times* de Stephen Foster :

'Tis the song, the sigh of the weary,
Hard times, hard times, come again no more
Many days you have lingered around my cabin door;
Hard times, come again no more.

Comme quelqu'un avait donné notre nom aux agences qui distribuaient des paniers de Noël, nous avions reçu trois dindes, mais rien pour les accompagner. Quand j'en parle à mon second mari, il répond : « Pourquoi n'en as-tu pas échangé deux contre autre chose, des légumes, du pain, un gâteau ? » Ce qui me paraît une excellente idée. Mais nous les avons fait cuire avant de les manger toutes les trois, et quand il n'est plus rien resté de la dernière, nous avons été invités à souper par une bonne samaritaine qu'on ne connaissait pas très bien, mais qui devait avoir appris qu'un homme agonisait dans notre maison et deviné que nous avions faim. Comme elle vivait seule, elle avait du mal à finir les restes de sa dinde. Elle nous a servi de la soupe à la dinde, et j'imagine qu'elle n'a jamais douté un seul instant que les gouttes qui perlaient sur sa nappe étaient des larmes de reconnaissance.

À la mort de James, l'ambiance lugubre s'est incrustée. Moi qui avais tant aimé cette petite maison que nous appelions notre roulotte gitane, je devais me libérer des ombres qui l'habitaient. Cela prenait du temps : il fallait jeter quantité d'objets qui s'étaient accumulés dans chaque recoin, dont un, au fond de la cave, recelait un monceau de tristesse : papiers, peintures, souvenirs liés à James, ainsi que les habits qu'il aimait particulièrement. Tout ce que j'avais cru important de garder pour sa fille, ses amis intimes et sa famille, je l'avais déjà distribué. Mais il restait ces boîtes et ces coffres pleins de souvenirs obscurs et terribles dont j'allais devoir disposer avant de quitter la maison.

— Ce qu'il te faut, m'a déclaré Christine, la *conjointe*, comme on dit à Montréal, de mon frère Michael, ce sont des funérailles vikings.

— Des quoi?

— Tu ramasses tes trucs et tu me les apportes à Western Bay. On construira un radeau pour tout ça, on le remorquera au milieu de la baie avec la barque et on y mettra le feu. Je te ramènerai ensuite sur le rivage.

L'idée me semblait si définitive, si belle, que j'ai dit oui.

Et me voilà au coucher du soleil, en train de montrer quelques ultimes reliques à Christine et à la petite procession qui s'était formée pour tout regarder brûler sur l'eau :

— Que pensez-vous de ça? C'est son chapeau en peau de loup.

— Tu le brûles.

— Et ça? La copie de la *Déclaration d'indépendance* des États-Unis qu'il avait réalisée sur parchemin, à l'époque où il se passionnait pour la calligraphie.

— Ça flambera à merveille.

— Et son pourpoint médiéval?

— Jette-le sur le tas.

Christine canotait à la perfection. Elle avait glissé dans sa poche une flasque de vodka qu'elle avait mise à refroidir au congélateur et qu'elle me tendait toutes les cinq minutes pour que j'en avale une lampée cérémonielle. Ni sa silhouette ni sa posture ne laissaient aucun doute quant à la tâche qui nous occupait. On aurait dit qu'elle avait officié à des centaines de funérailles vikings. Les spectateurs, eux aussi, semblaient participer à ce genre d'événement depuis la nuit des temps. Surtout les enfants, qui cabriolaient dans l'herbe sauvage dont le vert s'intensifiait à mesure que le ciel tournait au rouge. Quand nous avons eu fini de traîner le radeau jusqu'à la plage, le ciel était mauve, parsemé d'étoiles. Christine a tiré d'une autre poche une bouteille d'essence à briquet dont elle a versé une bonne rasade sur les possessions de James, après quoi nous nous sommes hissées dans la barque et la bande nous a poussées vers le large.

C'était si bon de flotter. J'avais entièrement confiance en Christine, en sa capacité d'imbiber d'allume-feu les affaires de James, en son goût pour la vodka, en sa dextérité à l'aviron. Nous nous sommes retrouvées seules, sous la voûte assombrie, avec l'eau salée qui clapotait délicieusement. Jamais je n'avais été aussi convaincue du bien-fondé d'une activité destructrice que de celle-ci. Dans la nuit, nous voyions nos amis sur la plage rapetisser à mesure que nous nous éloignions dans la baie.

— Je veux que tu penses à tout ce que tu désires pour l'avenir, a prononcé Christine. Que tu te concentres pour laisser aller complètement ces objets du passé. Pour apprécier tous les bienfaits de ce geste, à quel point cela va te libérer.

Ses rames ruisselaient et ce son me plaisait, ce qu'elle disait me plaisait. Elle est grande et forte, et une lumière venue de nulle part éclairait ses longs cheveux châtains. Je me sentais entre les mains d'une femme qui savait ce qu'elle faisait, ne fût-ce que le temps que durerait l'opération.

J'ai répondu :

— D'accord.

— Je vais encore verser un peu d'essence à briquet là-dessus, a-t-elle poursuivi ; tiens, prends ça. Tu l'allumeras quand tu seras prête.

Elle m'a tendu le paquet d'allumettes ; j'en ai frotté une et je l'ai tendue vers quelques feuilles de papier qui ne faisaient partie ni du journal de James – que j'avais mis de côté pour sa fille – ni de nos vieilles lettres d'amour, que j'ai toujours, rangées dans un sac noir. Mais il avait conservé des copies carbone des pièces radiophoniques qu'il avait écrites, des doubles de ses articles sur l'art publiés dans des journaux, ses notes de recherche sur le suaire de Turin, Richard Brothers, l'anglo-israélisme, les livrets qui accompagnaient plusieurs albums de chants grégoriens antédiluviens et d'autres documents de la même eau, qui me déprimaient, me détraquaient un peu la tête et que je ne voulais plus jamais revoir de toute ma vie. J'ai mis le feu aux papiers.

— Allume la chemise médiévale. Le chapeau en poil de loup.

J'ai gratté une demi-douzaine d'allumettes dont j'ai dont j'ai approché l'étincelle vacillante de l'amas flottant ; au début, j'ai cru que pas une d'entre elles ne prendrait. Mais lorsqu'une flamme a jailli et nous a éclairées, nous avons su qu'elle allait tout embraser sans s'étouffer. S'emparant d'une paire de ciseaux dont j'ignorais l'existence, Christine a coupé le câble qui rattachait le radeau à notre barque, puis nous nous sommes éloignées encore un peu plus du rivage, assez pour contempler le brasier qui flambait sur l'eau sombre, mais pas pour nous empêcher d'entendre, dans le lointain, la rumeur qui émanait du petit groupe assemblé sur la plage, spectateurs eux aussi. Il y avait quelque chose d'alchimique, de primitif, de magique dans ce feu si grand qui jaillissait sur l'océan, avec tout ce qu'il consumait. L'idée que c'était mal persistait, venue du tréfonds de la vie ou de la mort, de la cave où ces combustibles avaient si longtemps dormi. Mais j'avais le sentiment, plus fort que cette pensée, que c'était une action juste, un geste libérateur.

Le bûcher flambait toujours. Christine s'est remise à ramer, nous faisant décrire une large boucle autour des flammes, et m'a demandé si je préférais que nous nous immobilisions pour profiter du spectacle ou que nous restions en mouvement. Chaque fois que je lui demandais de s'arrêter ou d'avancer, elle obtempérait. Tandis qu'elle décrivait un *s* avec son aviron pour nous maintenir au même endroit, je goûtais la satisfaction de contempler la destruction de tout ce qui s'ingéniait à me prendre au piège, à me ligoter dans des souvenirs amers. Tout le bazar était la proie des flammes, la mer allait tout engloutir.

J'ignore où Christine puisait sa science du moment opportun, mais alors que le brasier faisait encore rage, un peu moins fort sans doute, elle m'a demandé si j'étais d'accord pour revenir tranquillement vers le rivage. J'ai dit que je le voulais bien, et elle s'est mise à ramer de façon que je puisse continuer à observer les flammes, s'arrangeant je ne sais comment pour que la toute dernière langue de feu s'étiole, solitaire, à l'instant précis où j'ai entendu rouler les galets de la plage sous notre étrave. Une fois à terre, j'ai reçu l'amour, le soutien et le réconfort de nos compagnons, qui se taisaient maintenant, tandis que nous regardions mourir la dernière flamme. Et juste à ce moment-là, Christine et ses funérailles vikings ont, j'ignore comment, réussi à faire apparaître une étoile filante qui, de son éclat blanc, a lentement zébré le ciel d'est en ouest. Encore une fois, le balancement de notre navire me donnait l'impression que les ennuis de la terre ferme se dissolvaient, tombaient de mes épaules. Les vagues n'ont ni angles ni lignes droites; tous les soucis du monde sont impuissants à nous harponner, à nous mettre le grappin dessus. En remontant la côte sud-ouest du Groenland vers les villages de Sisimiut, d'Ilulissat et d'Upernavik, je poursuivais cette salutaire sortie en mer dans la petite barque viking de Christine, toutes amarres larguées, cap sur l'inconnu.

CHAPITRE QUATRE

Sisimiut

Les paysages du sud-ouest du Groenland me rappelaient ceux de Terre-Neuve, quoique nous nous trouvions assez loin au nord pour que cette similitude soit toute relative. Avec ses larges feuilles, l'épilobe qui pousse au Groenland, *Chamerion latifolium,* est le cousin nain de la variété dont les longues feuilles élancées et les sommités rappelant celles du lupin annoncent la fin de l'été à Terre-Neuve et partout ailleurs au sud du Canada ; et je le trouvais bien brave de s'entêter ainsi malgré sa petite taille. Attirant le regard, il déclarait : « Soyons honnêtes, clairs et nets, aucun besoin de parler fort, de rouler les mécaniques ni de faire preuve de quelque extravagance que ce soit ! »

Heureux choix pour la fleur nationale de ce Groenland à qui l'influence danoise donne une allure riante, pimpante : partout dans le sud, la même atmosphère proprette et industrieuse. De petites maisons sagement disposées sur des collines rocheuses, peintes de couleurs primaires criant leur franche gaieté, soutenues par le jaune et le mauve de l'épilobe. Une modernité européenne imposée à une terre ancienne habitée depuis quatre mille cinq cents ans par les peuples des cultures de Saqqaq, de Dorset et de Thulé, qui ont des ancêtres en commun avec les Inuits du Canada et qui se nourrissaient traditionnellement de gibier à écailles ou à plumes, de baleine, de phoque et de renne. J'avais lu *Ce paradis de glace*, remarquable ouvrage dans lequel Gretel Ehrlich fait le récit des sept saisons qu'elle a passées à sillonner le Groenland en kayak et en traîneau à chiens, en compagnie de chasseurs locaux et de descendants du célèbre explorateur dano-inuit Knud Rasmussen. D'après elle, alors que le nord du Groenland reste fidèle aux usages d'antan, menacés certes, mais en majeure partie intacts, ici, dans le sud, les vieux chasseurs ont déjà commencé à troquer leur vie de liberté précaire et de dur labeur contre un emploi dans les pêcheries danoises. Il n'est pas rare de voir des gens payer les yeux de la tête pour un poulet danois plutôt que de manger de la viande sauvage de phoque ou de pingouin.

Sisimiut, notre première escale, avait beau se situer à soixante-quinze kilomètres au nord du cercle Arctique, c'était la couronne danoise qui y avait cours légal. Dans les allées des boutiques, j'ai vu les mêmes râpes à fromage, pinces à cheveux en plastique, gaufrettes roses et tresses de réglisse que dans les magasins à rabais de toutes les banlieues d'Europe et d'Amérique du Nord. De rutilants emballages de pâtisseries danoises. Toutes sortes de marchandises européennes. À l'image des maisons, des bateaux et des palissades qui ceignaient le cimetière voisin, les étalages du magasin danois étincelaient de propreté, à croire que quelqu'un veillait à ce que soit respecté le souci d'ordre qui anime l'Europe septentrionale. Toutefois, sous l'éclat superficiel de Sisimiut, perdurait quelque chose d'indestructible, d'indigène à l'Arctique.

Cela me rappelait Saint-Pierre-et-Miquelon, ces îles situées au sud des côtes de Terre-Neuve, rivages rocailleux fréquentés par la morue et les chevaux sauvages, la sterne et le macareux que leur propriétaire, la France, conserve comme un vestige symbolique de ses possessions coloniales. Même les plus rêveurs des impressionnistes ne parviendraient pas à atténuer la violence de leurs marées et la grisaille de leurs étés. Ce qui n'empêche pas les boutiques de vendre des produits français : vin, haricots verts fins, baguettes, beurre breton. Dans les salles de classe, les enfants étudient l'histoire de France, tout comme les écoliers parisiens. Sur les rares routes suffisant à peine à leur promenade dominicale, les habitants roulent en Citroën, en Renault ou en Peugeot. Cette tension entre l'immémoriale géographie de ces rocs surplombant l'Atlantique Nord et la culture imposée par la France fait peser sur Saint-Pierre-et-Miquelon une triste atmosphère d'abandon, comme si ces villages étaient figés dans le temps, orphelins d'une mère patrie qui ne tiendrait à eux que pour des raisons bureaucratiques. On ne peut s'empêcher de penser que l'amour a déserté ces lieux.

L'histoire sous-jacente du Groenland est tout autre. Bien que l'influence danoise s'y fasse sentir de manière plus intime, plus banale, plus immédiate, elle apparaît tout de même comme une strate plaquée sur une culture bien plus ancienne, celle d'un peuple survivant grâce à un lien millénaire avec le monde animal. Lien entretenu par le fait que, contrairement à ceux du nord du Canada, les habitants du Groenland ne se sont pas débarrassés de leurs chiens d'utilité.

Les chiens, voilà la première chose que j'ai remarquée, après l'influence danoise. Dans chacun des cabanons des villages du sud-ouest, des cordages et des harnais à chiens de toutes les couleurs sont suspendus qui à son clou, qui à son crochet. En me promenant sous le regard intelligent et ténébreux des huskies du Groenland juchés sur des touradons ou des rochers, j'ai croisé dans les sentiers plus de chiens que d'êtres humains, ce qui m'a fait réaliser que la population humaine de ces petites agglomérations (celle d'Ilulissat se chiffre à 4 000 âmes) est bien moindre que la population canine.

À titre d'écrivaine en résidence, je jouissais sur le navire d'un statut particulier, mais comme j'avais été engagée à la dernière minute, il n'avait rien d'officiel. Contrairement aux autres accompagnateurs, l'enseignement ne faisait pas partie de mes tâches. Les passagers commençaient à se diviser en coteries autour de l'expert de leur choix. Marc St-Onge leur expliquait la formation des fjords. Après nous avoir instruits sur la meilleure façon d'entrer en contact avec la population locale, le cinéaste John Houston nous a projeté son dernier film, *The White Archer*, drame basé sur une des légendes inuites recueillies en 1967 par son père, James Houston.

— De l'audace, conseillait Houston aux passagers. Si vous sortez dans la communauté, donnez. Si vous parlez par l'entremise d'un interprète, regardez la personne à qui vous vous adressez, pas l'interprète.

Sur le pont, je lui ai confié que j'avais écrit un roman,

Annabel, dont le personnage principal participait des deux sexes.

— Quelqu'un comme ça, m'a-t-il répondu, possède une nature chamanique. Les pronoms inuits n'ont pas de genre. On ne dit pas *il* ou *elle* arrive, mais *ces deux-là arrivent.* Il faut écouter le monde chamanique, et les rêves aussi.

J'écoutais attentivement. Je voulais en apprendre au moins autant que les autres passagers. À terre, je comptais sur ma solitude, mes promenades et mes observations, ce qui ne m'empêchait pas de graviter autour de Bernadette Dean et d'Aaju Peter, alléchée par leur point de vue d'Inuite et de Groenlandaise : je prenais un plaisir bien plus grand à écouter ce qu'avaient à dire les femmes de ces régions que les vieilles rengaines au sujet d'hommes venus d'Europe pour explorer l'Arctique qui faisaient pâmer les mordus d'histoire. Je voulais aussi écouter les passagers, non pour leur enseigner quoi que ce soit, mais pour apprendre d'eux. Pour cela, il me suffisait de presser ou de ralentir le pas et de le régler sur celui de Gillian, venue d'Angleterre, de Penny, la Texane, ou de Gerald, le globe-trotteur, qui semblait n'avoir d'autre patrie que ses chaussures éculées et sa canne de marche. Je trouvais leurs récits passionnants. J'ai appris que nombre d'entre eux voulaient franchir le passage du Nord-Ouest pour y trouver la guérison. Plus d'une femme avait perdu son compagnon de vie durant l'année écoulée, sans compter les autres deuils, quêtes, tragédies ou transformations qui avaient poussé ces gens à monter sur ce bateau.

Rien ne dure toujours. Tout est paradoxe. Jeanne,

dont le mari avait rêvé de ce voyage mais était mort avant de pouvoir s'embarquer, était riche d'une grande joie intérieure. Une autre femme, profondément affectée par la perte récente de son compagnon, trouvait tout de même le moyen de soulager ceux qui souffraient physiquement en posant ses mains guérisseuses sur leurs blessures. J'avais plutôt tendance à prêter l'oreille aux âmes en peine qu'à ceux qui en savaient plus long que tout le monde sur les terres que nous explorions.

Ce qui ne m'empêchait pas d'apprécier la solitude. Me frayant un chemin vers les croix blanchies à la chaux du cimetière, j'escaladais prudemment les collines abruptes de Sisimiut, m'efforçant de rester à l'écart, ne parlant que si on m'adressait la parole ; la seule communication que je souhaitais, c'était le regard soutenu et muet que m'adressaient les chiens de traîneau. Mais je semblais être tombée sur un compagnon bavard.

— Les croix comme celles qui ornent ces tombes, m'a soufflé Nathan Rogers, sont pré-chrétiennes.

— Vraiment ?

Je me rappelais avoir entendu ma mère, plongée dans ses fascicules des Témoins de Jéhovah, grogner contre les croix païennes. Mais Nathan se révélait plus difficile à ignorer. Ainsi que tout ce qu'éclairait le soleil du Groenland, il brillait comme un sou neuf, arborant un sourire si franc et des tatouages si étonnants que j'en oubliais presque la façon dont il avait insulté mon pauvre concertina.

— Elles représentent les épées des guerriers morts au combat.

— Comment le savez-vous ?

— Ça peut servir à quelque chose d'être diplômé en religions comparées.

Après quoi, il a entrepris de faire mon éducation quant aux racines de la franc-maçonnerie et du mormonisme.

— Une de mes amies, lui ai-je appris, avait dans son sous-sol un appartement qu'elle louait à un couple de mormons. Tous les soirs, elle leur offrait un petit pain aux raisins et du thé. Ils répondaient par un prêche où il était question de plaques d'or dans la forêt américaine, répandant leur lumineuse vérité sur le Nouveau Monde.

— Joseph Smith. C'est ça.

— Eh bien, ils ont fini par la convertir. Maintenant, elle est missionnaire à Bucarest. Mais il y a quelque chose que je meurs d'envie de savoir.

— De quoi s'agit-il ?

J'ai hésité. Nous avions parcouru un imbroglio de petits chemins. La cloche d'une église a sonné. Midi. Un des huskies de l'anse a levé le museau et poussé un long hurlement esseulé qui s'est élevé en tourbillonnant parmi les croix blanches. On ne distinguait plus le bateau, ni la grand-route ni les autres passagers. Tout à coup, j'ai eu peur.

— Est-ce qu'on entendrait d'ici la sirène du navire ?

C'était le signal pour remonter à bord.

— Sans doute. C'est ça, la question qui vous préoccupe ?

— Non. Ce que je veux savoir, c'est pourquoi cet homme, dans la Bible, ce jeune homme qui prend la fuite – juste au moment où les disciples viennent de s'endormir au jardin de Gethsémani, où Judas s'apprête à trahir Jésus d'un baiser –, pourquoi est-il nu ? Personne ne parle jamais de lui.

Cette question, je la posais à tous ceux qui prétendaient connaître quoi que ce soit à la religion. Personne n'y avait jamais répondu ni ne s'y était même essayé. Ni ma mère, ni l'oncle de mon mari, un de ces missionnaires d'Afrique qu'on appelle les pères blancs, ni mon premier mari, qui se flattait de connaître le Nouveau Testament mieux que l'horaire des bus assurant la route de Conception Bay. Tous s'étaient empressés de changer de sujet. Mais Nathan a répondu :

— L'homme nu observait une pratique du culte dionysiaque.

— Ah bon ?

— Un rite associé à l'Étoile d'Orient. Il s'agit de mystères dissimulés à la vue de tous.

Nathan m'a abreuvée de détails jusqu'à ce que nous soyons parvenus au sommet d'une petite butte d'où j'ai pu constater que notre bateau se trouvait beaucoup plus loin que je ne l'aurais souhaité.

— Je me demande si j'ai bien retourné ma plaque, ai-je murmuré.

Chaque passager avait sa plaque imprimée des deux côtés et portant le numéro de sa cabine : le côté vert indiquait qu'on était bien remonté à bord, le rouge qu'on était toujours à terre. Si l'on oubliait de retourner sa plaque du côté rouge en quittant le navire, ce qui se produisait souvent au début, l'équipage pouvait nous croire en pleine sieste dans notre cabine. L'idée m'était venue que cela représentait un excellent moyen de se débarrasser d'un mari ennuyeux. Mais je savais aussi que ces plaques n'étaient pas un jeu.

— Vous avez entendu, ai-je demandé à Nathan, le récit qui circulait parmi les passagers, au sujet d'un couple qui s'était perdu ? Pendant une expédition dans le Sud, ils se sont aventurés trop loin de leur navire en explorant un récif de corail. Ce n'est que bien plus tard, longtemps après que les marées les eurent emportés tous les deux, que quelqu'un a remarqué leur absence dans la salle à manger.

— Vous avez peur que cela nous arrive, à nous ?

— Je n'aimerais pas qu'on m'oublie à terre.

— Ça n'arrivera pas. Venez, je vais vous ramener à bord.

Tandis qu'il amorçait la descente le long des sentiers enchevêtrés, je me suis rendu compte du sérieux avec lequel il cherchait à me rassurer.

— Mon père, m'a-t-il alors expliqué, est mort en sauvant la vie d'autres passagers.

— Dans le fameux avion d'Air Canada.

— Le vol 797 du 2 juin 1983.

— Je sais. Il est resté coincé dans le fuselage. Toutes mes condoléances. Vous aviez quoi, trois ou quatre ans, pas plus ?

— Il n'est pas resté coincé dans le fuselage. Il avait trouvé une sortie et il s'est mis à appeler les passagers qui ne voyaient rien à cause de la fumée, pour leur montrer le chemin, puis il les a même portés à l'extérieur. Si jamais nous avons un accident, que ce soit à bord de ce navire ou n'importe où, c'est comme ça que je veux finir. Alors, ne vous inquiétez pas, non seulement nous ne sommes pas perdus, mais vous ne resterez pas en rade.

Nous avons traversé à la hâte le dédale de petites rues qui descendaient vers le rivage et nous avons réussi à nous glisser dans l'atelier de l'artiste du village avant la dernière sirène. D'un regard tendre, Aaju Peter examinait sous toutes ses coutures un pied de lagopède de la toundra tout blanc, aux plumes douces comme de la fourrure, accroché au bout d'une chaîne.

— C'est une Blanche du sud qui l'a fabriqué dans la ville où je suis née, m'a-t-elle expliqué. Je veux absolument l'acheter. L'art n'a pas de couleur.

J'ai senti quelque chose s'ouvrir en moi. Je me serais attendue à ce qu'une femme inuite repose immédiatement cette patte de lagopède dès l'instant où elle se serait aperçue que c'était une femme blanche qui l'avait fabriquée. En acceptant le travail de cette artiste blanche, Aaju m'a donné le sentiment que, moi aussi, j'avais le droit de trouver ma vérité au cours de ce voyage. Oui, j'étais la descendante d'un colon britannique et, non, personne dans ma famille n'était canadien de naissance : en fait, je me sentais orpheline de culture. Mais si Aaju avait raison, si l'art n'avait pas de couleur, peut-être que mes perceptions, le matériau brut de mon écriture, méritaient elles aussi que je les traite avec tendresse au lieu de douter de moi-même.

Plus tard, à bord du navire, Nathan a interprété pour nous *The Northwest Passage*. Sa guitare de fabrication artisanale était un instrument magnifique. Il avait apporté dans ses bagages de splendides chemises ornées de motifs westerns et celtes. Sur scène, il émanait de sa personne le magnétisme du musicien véritable. Il a présenté la chanson, bien conscient du rôle que celle-ci avait joué dans notre décision d'entreprendre ce voyage. Je me suis demandé ce qu'il ressentait en jouant la musique de son père, lui qui n'avait eu la chance de connaître Stan Rogers qu'à travers ses chansons. C'était un événement à la fois public et privé, et je suis convaincue que nombreux sont les fils de pères disparus en héros qui n'en auraient jamais été capables.

— Les mots me manquent, a commencé Nathan, pour vous dire à quel point je suis ravi de faire ce voyage avec vous. C'est déjà merveilleux de boucler une boucle pour soi-même, imaginez quand c'est pour quelqu'un d'autre...

Puis il s'est mis à chanter.

Pendant toute la durée du voyage, Nathan allait chanter de plusieurs voix différentes : celle de son père semblait le traverser, ce qui devait lui demander une force toute particulière et faisait de lui une sorte de médium. Mais il avait aussi la sienne propre, plus moderne, plus complexe et nuancée, empreinte de la psychologie ésotérique qui lui est chère. Une voix étrangement spirituelle et athlétique à la fois, reliant des mondes qui appartenaient au passé et d'autres à l'avenir.

À la tombée de la nuit, une cérémonie avait lieu à bord pour nous souhaiter la bienvenue dans le Grand Nord. Aaju tenait le corps évidé d'un huart à gorge rousse, bourré de lichen de la toundra sec comme de l'amadou.

— C'est extrêmement inflammable, dit-elle en retirant de l'oiseau un fragment végétal.

Après avoir produit une étincelle à l'aide de deux morceaux de silex, elle s'est servie d'un rameau pour transmettre la flamme du morceau de lichen à une lampe de pierre traditionnelle, dont la mèche torsadée en coton de saule, nous a-t-elle expliqué, était imprégnée d'huile de phoque.

— Parfois, a-t-elle ajouté tout en sirotant du café dans une tasse de voyage Starbucks, on utilise de la graisse de baleine ou de caribou. Une fois allumée, la lampe peut faire fondre assez de neige pour remplir une casserole d'eau.

C'est alors que j'ai remarqué que les motifs inuits traditionnels tatoués sur les deux mains d'Aaju imitaient les flammes émises par la lampe de pierre qu'elles enveloppaient. Elle en porte aussi sur le front ; comme je l'ai appris, de nombreuses femmes inuites reviennent à ces marques corporelles après des générations de répression culturelle. Ensuite, Bernadette nous a parlé des vêtements d'Aaju.

— Le mot *tuilli*, dit-elle en désignant son anorak, signifie « vêtement le plus pratique ». Vous voyez le *v* dans le dos ? Il représente un bec de lagopède, en signe de respect pour cet oiseau. Le capuchon en pointe rappelle la langue du caribou, et si chacune des bottes d'Aaju est en forme de tête de phoque, c'est parce que le phoque nous donne sa graisse pour nos lampes, sa peau pour garder nos pieds, nos mains et notre corps bien au chaud.

Dans la salle où se déroulait la cérémonie, on avait éteint toutes les sources de lumière électriques ; les lampes à huile de phoque répandaient une lueur qui n'aveuglait pas, ne dépassait pas l'intensité d'une veilleuse et parvenait malgré tout à éclairer l'ensemble des visages attentifs rassemblés autour. Le long de la torsade végétale qui lui servait de mèche, la flamme rougeoyait tel un filament de braise liquide. Aaju s'est mise à découper de la lame recourbée de son *ulu* un cœur de phoque cru dont elle nous a distribué les morceaux. J'en ai mangé un, suave et froid, épais et saignant. Au-delà de la lueur orange qui nous enveloppait, je voyais la nuit bleue de l'Arctique peser contre les fenêtres. Je suis sortie.

La plupart des passagers étaient allés se coucher de bonne heure, mais il en traînait quelques-uns sur le pont, baigné d'une lueur bleutée que je n'avais jamais vue nulle part ailleurs, zone marginale entre le ventre de nos cabines et le Nord sauvage qui faisait maintenant cercle autour de nous. On n'y trouvait ni cafetières, ni biscuits, ni musique, ni le confort qu'offraient le salon de proue et les autres espaces communs du navire, où on socialisait en discutant. Sur le pont, on se fichait la paix, à moins de tomber par hasard sur d'autres ombres errantes avec qui s'imprégner de l'étrange rayonnement nocturne. À l'issue de la cérémonie de la lampe, j'y ai croisé Nathan et Bernadette dans la pénombre. Je crois que les artistes de la scène et les enseignants ont parfois besoin de se recharger après avoir tant donné d'eux-mêmes et exposé en public des aspects de leur vérité si intimes, si privés. Nous sommes restés tous les trois absorbés dans la contemplation du sillage illuminé du bateau qui avait mis le cap sur le nord.

— D'après Aaju et les autres, m'a confié Bernadette à voix basse, la cérémonie de la lampe est censée se tenir en hiver et non en cette période de l'année.

J'ai alors repensé à Chris Brookes, de la Mummers Troupe de Terre-Neuve, qui disait que les représentations carnavalesques des *mummers* – issues d'antiques et puissants mystères liés à la fertilité et à la magie du solstice – ne devaient être données qu'entre Noël et l'Épiphanie ; à tout autre moment, leur pouvoir s'en trouverait diminué. Ce ne serait pas la dernière fois pendant le voyage que des conflits de ce genre allaient se produire. Il est tout bonnement impossible de concilier autant de dimensions culturelles sans discussions. Ce qu'avait vécu Bernadette la rendait à la fois fervente et belle, douloureuse aussi. J'aimais sa tension, son entêtement à ne pas vouloir livrer une histoire parfaitement lisse, à insister sur le besoin de respecter la terre à un point que nul d'entre nous n'avait encore saisi.

— C'est l'environnement qui commande, professait Bernadette. L'eau, la terre, le vent, le ciel : eux seuls possèdent la liberté absolue.

Elle m'avait confié qu'elle se colletait toujours avec l'idée de pardonner aux gens comme moi ce qu'ils avaient fait subir aux gens comme elle.

— Voilà pourquoi je suis sur ce bateau, avait-elle poursuivi. Pour transformer ma colère en quelque chose de bien.

Dans la nuit arctique régnait une clémence propre aux compagnons de voyage en haute mer. Cela m'encourageait à surmonter mes tendances à l'introversion et à établir le contact avec les autres. L'obscurité qui me dissimulait si obligeamment recelait juste assez de lumière pour me permettre de distinguer leurs visages où se lisait l'ambiguïté. Plus j'apprenais d'Aaju et de Bernadette, plus je me sentais digne, plus j'éprouvais de compassion envers moi-même. Plus Nathan nous chantait ses chansons, plus ma vie m'apparaissait elle aussi comme une épopée, ainsi que celle de tout un chacun. Sur le pont, en leur compagnie, je me sentais invitée comme jamais auparavant à prendre part à l'espèce humaine et, paradoxalement, mieux enracinée alors que notre vaisseau s'écartait chaque jour davantage de tous les lieux que j'avais connus.

Je commençais à découvrir la beauté de chacun des passagers, à quel point un voyage dans le Nord peut lier les gens, les amener à suspendre leurs préjugés habituels. Sur le plancher des vaches, il y a tellement plus d'espace que sur un bateau. Les terriens ont tout le loisir de s'en accorder suffisamment pour ne pas avoir à faire face à ce qui les gêne chez leurs voisins. En mer, pas moyen de jeter nos personnalités par-dessus bord ; chaque passager se promène avec un gros ballon gonflé de tous les petits travers qu'il parvient à dissimuler sur la terre ferme. La terre est sans doute assez poreuse pour absorber ces particularismes et les rendre invisibles. À bord, où ils n'avaient nulle part où se cacher, ils étaient soudain touchants. La nuit, sur ma couchette, je réfléchissais au mystère qui sous-tend la personnalité des êtres, tant ceux dont je faisais la connaissance depuis le début de la traversée que ceux que j'avais laissés derrière moi. Je pensais à mon père, qui avait gardé en lui tant de secrets entourant son passage de l'Europe vers le Nouveau Monde que ses enfants ne le comprenaient pas.

Les gestes se répètent de génération en génération. Mes ancêtres n'avaient cessé d'alterner entre des paysages urbains et sauvages. Enfant, mon père avait passé la Deuxième Guerre mondiale à Jarrow, dans le nord de l'Angleterre, où le maître d'école avait donné à chaque élève un haricot, un pot de confiture et un morceau de coton imbibé d'eau. Après avoir vu son haricot germer, mon père avait couru jusque chez lui pour demander à sa mère si elle n'avait pas quelque chose à planter dans le terreau qui recouvrait l'abri antiaérien.

— Je viens d'éplucher des carottes, lui avait répondu ma grand-mère. Tiens, plante ça.

— Elle m'a donné les bouts de carottes, m'a-t-il raconté. Il n'y avait pas beaucoup de terre au-dessus de l'abri. Pas du tout, en fait. J'avais un petit seau dans lequel j'ai transporté celui que je parvenais à trouver ici et là. Mais les bouts de carottes ont fini par pousser, et c'est comme ça que j'ai trouvé ma vocation.

Ce n'est qu'à l'approche de la cinquantaine que l'idée m'a effleurée de lui demander comment lui était venu son grand talent pour le jardinage. J'étais revenue lui rendre visite à Terre-Neuve, et il m'avait raccompagnée à l'aéroport de Deer Lake avant de retrouver sa cabane en rondins, où ses betteraves attendaient la récolte. Mon père subvient à ses propres besoins en poireaux, en choux de Bruxelles, en betteraves, en haricots verts, en gourganes, fraises et pommes de terre. Il fournit en pois mange-tout un restaurant chinois de Corner Brook qui, en échange, lui laisse emporter sans payer ses repas du samedi soir. Avant d'immigrer au Canada, il remportait des trophées pour ses poireaux dans les concours organisés par l'église méthodiste qui se dressait derrière notre maison de Bill Quay, terrasse Hainingwood. L'une des premières choses qu'il a faites dès notre arrivée à Terre-Neuve, c'est d'acquérir une terre de la Couronne, assez vaste pour y faire pousser tous les légumes dont notre famille aurait besoin pour se nourrir. Il avait mis plusieurs étés à bâtir sa cabane en plus de défricher des hectares et des hectares, arrachant les pierres et les souches pour les remplacer par ses carrés de choux. Nous l'avions aidé à écorcer les rondins destinés à la cabane avec des outils qu'il avait fabriqués en s'inspirant de la lame d'un écorçoir commandé dans le catalogue de Lee Valley.

— Les bons ouvriers, disait-il, fabriquent eux-mêmes leurs instruments.

Dans l'auto, je lui ai demandé :

— Quelle est la principale raison pour laquelle nous sommes venus nous installer au Canada ?

Je savais qu'il avait laissé derrière lui des amis comme Les Lakey et Joe Cramm, avec qui il avait élevé des chèvres, voyagé jusqu'à Coldstream en auto-stop et chanté dans les pubs ; je savais que ma mère n'avait pas prévu à quel point ce serait pénible de voir son père devenir vieux, aveugle, malade, puis mourir de l'autre côté de l'océan. Je savais que mon père se félicitait d'avoir quitté l'Angleterre et qu'il déclarait volontiers n'avoir aucun regret, mais je voulais entendre de sa bouche pourquoi il avait quitté tout ce qui lui était familier.

— La liberté, a-t-il répliqué, comme si c'était une évidence à la portée du premier imbécile venu. En Angleterre, la moindre brindille était déjà recensée, répertoriée, et ça n'a pas changé.

On ne découvre nos parents qu'au moment où ils le veulent bien, ou alors avec le recul, ou bien lorsqu'ils narrent à nos enfants des anecdotes dont ils n'ont jamais eu le temps de nous faire le récit. À ma fille Esther, mon père a raconté comment il avait vu les Beatles au Cavern Club, avant qu'ils soient célèbres. À Juliette, mon autre fille, que quand il était petit, il rêvait de devenir mécanicien, mais que le maître-mécanicien avait découvert, dès le premier jour, qu'il n'avait pas le droit de prendre d'apprentis parce que son atelier n'était pas pourvu de toilettes, avec pour conséquence que mon père était entré au chantier naval comme plombier. Plus tard, devenu menuisier, il a créé des tables et des buffets en acajou en plus de restaurer des bureaux, des fauteuils et des divans Queen Anne et autres meubles d'époque, dont il fabriquait également des répliques. Il a enseigné la menuiserie pendant des années, suivies d'une autre longue période durant laquelle il a tenu un magasin de meubles.

— Comment as-tu appris à fabriquer des meubles, papa ?

Encore le même regard : comment a-t-il pu mettre au monde une telle idiote ?

— J'ai appris dans les livres.

— Mais papa, les livres… je ne suis jamais arrivée à apprendre quoi que ce soit de tridimensionnel dans un livre. J'ai besoin qu'on me le montre.

— Eh bien, moi, la majeure partie de ce que je sais, c'est dans les livres que je l'ai appris.

Je me suis souvenue des quantités de livres qui encombraient la table à café et la bibliothèque qu'il avait fabriquées, et qui traitaient autant de la rénovation ou de l'assemblage du bois que des pyramides mayas ou de l'exploration polaire. Après qu'un médecin punjabi lui eut confié la restauration d'un divan en ébène ouvragé, une antiquité transportée du Cachemire, il avait étudié comment s'y prendre avant de passer à l'action.

— Si jamais tu reçois quelqu'un, m'a-t-il recommandé quand j'étais petite en me beurrant une tartine, et que tu lui offres du pain beurré, veille à mettre du beurre sur toute la tranche, jusqu'à la croûte.

Dans deux morceaux de noyer qui lui restaient après avoir donné des pattes à une chaise, il avait sculpté Adam et Ève. Un chat prêt à bondir, des vases en cuivre, des assiettes émaillées ainsi qu'un kaléidoscope en éclats de verre et de miroirs, pailleté d'étoiles mauves, vertes et dorées en papier d'emballage de caramels Quality Street : tout cela était également sorti de ses mains. Non seulement il m'a appris à me servir d'un marteau, à découper des retailles de tuyaux de cuivre, à les saupoudrer de motifs en émail, à les faire cuire dans un four à céramique pour m'en faire des colliers, mais il a aussi offert de l'enseigner à ma fille. C'est lui qui m'a montré comment crocheter un tapis avec des bandes de chiffons ou de jute à café et un crochet façonné en limant la tête d'un clou et en le fixant à la poignée d'un vieux rouleau à pâtisserie. Mais l'une de ses créations se démarquait de toutes les autres. Je me suis beaucoup interrogée à son sujet, et cela dure encore aujourd'hui.

À cette époque, j'entrais à l'école secondaire. Il n'était pas encore sorti de la trentaine. Il avait soudain pris l'habitude de s'asseoir dans son fauteuil berçant en cuir avec un assortiment de flacons en plastique remplis de couleurs, gris, beige, vert et bleu, dont il badigeonnait une peinture à numéros où figuraient des marins à bord d'un voilier. Je revois la myriade de lignes bleues délimitant des espaces où était inscrit un chiffre et qu'il devait remplir avec un pinceau minuscule. Effort solitaire qu'il a soutenu pendant des semaines, des mois peut-être. Comme il ne s'objectait pas à ce que je l'observe, c'était devenu un rituel silencieux : agenouillée sur le tapis, je regardais la barque, les voiles et les vagues émerger de ces parcelles de couleur sans lien apparent. Ici de la lumière, là une ombre. Autour de ce centre, où régnaient le calme et l'air marin, le reste de la maisonnée suivait son cours normal : ma mère roulait sa pâte à tarte derrière le passe-plat pratiqué dans le salon, qui permettait d'apercevoir un carré de la cuisine ; quand ils ne se réduisaient pas mutuellement en chair à pâté, mes frères regardaient *Get Smart* ou jouaient au Risk et aux G.I. Joe. Je sens encore l'odeur de l'huile de lin. La gamme des couleurs me semblait si monochromatique : où étaient passés le rouge et le violet ? Comment représenter une scène avec une palette aussi limitée ? Mais il y était arrivé, et le tableau avait trouvé sa place sur le mur, au-dessus de la machine à coudre de ma mère, où il trône toujours.

Si cette peinture m'intriguait, c'était parce qu'elle ne cadrait pas avec tous les autres objets que mon père a conçus. Qu'est-ce qui l'avait poussé à engloutir tellement de temps, son bien le plus précieux, dans cette activité qui, à mes yeux, paraissait à peine plus créative que d'assembler un casse-tête ? Avec le sentiment de supériorité caractéristique de l'adolescence, dont ma fille fait si délicieusement preuve à mon égard aujourd'hui, j'avais oublié qu'au moment où mon père réalisait cette représentation d'hommes bravant l'océan, il avait déjà laissé derrière lui, sur le Vieux Continent, tout ce qui lui était familier. Quelques années à peine avant d'entreprendre ce projet, il avait fait la traversée vers une terre neuve qui, aux yeux de ses amis britanniques, de sa mère et peut-être même de son père, de tous les gens qu'il avait connus, représentait la région reculée par excellence, le summum de l'inconnu. Avant que notre famille quitte l'Angleterre, sa mère m'avait prévenue :

— Quand tu seras là-bas, méfie-toi de l'herbe très verte. Ce n'est pas du gazon, mais une tourbière, et si tu marches dessus, elle t'engloutira.

Ce qu'il était venu chercher au Canada, d'après mon père, c'était « la liberté » ; quoi de mieux pour la représenter que des voiles claquant au vent sur un océan infini ? Avec le temps, j'ai fini par comprendre que ce n'était pas l'une des illustrations quelconques qu'on trouvait chez Woolworths, au rayon des casse-tête et de la laine Phentex. Il s'agissait d'une reproduction d'un des tableaux américains les plus célèbres, l'œuvre de Winslow Homer accrochée pour la première fois à l'Exposition universelle de 1876 et d'abord intitulée *A Fair Wind*, puis rebaptisée *Breezing Up* par les critiques et le public, qui y voyaient le Nouveau Monde tel qu'ils le rêvaient, avec ses promesses illimitées d'invention et de découvertes.

— Bien sûr, avait répondu ma mère quand je l'avais interrogée sur notre émigration. C'était fascinant, le Nouveau Monde, tout ça. Mais on n'avait peut-être pas compris que vous, les enfants, vous alliez vous retrouver coupés de vos racines.

Effectivement, n'avais-je pas laissé Rhona et Deborah jouer à l'élastique sans moi sur la terrasse Hainingwood ? Les enfants de Terre-Neuve ne m'avaient-ils pas entraînée derrière l'école pendant la récréation pour m'apprendre à perdre mon accent *british* et à parler comme tout le monde ?

Pendant ma vingtaine, j'ai vécu dans un petit port de pêche isolé, cherchant des substituts de grands-parents parmi les vieux loups de mer et leurs femmes, qui faisaient encore leurs confitures et me racontaient des histoires de l'ancien temps par-dessus la clôture qui bordait leurs rangs de navets. La première question que me posaient ces nouvelles rencontres était invariablement : « D'où viens-tu ? » Nulle trace de méfiance ou de xénophobie dans ce salut vieux comme le monde qui signifiait en réalité : « Et d'où arrivez-vous ainsi, aimable étrangère ? » Mais quand on a quitté sa patrie enfant, on ne connaît plus l'endroit d'où on vient. On essaie constamment de planter de nouvelles racines, qui ne tiennent jamais aussi bien que si notre père s'était contenté de rester là où il est né, imitant en cela les générations précédentes. On sent constamment qu'on n'est pas tout à fait à notre place dans notre pays d'adoption, et ce malaise de déraciné reste sans remède, à moins que ne se produise quelque chose qui change tout.

Si mon père avait copié le tableau de Winslow Homer, c'était peut-être pour apprendre la peinture à l'huile : comment s'y prend-on pour transposer sur du carton une scène en trois dimensions ? Comment crée-t-on un clair-obscur, l'illusion de profondeur ? Étudiait-il sur le tas comme il avait appris, en autodidacte, à fabriquer des bureaux, des armoires et des objets de cuivre émaillé ? À moins que ce ne soit l'esprit de découverte du Nouveau Monde qui l'ait attiré ?

Je ne lui ai jamais posé la question. Ce que je sais, c'est que, tandis que *A Fair Wind* participait en 1876 à la première Exposition universelle, la canonnière à vapeur *Pandora* quittait Southampton pour tenter une deuxième fois de retrouver l'expédition perdue de Franklin dont l'épouse, Jane, était morte onze mois plus tôt après avoir commandité plusieurs autres expéditions. Mais sa mort n'avait pas mis fin aux recherches, qui se sont poursuivies bien après, tout au long du XIXe et du XXe siècle, et jusqu'avec ma propre traversée du passage du Nord-Ouest au XXIe siècle, lui communiquant une fièvre qui avait gagné tous mes compagnons de voyage. Franklin et ses vaisseaux n'ayant pas encore été retrouvés, ils nous accompagnaient dans la nuit arctique, sans doute plus près de nous que la plupart d'entre nous osaient l'imaginer.

Entre la disparition de Franklin, en 1845, et l'Exposition universelle de 1876, durant laquelle dix millions de visiteurs ont admiré le tableau de Homer, l'âme de l'Europe était restée fascinée par l'existence hypothétique d'un passage permettant d'atteindre les Indes par le Nord-Ouest. À peine un siècle plus tôt, en 1769, alors qu'un Samuel Hearne sachant à peine lire et écrire partait lui aussi en voyage dans le but de décrire la région qui séparait la baie d'Hudson de ce que l'Angleterre appelait alors l'océan du Nord, même cette dernière n'avait pas encore été précisément cartographiée. En effet, l'Ordnance Survey, le service cartographique de la Grande-Bretagne, n'existe que depuis 1791. Encore aujourd'hui, la Garde côtière canadienne continue d'arpenter l'Arctique en bateau, à pied et au moyen de robots sous-marins munis de sonars, dans le but de perfectionner des cartes de navigation restées aussi fluides que les eaux qui recouvrent les ossements de Franklin. Les responsables de l'expédition avaient distribué à chacun de nous une carte sur laquelle nous pouvions suivre notre itinéraire. L'un des passagers les plus érudits n'a pas mis longtemps à remarquer que ce relevé, publié en 1999 par l'Atlas national et la Société géographique royale du Canada, comportait une erreur de plusieurs degrés. Nous n'allions pas tarder à découvrir que même les cartes de navigation que consultait notre capitaine ne disaient pas toute la vérité sur ce qui nous attendait. En effet, non seulement la majeure partie de l'Arctique demeure inexplorée, mais la terre, le vent, la mer elle-même sont en perpétuel mouvement.

Mon père était venu chercher à Terre-Neuve ce dont rêvaient les Américains en contemplant les marins de Homer en 1876. Ce dont avaient soif les passagers de mon navire, ce que nous cherchons tous depuis le début des temps. Mon père appelait cela la liberté. Moi, j'ignorais quel nom lui donner, là, dans la nuit où nous avons mouillé l'ancre pour la première fois au Groenland, à Sisimiut, à part miroitement, ou lueur d'espoir : quelque chose dans la glace, rayon prometteur dans la lumière de l'Arctique.

« Nous avons perdu nos racines », disait ma mère. « Pour la liberté », soulignait mon père. À bord de notre vaisseau mouillant au large de Sisimiut, les racines ne jouaient plus un rôle crucial pour le maintien de la vie : ici, le vent et l'eau me berçaient, me libéraient du conflit qui avait opposé mes parents, de la tyrannie des frontières et même de la tension entre liberté et enracinement qui divisait mon être.

CHAPITRE CINQ

Les cathédrales de glace

Nous remontions la côte, tournant le dos aux fjords de Sisimiut, libres de glace et verts toute l'année, contribuant ainsi au nom du Groenland. J'avais hâte que nous soyons rendus plus au nord et de voir pourquoi on surnomme ce pays « la mère des glaces ». À Terre-Neuve, il m'était arrivé de m'asseoir au bord d'une falaise de la péninsule d'Avalon pour regarder la lune éclairer des montagnes de glace flottantes venues du Groenland et du Labrador ; voilà que nous nous dirigions vers la pépinière de tous les icebergs qu'on a jamais aperçus au large de Terre-Neuve ou du Labrador. Je brûlais d'envie de m'éloigner de cette côte où tout paraissait si familier : la brume, les bateaux de pêche, les affleurements rocheux brodés d'oseille et d'épilobe, qui aiment tant les sols acides, et jusqu'aux couleurs pimpantes des maisons. Il me tardait d'échapper à l'influence danoise et de contempler un spectacle que seuls de rares Européens, privilégiés, avaient contemplé : le nord de l'archipel arctique, où toute influence coloniale cédait immanquablement devant les éléments.

À bord, le sentiment d'aventure s'intensifiait. Je le sentais gagner les passagers, pour la plupart bien plus âgés que moi. Nous étions venus contempler ce qui restait des grands espaces sauvages avant leur débâcle, avant le sprint final de l'humanité dans la grande course collective pour l'homogénéisation de cette planète. Tous, nous recherchions l'aventure. Tous, nous humions l'émoi palpable qu'insuffle le Grand Nord à ceux qui en rêvent. Même s'ils avaient déjà exploré des territoires semblables, la fébrilité gagnait tous les scientifiques à bord. Ceux qui avaient déjà navigué sur notre bateau n'avaient jamais fait exactement ce voyage. Pour citer l'historien du bord, nous projetions de suivre le parcours de la première traversée du passage du Nord-Ouest réussie par Roald Amundsen, mais tout pouvait arriver : la météo ou la glace pouvait nous barrer le chemin ; à tout moment, le navire pouvait se voir obligé de changer de cap. Au fur et à mesure de notre lente avancée vers la banquise, je sentais s'infiltrer dans la vie à bord une dualité, une tension entre confort et péril. Dans le salon de proue trônaient deux jolies fontaines prêtes à distribuer de l'eau glacée et du jus d'orange frais. Un chef boulanger enfournait chaque jour des monceaux de petits pains sur lesquels il ne restait plus qu'à tartiner du beurre danois fait de crème de culture. Entre le repas de midi et celui du soir, l'équipe hôtelière – principalement composée de Philippins qui restaient plusieurs mois à bord tandis que les groupes de voyageurs comme le nôtre se succédaient – s'occupait de faire nos lits et de déposer sur l'oreiller un carré de chocolat enveloppé de papier d'aluminium. Or, au milieu de tout ce luxe s'insinuait le soupçon que ce confort n'était qu'une illusion dissimulant une mer inhospitalière.

Avant de poursuivre notre route vers le nord, nous nous sommes pliés à un exercice d'évacuation visant à nous enseigner la conduite à adopter si jamais nous nous voyions forcés d'abandonner le navire, version plus traumatisante de celui que les voyageurs aériens considèrent maintenant comme parfaitement inoffensif. Sur un bateau retentit haut et fort une véritable sirène, insistante, effarante, un son qui pénètre jusqu'aux os. On ne se contente pas de regarder l'agent de bord enfiler un gilet de sauvetage : on va trouver le sien dans sa cabine, on l'enfile, on fixe les attaches et on court à son lieu de rassemblement rejoindre les autres passagers assignés à la même chaloupe de sauvetage. La sirène hurle toujours et les haut-parleurs crachent, le vent souffle du large, on pense à tous les naufrages dont on a entendu parler aux nouvelles, dans des films ou à voix basse au coin du feu, et l'on pressent que ce voyage n'est pas à l'abri des forces de la nature qui en ont déjà fait disparaître de semblables, non seulement à l'époque de Franklin mais encore tout récemment. On sait même que ce navire avait un jumeau qui, il y a quatre ans, a coulé au cours d'un voyage très similaire dans l'Antarctique. Qu'il a mis vingt-quatre heures à sombrer, que tous les passagers s'en sont sortis indemnes, mais que la coque est restée au fond de l'océan et qu'encore aujourd'hui personne ne connaît la cause de la défaillance. Au bout d'une demi-heure environ, quand notre exercice d'évacuation a pris fin, tout le monde était soulagé d'enlever son gilet de sauvetage et de le remettre à sa place dans sa cabine, reléguant de nouveau toute idée de naufrage au domaine de l'imaginaire.

Après quoi, nous avons regardé Aaju Peter et les

autres porteurs d'armes charger leur attirail au cas où nous aurions besoin de protection dans ces contrées sauvages, si loin de nos foyers. Nombre d'entre nous avaient entrepris de se tailler sur le navire des territoires miniatures où se raccrocher au confort, si jamais la nature sauvage se faisait déstabilisante. Chaque fois que les passagers mettaient pied à terre, notre capitaine, un Suédois d'une dignité et d'un sang-froid remarquables, faisait son apparition sur le pont supérieur avec sa ligne à pêche. Silhouette solitaire dans son manteau rouge, il taquinait la morue ou l'omble chevalier, qu'il partageait avec nous dès qu'il tirait de la mer une prise digne de ce nom. J'ai vu une femme nommée Heidi peindre, avec une toute petite boîte d'aquarelle, de lumineuses miniatures représentant des sternes, des chiens de traîneau ou les fleurs mutines de l'épilobe, puis glisser le tout dans sa poche avant de prendre une position de yoga dans un coin tranquille. Muni de papier, d'un stylo et de sa guitare, Nathan travaillait sur une nouvelle chanson.

— Vous voulez la voir?

Il m'a tendu sa feuille. Sous le titre *Le Tournant* griffonné à l'encre, j'y ai lu son texte évoquant le passage du Nord-Ouest, notre navire, la beauté du paysage, nos tentatives pour trouver le réconfort dans cet endroit où nous avions tous entrepris d'affronter notre solitude fondamentale:

> *Le bleu du ciel du nord vire au jade cendré*
> *Le soleil qui descend y laisse un trait doré*
> *Passé la baie d'Hudson, je file vers le nord*
> *Là où le vent glacé règne en conquistador*

Vous êtes venus goûter au soleil de minuit
Au fruit de la toundra où vit le caribou
À l'ouest de la baie de Baffin, les enfants inuits jouent
Dans une tapisserie de jade anthracite et saphir
Ce soir en m'allongeant sur tout ce qui n'est pas dit
Je me dirai : ce n'est pas ainsi que tout cela doit finir.
Ce soir en m'endormant, frissonnant dans la nuit,
Seul sur la mer glacée, sans personne dans mon lit…

En plus de travailler sur ses études et croquis des pimpantes maisons de Sisimiut, dont les couleurs s'harmonisaient avec son enjouement, Sheena Fraser McGoogan donnait des ateliers dans la bibliothèque pour encourager les autres à croquer leurs sujets préférés. Quelques passagers qui n'avaient jamais peint de leur vie y découvraient avec fascination l'alchimie qui consiste à métamorphoser des images en symboles d'émotions. Je traînais toujours un peu à la fin des ateliers de Sheena : j'aimais beaucoup ce lieu douillet, ces fauteuils accueillants entourés de livres sur le Grand Nord. J'avais apporté mon crochet et un écheveau de laine que m'avait offerte mon amie Marilee, filée et teinte à la main à Terre-Neuve par Shawn O'Hagan. Quand nous ne partions pas pour une exploration en zodiac ou à terre, je travaillais dans la bibliothèque au bonnet que j'avais amorcé pour me tenir au chaud. Je voyais chacun des passagers se réfugier dans son monde secret grâce au travail manuel. Mais, très vite, la curiosité prenait le dessus : « Qu'est-ce que vous fabriquez ? Ça avance ? Vous avez pris du poisson ? »

Or, pour ma part, j'avais hâte de quitter tout ce qui me semblait familier, d'entrer de plain-pied dans la nouveauté. Je nourrissais un vœu de solitude, un désir d'observer comment le froid engendre l'isolement. Vœu exaucé le matin où j'ai ouvert les yeux sur des morceaux d'icebergs flottant derrière mon hublot dans ce monde mystérieux que tous nous recherchions et redoutions tour à tour, désireux, comme Nathan dans sa nouvelle chanson, de filer sur la mer gelée alors que nous savions que cela nous priverait de tout réconfort. Entourés d'un silence de glace, nous nous engagions dans la baie de Disko où le gris-vert virait au blanc qui cédait la place au bleu. Pas trace d'humanité, seul le reflet du ciel sur la banquise et sur la mer du nord, seules les basses fréquences d'une lumière qui parait le ciel et l'eau d'un éclat incandescent et voilé à la fois. Un paysage à la dérive, perdu dans ses pensées. À la petitesse des morceaux, j'ai deviné qu'ils étaient issus de blocs plus importants que j'allais bientôt apercevoir plus avant dans la baie. Nous approchions d'une ville qui s'appelle Ilulissat, c'est-à-dire « iceberg » en groenlandais, sise à l'embouchure du fjord qui accouche des icebergs qu'engendre le glacier Sermeq Kujalleq, la plus grande mère des glaces de l'hémisphère boréal. Le fjord glacé d'Ilulissat joue un rôle si important pour notre planète que l'Unesco, en 2004, l'a classé parmi son patrimoine mondial.

Agenouillée sur ma couchette pour mieux voir dériver les blocs de glace, je sentais monter en moi la puissance électrisante de l'Arctique. C'était la première fois depuis notre départ que je sentais remuer les frontières entre terre et psyché, monde intérieur et monde extérieur : ce n'était pas hors du navire que flottaient ces blocs de glace, mais en moi. Rien de ce qui m'apparaissait derrière ce hublot n'était achevé du point de vue humain, ni bâti, ni même entièrement modelé. Ce paysage de glace ne cessait de se former et de se déformer. Loin du monde ordinaire, c'était un miroir pour l'esprit, à l'origine des formes que nous connaissons. Je n'avais jamais rien contemplé de cette manière : non pas de l'extérieur mais de l'intérieur, espace qui jusqu'ici était resté secret. J'avais atteint la cachette des mystères.

Chaque lieu charrie un flot d'informations. La latitude, le tonnage des icebergs produits en un an, la fluctuation de la température des étés passés, la composition géologique du fjord qui scintillait derrière la banquise, tout cela, les scientifiques et les géologues de l'expédition nous l'avaient donné. Mais la réalité affective confinait à un autre monde. Nos âmes flottantes avaient besoin les unes des autres pour réagir à ces nouvelles langues mystérieuses, celles de la terre, des glaciers, de l'eau… l'idée d'envisager un territoire comme un texte antérieur à la parole humaine, écrite ou parlée, ne m'avait jamais traversé l'esprit. Plutôt que d'éviter mes compagnons, je me suis rapprochée des amis que j'avais commencé à me faire.

La terre dont nous nous approchions était occupée par les Inuits, dont les ancêtres, disait-on, étaient venus de ce que nous appelons aujourd'hui le Canada. Ce qui est selon la perspective des Européens le passage du Nord-Ouest a servi pendant plusieurs millénaires de pont de glace vers l'est aux Inuits venus de l'Alaska. Les peuples appartiennent à des territoires plus vastes que nous n'aimons le croire. Bien que Rasmussen ait revendiqué le Groenland au nom des Danois, ses vastes étendues nordiques abritent encore un peuple nomade circumpolaire pour qui l'idée de « nationalité », venue du Sud, ne veut pas dire grand-chose. J'étais curieuse d'entendre ce qu'Aaju Peter avait à dire à ce sujet, en tant que femme groenlandaise ayant adopté le mode de vie des Inuits du Canada. Je voulais l'interroger sur la possibilité d'une appartenance hors frontières.

— Je me suis toujours sentie étrangère à tout concept de mère patrie, lui ai-je confié. Un jour, j'ai accidentellement laissé expirer mon passeport canadien. En plus, j'avais perdu ma carte de citoyenneté, celle que l'on reçoit après avoir juré fidélité à la Reine quand on prend la nationalité canadienne.

— Toi qui venais d'Angleterre, tu as dû faire serment d'allégeance à la Reine, s'est esclaffée Aaju. Tu vois ? Tout ça, c'est de la folie.

— Oui, et comme j'avais perdu ma carte, j'ai eu beaucoup plus de mal à me procurer un nouveau passeport que si j'étais canadienne de naissance. Pourtant, quand je suis allée voir ma famille dans le nord de l'Angleterre, ils m'ont tous dit que je n'étais plus des leurs.

— Je sais comment tu te sens, a répondu Aaju.

— Ils disaient que j'étais devenue canadienne. Voilà sans doute pourquoi je me sens chez moi ici, sur ce navire, entre mes deux pays.

— Il n'y a absolument rien de mal, m'a assuré Aaju, à appartenir à deux cultures. Ta voix est authentique puisqu'elle est humaine.

Pour aller voir la vallée de Sermermiut, où aboutit l'énorme glacier Sermeq Kujalleq avant de se scinder en icebergs, nous avons traversé Ilulissat à pied. Centre actuel

de l'industrie danoise de la pêche à la crevette, la munici-
palité a transformé en musée la maison de Knud Rasmussen, l'explorateur venu du Danemark. En gravissant une
côte, je suis passée devant un restaurant nommé Moderne
Gronlandsk Kokken (cuisine moderne du Groenland) et
j'ai regretté qu'on ne soit ni un mardi ni un mercredi, jours
où on y proposait un buffet groenlandais ainsi composé :

> *Renne aux baies de genévrier*
> *Bœuf musqué braisé*
> *Pavé de phoque garni de bacon et d'oignons*
> *Pavé de baleine au vin rouge*
> *Renne fumé*
> *Baleine fumée*
> *Baleine séchée artisanale*
> Mattaq *(peau de baleine) dans sa graisse*

Laissant les autres passer leur chemin, je salivais
devant la pancarte. Cela faisait longtemps que je rêvais de
goûter au *mattaq*. Je savais que bien des gens détestaient
cela, mais les amateurs y trouvaient une douceur récon-
fortante, disaient que c'était meilleur que le chocolat, et
j'étais convaincue que je trouverais cela délicieux. Ces mets
sauvages m'avaient aiguisé l'appétit. Après avoir réussi à
m'arracher à la lecture du menu, j'ai escaladé la colline
pour rattraper le groupe et constater, à mon grand plaisir,
que le *kalaalimineerniarfik* – marché où l'on vendait du
poisson et de la viande – était ouvert. Je me suis précipitée
à l'intérieur et j'ai vu que les étalages regorgeaient de gibier,
y compris des carcasses de phoques et d'autres animaux
marins méticuleusement nettoyées et présentées. Recon-

naissant les guillemots marmettes que j'avais observés quand je vivais dans un petit port de pêche, j'ai regardé le boucher écarter les ailes d'une mouette, puis se mettre à découper la viande. Dans une bassine étiquetée *ammassat*, j'ai reconnu ce qu'on appelle « capelan » à Terre-Neuve, où j'avais vécu dans une vieille maison de pêcheur au bord d'une plage bien cachée où était creusé un bassin triangulaire qui me servait de baignoire et dans lequel je me baignais en compagnie des algues et des étoiles de mer.

Mary, la femme du pêcheur, m'avait raconté que, dans son jeune temps, la grève était couverte de vignots de bois sur lesquelles les femmes mettaient la morue à sécher. Et quand elles n'étaient pas occupées à saler le poisson, à cueillir des petits fruits ou à biner leur carré de pommes de terre, elles prenaient soin de leurs animaux. « Dans l'anse, disait-elle, chaque femme avait sa vache. » Une génération après la grande époque ainsi évoquée, je me prélassais dans l'eau soyeuse de mon bassin rocheux en inventant des chansons tandis que les vagues arrosaient d'écume laiteuse les pierres en contrebas. Elles étaient sculptées de lignes sinueuses qui me laissaient deviner le travail de la mer dans le roc. Avec le recul, j'imagine que les pêcheurs et leurs femmes n'étaient pas enchantés de me voir barboter là-dedans tel un gigantesque poulpe au ventre blanc. Alors que je n'apercevais de mon bassin ni portes ni fenêtres, quand j'y pense, rien ne passait inaperçu dans ce village. Moi qui me croyais invisible, je défrayais sans doute la chronique. Un matin de ce qui devait être la dernière saison avant que les chalutiers-usines ne provoquent un effondrement catastrophique des stocks de morue, juste après le départ des pêcheurs dans leurs barques, j'ai glissé un œil par-dessus le rebord de ma baignoire et j'ai vu le capelan rouler dans la lumière de l'aube. En contrebas, le talus rocheux ondulait sous une tapisserie de lumière : des dizaines de milliers de paillettes d'argent ovulaient et batifolaient en pleine extase. Après m'être enroulée dans ma serviette, je suis descendue sur le sable et je suis entrée dans la mer, laissant les poissons ondoyer et claquer sur mon corps. Puis, comme toute Terre-Neuvienne qui se respecte ne saurait assister à ce phénomène sans courir chercher un seau, c'est ce que j'ai fait. Je l'ai rempli à mains nues, je suis rentrée chez moi, j'ai passé les poissons à la farine, je les ai mis à frire dans l'huile et je les ai dévorés. Mais le meilleur, c'était le moment où j'avais senti le capelan débouler sur ma chair nue dans l'aube argentée, sans aucune présence humaine alentour.

En temps normal, le capelan qui roule constitue un événement pour la communauté. Comme il est impossible d'en prédire le jour et l'heure, on observe encore la coutume ancestrale consistant, pour les hommes, à scruter la brume et à surveiller les baleines, pour les femmes, à jauger la transparence de l'air et, pour les enfants, à jouer avec leurs chiens sous le soleil pâle qui éclaire les galets. Juin… juillet… quand le capelan roulera-t-il ? Question dont tout le monde raffole, mais qui n'est pas anodine : tant que le capelan revient, c'est que tout n'a pas changé.

En 1860, à Brigus, un autre village où j'ai vécu pendant des années, on a percé avec de la poudre à canon un tunnel visant à faciliter, aux hommes comme aux marchandises, l'accès au quai en eau profonde d'Abram Bartlett. Ce tunnel est bordé d'une petite plage où j'ai déjà assisté à l'arrivée du capelan, juste avant le festival des bleuets. Tout tournait autour des enfants et de leurs chiens : des seaux et des seaux de capelan avaient envahi la plage. Les jeunes se juchaient sur les épaules les uns des autres pour avancer dans l'eau et récolter les poissons là où ils n'avaient pas pied. Cela se passait vingt ans après ma baignoire de pierre, à une époque où les enfants montraient des signes d'obésité à force de se gaver de quadruples hamburgers au *drive-in* et de s'affaler devant la télé ou l'ordinateur après avoir passé la journée assis à l'école. Mais, parmi eux, il y en avait des maigres, comme dans les années 1960, comme on en voit dans le documentaire de l'Office national du film sur les enfants de l'île Fogo. Une bande de gamins sautillants tels des moineaux, avec des rotules et des coudes pointus comme des canifs, prompts à fendre l'eau pour attraper ce capelan. Leurs cris, amplifiés et répercutés par le tunnel de pierre, rebondissaient de cerisiers en pruniers. Il était là, toujours vivant, le bon vieux temps où l'on trouvait sa nourriture sauvage dans la nature. Il n'était pas mort.

Mais cela n'avait duré qu'un jour. Tout comme le carré de pommes de terre et la pêche vivrière, la pêche au capelan a disparu en un clin d'œil, le temps que mettent aujourd'hui de nombreux Terre-Neuviens pour réchauffer ces « croquettes » ou ces « doigts de poisson » surgelés, transformés au large des côtes sur un chalutier industriel.

Je m'étais déjà nourrie d'aliments sauvages à Terre-Neuve, mais on ne trouvait pas de gibier dans les épiceries qui vendaient les mêmes hamburgers, les mêmes saucisses fabriquées à la chaîne que partout ailleurs en Amérique du Nord. Pourtant, avant le moratoire sur la pêche à la morue, je voyais des guillemots et des macareux dans les congélateurs des gens, attrapés accidentellement. Ces protéines invendables, tant légalement que culturellement, venaient s'ajouter à l'ordinaire des familles rurales. Étrange spectacle que ces volatiles au bec orange que je considérais comme des oiseaux exotiques, reposant, rigides, parmi les filets de morue. Or, ces sources de nourriture ancestrales faisaient depuis longtemps partie d'une économie de subsistance.

Il m'était arrivé de croiser un de mes voisins de l'anse aux Phoques qui rentrait de la pêche, dissimulant sous son blouson un homard. En effet, malgré le prix exorbitant qu'il coûte à St. John's, le homard est considéré comme un repas de pauvre dans les vieilles communautés terreneuviennes. Et personne n'aurait songé à se procurer du gibier ou du poisson sauvage au magasin. On chassait son orignal soi-même, et si on voulait acheter des saucisses de caribou, on savait très bien chez quelle voisine aller frapper. Pour trouver du phoque à St. John's, il suffisait de descendre au front de mer et de chercher une camionnette portant sur sa caisse la mention « carcasses » ou « nageoires » peinte à la main, et il valait mieux savoir comment apprêter la chair avec du vinaigre et du bicarbonate de soude sous peine de se retrouver avec une cuisine empuantie par du phoque immangeable. À Terre-Neuve, la préparation et la consommation d'aliments sauvages faisaient partie d'un savoir traditionnel qui se pratiquait en dehors des commerces.

La poissonnerie prospère d'Ilulissat représentait donc l'antithèse de ce que je savais de la consommation de poisson sauvage dans l'est du Canada. Cela m'intriguait particulièrement de voir nettoyer et découper une mouette par un boucher. Mais Aaju en avait vu d'autres.

— Je préfère les coutumes des Inuits canadiens, m'a-t-elle confié tandis que nous sortions de la ville, suivant le sentier qui mène à la vallée glaciaire.

Ici encore, dans les cabanons trônaient des cordages et des harnais orange et bleus, destinés à la population canine de l'agglomération, deux fois plus importante que celle des humains. Le vent chargé de la fraîcheur du glacier tout proche agitait le duvet blanc des linaigrettes. Motoko, la plus élégante des Japonaises qui faisaient partie de l'entourage de ma camarade de chambre, s'est arrêtée pour cueillir un minuscule bouton de céraiste arctique qu'elle a piqué dans ses cheveux. L'élégance de la fleur rivalisait avec la sienne. Elle portait un rouge à lèvres carmin et une ombrelle bleue.

— Ici, a repris Aaju en désignant le marché aux poissons, toute cette viande sauvage, ils la font griller ou bien bouillir. Ils ont adopté les façons de faire danoises et trouvent les Inuits du Canada primitifs parce qu'ils mangent leur gibier, leur phoque ou leur poisson crus. J'aime beaucoup, a-t-elle pouffé, aborder les enfants groenlandais et déployer toute ma ruse pour les amener à essayer du foie de phoque cru, ou de la cervelle, ou du cœur. Ils ne veulent rien savoir. Devant leurs amis, je les provoque en les traitant de pleutres. Ils en mangent par orgueil, parfois ils aiment ça. Ensuite, ils rentrent à la maison et ils racontent tout à leur papa et à leur maman, dégoûtés. Ça m'amuse bien.

Après avoir longé le sentier pendant une demi-heure, nous avons atteint une éminence rocheuse d'où nous allions enfin pouvoir observer le désordre chaotique des gigantesques blocs de glace nés de Sermeq Kujalleq. De là-haut, j'ai eu l'impression que toute cette glace, ce colossal embouteillage de blocs, entassés sens dessus dessous les uns contre les autres, attendait patiemment que le soleil fasse fondre leurs parois juste ce qu'il fallait pour les dessouder, leur permettre à chacun de se dégager de cette monstrueuse pagaille, de filer vers une liberté aquatique. On ne l'appelle pas pour rien la mère des glaces : chacun de ces monolithes avance au rythme de sept kilomètres par an, à peine perceptible, comme les aiguilles d'une montre, la course des étoiles ou une gestation.

Ce repositionnement constant conférait à la glace une énergie latente qui se répercutait dans l'atmosphère. Sous cette immobilité apparente, ce sont chaque jour entre dix-huit et vingt millions de tonnes d'eau gelée qui parviennent à se détacher de leur matrice. Je me suis rendu compte que la contemplation de ce phénomène m'impatientait : ce mouvement, je voulais le voir. Ces mastodontes paralysés me rappelaient toutes les fois où je m'étais moi-même sentie bloquée, en panne. Cela m'énervait de m'imaginer coincée dans un endroit pareil, livrée aux caprices du monde naturel, d'attendre que des événements extérieurs à moi-même, sans aucun rapport avec ma volonté – léger réchauffement de l'air, remous dans l'eau –, me permettent enfin de bouger. Je me suis souvenue d'avoir entendu sur le pont du navire Bernadette Dean évoquer à voix basse la puissance de la nature, déconcertée par la certitude que semblaient entretenir les navigateurs blancs de l'Arctique, passés ou présents, d'être plus intelligents que les éléments.

Je n'avais pas voulu descendre jusqu'à la plage de galets en contrebas pour contempler de plus près les glaces immobiles, mais quelques passagers s'y étaient risqués et une rumeur était remontée jusqu'à nous : l'une d'entre eux, Motoko (l'élégante Japonaise à l'ombrelle), s'était tordu la cheville sur un rocher et il allait falloir l'aider à rentrer à bord. Marc St-Onge, notre géologue, l'a portée sur ses épaules telle une princesse de conte de fées : se sentait-il personnellement responsable d'une entorse récoltée sur ses cailloux bien-aimés ? Ou était-ce tous les accompagnateurs de sexe masculin qui n'attendaient que l'occasion de faire étalage de leur âme chevaleresque ? Tout le long du sentier, les barbus se sont relayés pour porter Motoko. Comme nous avions tous rempli des formulaires pour le cas où une opération spéciale de sauvetage en région éloignée serait nécessaire, je me suis demandé si on n'allait pas emporter Motoko en hélicoptère. On disait qu'elle allait peut-être devoir quitter le groupe et tout le monde était triste ; mais, ce soir-là, Nathan Rogers l'a hissée jusqu'au barbecue qui se donnait sur le pont du navire. Un bandage splendide ornait son pied. J'ai repensé à ce qu'il m'avait dit de la manière dont son père avait sauvé de nombreuses vies dans l'avion incendié ou il avait péri : en portant Motoko sur ses épaules, j'ai senti que Nathan était mystérieusement accompagné par son père, encore mieux qu'en jouant de la musique.

Nous nous sommes déplacés en zodiac jusqu'aux icebergs réunis à l'embouchure du fjord : cavernes aux profondeurs de ténèbres, piliers de lumière bleue, si imposants, si énigmatiques que je n'ai rien dit pendant des heures. Sans la présence de Sheena McGoogan, qui s'était mise à transposer ce qu'elle voyait dans ses cahiers à dessin tout en nous encourageant à l'imiter, je serais sans doute sortie de toute cette expérience inapte à articuler un seul mot. Ce n'est qu'à l'issue de deux ans de contemplation des images que j'avais esquissées, soit dans le carnet que Sheena m'avait donné ou sur du papier aquarelle, que j'ai pu ouvrir la bouche. Une de mes découvertes dans l'Arctique, c'est que la parole est une langue seconde : d'abord on voit des images, ensuite on sent la chaleur, le roc froid, la chair. On goûte l'air avant les mots.

Les premiers mots que j'aie déchiffrés dans le Nord n'étaient pas portés par des symboles mais par la pierre, le ciel et l'eau… et plus tard, par les animaux doués de profondeur et d'un langage à eux, également convaincant. Dans la spectaculaire galerie des glaces qui s'élançaient en geignant du glacier Sermeq Kujalleq vers la baie de Disko, je commençais à entendre une parole, une langue qui échappaient à la sphère humaine : avant de la traduire, il me fallait appréhender mon corps et mon esprit de manière nouvelle. À cela, le territoire que nous nous apprêtions à parcourir allait m'encourager, me pousser, et comme j'avais été conditionnée à pencher vers la raison, à privilégier une pensée linéaire, compartimentée, étayée par des explications et des déductions, il me faudrait du temps. J'étais loin d'être le premier être humain à perdre le nord dans cette région. D'après les historiens, c'était dans la baie de Disko que des yeux européens avaient aperçu John Franklin pour la dernière fois. Des témoins disaient l'avoir repéré aux abords de son navire amarré à un iceberg, ancestral cousin de ceux que nous croisions ; après qu'il eut quitté la baie, personne de son monde n'avait plus jamais revu Franklin. La contemplation des icebergs m'inspirait le sentiment que, après avoir été en leur présence, il serait facile de disparaître. L'idée d'y amarrer un navire témoignait d'une bien triste folie : Franklin s'était-il fié à la glace en raison de sa masse, de sa densité, elle qui n'était qu'eau à l'état solide, sans plus de substance qu'un rêve ? Quand j'ai essayé de me représenter ce navire assujetti à de la glace, je n'ai éprouvé que de l'étonnement, le navire comme la glace me semblant voués à la dissolution. Franklin avait-il pressenti cela dès le départ ?

De retour à bord, nous avons mis le cap sur le fjord Karrat, qui abrite des narvals, des phoques et des colonies de mergules. Nous devions mettre pied à terre sur une île inhabitée, et je voyais bien que nous entrions pour la première fois dans une zone psychologique hybride, à mi-chemin entre l'existence urbaine familière à tous et l'autre vie qui nous attendait, moins facile à connaître. Les passagers s'efforçaient de raviver leurs souvenirs d'une faune nichée au cœur des villes que nous avions quittées. Nous avions quand même une certaine connaissance des choses de la nature, des bêtes sauvages. Les observateurs d'oiseaux discutaient avec Richard Knapton, l'ornithologue du navire, des espèces communes au Groenland et à la région du Sud où ils résidaient.

— Il y a un faucon pèlerin, s'est rappelé l'un d'eux, qui vit au 2180, rue Yonge, à Toronto, au coin de l'avenue Eglinton. Il perche au sommet de l'édifice Canadian Tire. C'est de là qu'il part chasser, là qu'il ramène ses proies et qu'il les réduit en charpie à la vue de tout le personnel des bureaux. Il met du sang partout.

— Les corbeaux du Groenland, a répondu Richard, évaluent la longueur de la chaîne des chiens de traîneau et viennent se poser juste un petit peu plus loin.

J'avais remarqué la coexistence de ces oiseaux avec les huskies, senti l'esprit hagard des chiens qui enveloppaient de leurs hurlements les jardins et les cimetières des villages. Ces meilleurs amis de l'homme savaient déchiqueter leurs captures aussi bien que n'importe quel faucon pèlerin. Mais sur la terre que nous nous préparions à fouler ne vivaient ni chiens ni êtres humains. Par contre, jonchée d'ossements humains, elle savait engloutir sa part de sang et d'os, plus vorace encore que les rapaces ou les chiens.

— N'oubliez pas, nous a rappelé Aaron, le jeune Néo-Zélandais qui allait faire office de guide pendant cette première excursion loin de toute habitation, que l'on trouve çà et là des sépultures. Respectez-les, restez conscients de la limite. Observez la position des porteurs d'armes. Quoi que vous fassiez, restez à l'intérieur du péri-mètre de tir.

Aaju avait envoyé des éclaireurs à terre pour recon-naître les zones pouvant être parcourues sans danger. Aaju et les autres préparaient leurs fusils pour le cas où nous tomberions sur des ours polaires.

Marc St-Onge nous parlait des rocs sur lesquelles nous allions marcher comme s'il s'agissait d'agents actifs, plutôt que des masses stationnaires que j'observais au loin. À mesure que nous approchions de l'îlot rocheux, Marc était encore plus fébrile qu'à son habitude.

— Ici, les roches – il gesticulait dans leur direction

comme vers des entités capables de fendre l'espace-temps, de le déchirer – traduisent la collision et la suture des continents.

Marc voyait du mouvement là où je n'en voyais pas, ce qui m'amusait ; je sentais cependant qu'il s'efforçait de nous transmettre un message que je ne parvenais pas à intercepter. Aux yeux de Marc, les minéraux étaient bien plus puissants qu'aux miens. Non que j'eusse mis en doute sa façon de voir les choses, mais comme je ne voyais pas ce qu'il percevait, j'étais incapable d'entendre ou de déchiffrer ce que les rochers s'efforçaient peut-être de me dire. Je ne voulais même pas essayer de capter leur langage. La glace, l'eau, l'air m'intéressaient beaucoup plus, ainsi que la myriade des lichens minuscules. Alors que le navire avait déjà transporté un botaniste au cours de voyages précédents, ce n'était pas le cas cette fois-ci. J'ai passé beaucoup de temps face contre terre à écouter, non pas les minéraux de Marc, mais l'éloquence de plantes lilliputiennes dont je trouvais la voix exquise et courageuse.

Nous avons gravi un coteau où des lichens orange et noir irradiaient en cercles parfaits. On observait bel et bien des ossements humains ; plutôt que de les enterrer à la mode du Sud, où la terre est meuble, on les avait disposés rituellement sous des monticules de pierres qu'il fallait prendre soin de ne pas déranger. Il n'aurait été que trop facile de marcher dessus par inadvertance et d'envoyer rouler cailloux, tibias et boîte crânienne jusqu'en bas de l'escarpement, catastrophe qui aurait perturbé l'esprit des morts. Juchée bien haut sur un tapis de dense mousse verte et de feuilles naines, je me suis allongée sur cet édredon chauffé par le soleil pour mieux regarder, ensorcelée, les icebergs se diviser dans le lointain en blocs de plus en plus petits, puis se fondre dans l'eau avec une sereine fluidité. J'exultais d'être la seule à avoir repéré ce poste d'observation, même s'il me fallait, pour en profiter, m'étaler à côté des ossements d'un chasseur depuis longtemps couché sous son tumulus funéraire.

Étendue auprès du squelette au sommet de la crête rocheuse, j'écoutais le paysage sonore. Sur le pont du navire, notre capitaine s'était remis à pêcher, et sa silhouette lointaine levait et baissait sa canne au milieu du terrible grondement des blocs de banquise qui se fendaient en avalanche rugissante. Le fjord agissait comme une caisse de résonance qui amplifiait la retentissante cohue de ces monolithes en travail. On aurait cru un immense chantier de construction. J'ai entendu comme un coup de fusil suivi d'un choc sourd, puis une avalanche de plus. Derrière tous ces bruits, on devinait le clapotis de l'eau, le mugissement du vent ressassé par les montagnes de ce décor lunaire. J'ai continué à grimper, trouvé un banc de pierre où je suis longtemps restée assise, seule, l'oreille tendue.

CHAPITRE SIX

Le capitaine

Le lendemain, nous nous sommes réveillés à Upernavik, à mi-hauteur de la côte ouest du Groenland et dont le nom signifie « lieu du printemps », bien qu'on n'y observe ni eaux libres de glace ni véritable dégel vernal. Ici aussi, comme au fjord Karrat, on n'enterre pas les morts : au cimetière, des monticules de pierres, aujourd'hui adoucies par la mousse, recouvrent les corps. L'agglomération compte 1 100 habitants, pêcheurs et chasseurs d'ours polaires et de phoques. Des hommes sont sortis pour nous regarder passer sur la route qui mène au village et à ses maisons proprettes, pimpantes, comme celles que nous avions vues plus au sud : jaune et bleu, vert et rouge, avec des moulures d'un blanc tranchant. Les chiens du coin répondaient à l'unisson au hurlement de la sirène de midi ; même disséminés aux quatre coins du village, ils formaient une meute unie. Leurs harnais étaient accrochés aux cabanons qui bordaient le chemin, côte à côte avec des reliques de chasses passées. Danny Catt, le photographe du navire, a désigné de la tête une vieille tige osseuse longue de plusieurs pieds suspendue dans l'entrée d'un hangar.

— Vous savez ce que c'est ?

— Non.

— Ça, Kathleen, c'est un os pénien de morse.

Des pêcheurs côtiers venaient de rentrer et un homme nommé Peter est arrivé chargé d'un phoque. L'animal gisait écartelé sur les pierres plates que son sang, qui s'extravasait sur plusieurs pieds carrés, vernissait de rouge dans la brume.

Peter a tendu son grand couteau maculé de sang à Laura, l'une des plus jeunes femmes du groupe. Il était timide et s'est contenté de tendre en silence son offrande aussi élégante qu'audacieuse.

Il avait déjà fendu la graisse abdominale de l'animal, écarté la peau comme les deux pans d'un manteau et révélé le petit lard d'un pouce d'épaisseur qui y était attaché. Dans l'ouverture en *v* sanguinolente, je percevais de l'harmonie : l'agencement précis et cohérent des entrailles, les côtes sombres comme les membrures d'un navire, le moteur dense du cœur planté au beau milieu de tout cela. La pâleur de l'intestin grêle et du gros intestin joliment entortillés, brodant avec une joie mystérieuse leur connexion enchevêtrée. Laura s'est lancée, exécutant ce que lui dictait discrètement Peter, et s'est mis du sang sur les bras jusqu'aux coudes.

— Vous pourriez me garder quelques morceaux ? a demandé Aaju à Peter en lui tendant un sac Ziploc. Me recueillir un peu de sang ?

Peter a versé du sang dans le plastique et s'est redressé sur les pierres rougies, le tenant dans ses mains. Les pierres étaient si glissantes qu'en cherchant à m'approcher pour mieux voir, j'ai dérapé et je suis tombée.

— De la cervelle ? a repris Aaju. Du cœur ? Je pourrais prendre un morceau de foie, s'il vous plaît ?

Tandis que Laura démantelait le phoque, disposant soigneusement les côtes, les nageoires et les autres morceaux en piles bien nettes, Aaju s'est accroupie avec Bernadette Dean pour en choisir deux ou trois qu'elles ont mangés sur place, les doigts couverts de sang. Puis elle en a enveloppé précieusement quelques-uns qu'elle a emportés à bord, avec le sang, pour les préparer plus tard et les partager avec nous. Elle avait aussi récolté des goules noires au goût sucré qu'elle a mélangées avec la cervelle de phoque, d'un blanc immaculé, jusqu'à ce que le tout ressemble à du yogourt aux bleuets. J'en ai pris un peu et, comme le foie que j'avais goûté pendant la cérémonie de la lampe, je me suis étonnée de lui trouver un goût si doux, si suave.

Ce soir-là, je suis restée sur le pont jusqu'à trois heures du matin, dans la nuit bleu-argent de l'Arctique. C'était comme si le Nord retenait sa lumière, la gardait pour les parties du monde plongées dans la nuit. Je ne comprenais pas comment on pouvait dormir au milieu d'un tel mystère, d'une telle magie.

Le lendemain, j'ai trouvé dans ma cabine un carton d'invitation à dîner avec le capitaine. Comme j'avais déjà été invitée à la table d'un capitaine, j'étais consciente de l'importance de l'occasion. Mathieu, mon premier capitaine, venait de la même ville que mon mari, et son navire faisait régulièrement le voyage entre Montréal et St. John's. C'est là qu'il nous avait invités, Jean et moi, à bord de son navire qui était à quai. J'avais appris quatre choses. La première, c'était que, si le bateau de Mathieu arrivait à Terre-Neuve les cales pleines – de poêles, de frigos, de haricots en conserve, de jeans et de manteaux d'hiver, de briques et de planches, de parasols et de clous de dix pouces –, il en repartait vide. La deuxième, c'est qu'il ne faut jamais, jamais prononcer le mot « lapin » à bord d'un vaisseau. La troisième, c'est que la salle des machines d'un navire est un assemblage fantastique et impénétrable de surfaces géométriques joliment peintes laissant échapper des bruits métalliques, de passerelles périlleuses, d'échelles escarpées, de rampes perfides, dont la taille et le sérieux me faisaient tourner la tête. Et la qua-trième, c'est que, si tous les autres passagers devaient se contenter de bacon et de pain d'épices au repas de midi, le capitaine et ses hôtes se délectaient d'une côte de bœuf rôtie et, au dessert, d'une pâtisserie nommée profiterole, légère comme le vent, gonflée de crème fouettée et nappée de chocolat.

En mon for intérieur, j'ai remercié Denise de m'avoir conseillé d'emporter ma petite robe noire, avec laquelle j'étais en très bons termes. Sans manches, au décolleté plongeant, elle froufroutait autour de mes genoux comme un pétunia d'ébène. Par contre, je me demandais si elle convenait vraiment à ce genre de voyage. Je voulais être une observatrice, et non être observée, surtout pas sous l'angle de la séduction, si peu que ce soit ; mais je ne pou-vais tout de même pas m'asseoir à la table du capitaine dans ma veste en laine d'alpaga, mes caleçons longs et le jeans que j'avais trouvé sur le trottoir devant une pharma-cie Jean Coutu. En rinçant mes sandales de plage bleues surmontées chacune d'un chrysanthème en plastique, j'espérais que mes cheveux coupés super courts suffiraient à neutraliser toute impression que je serais en quête d'amour. J'ai pensé à la barbe crochetée que j'avais glissée dans ma valise ; elle me couvrait le menton à ravir, mais même si elle me donnait une allure assez distinguée à mon goût, je ne me voyais pas la porter pour un dîner avec le capitaine.

À midi, notre contre-amiral nous a annoncé que, pour souligner notre récent passage dans la baie de Disko et pour nous tenir occupés alors que nous nous lancions dans la traversée de l'océan à destination de l'Arctique canadien – trajet passant par le détroit de Davis qui devait s'étirer toute la nuit et la majeure partie du lendemain –, ce soir-là, le dîner serait suivi d'une soirée disco dans le salon de proue.

— J'ai tellement hâte, m'a soufflé Nathan qui passait avec une assiette de boulettes de bison et de melon d'eau. J'ai apporté un ensemble juste pour ça. Lamé argent, pantalon à pattes d'éléphant. Tu vas venir, n'est-ce pas ?

— Moi… euh…

— *Come on, dude,* il faut que tu viennes danser le disco.

— Surtout, a ajouté le contre-amiral, n'oubliez pas de fermer les yeux sur toute activité tombant dans la catégorie « complètement idiotes ». Vous aurez également bientôt l'occasion de plonger dans l'Arctique. Tous ceux qui piqueront une tête dans le détroit de Lancaster se verront décerner un badge *Arcticus Feverus* ainsi que le Gant vert du courage. Aiguisez aussi vos crayons en vue de notre concours de limericks, juste après le dîner. Celui ou celle qui écrira le plus stupide remportera le second prix, une

bouteille de scotch single malt à partager avec les malheu-
reux perdants.

Je me suis penchée vers une passagère britannique
avec qui je mangeais pour la première fois, Gillian. Je lui ai
avoué que je n'aime pas particulièrement faire la fête et
j'ai ajouté :

— Je raffole du single malt, mais pas du disco. Je vais
peut-être devoir me retirer dans la sérénité de ma cabine.

— Je n'aurai pas d'autre choix que d'y aller, je crois.
Je n'ai pas accès à ma cabine en ce moment, m'a-t-elle
confié en brandissant une fourchetée d'omble chevalier
aux chanterelles.

Tandis que nous dégustions notre bisque à la tortue,
Gillian s'était montrée enthousiaste quand je lui avais
annoncé que j'étais invitée à dîner à la table du capitaine
ce soir-là. Elle s'était récriée quand je lui avais déclaré que
je me sentais maintenant, à cinquante ans, invisible pour
les hommes.

— Pas encore, avait-elle rétorqué, les sourcils arqués,
jetant sur moi un regard plein de sous-entendus. Manifestement, vous ne l'êtes pas du tout.

À l'instar des autres accompagnateurs, je prenais
chaque repas avec des passagers différents. Cela faisait partie de mes tâches de les amener à me raconter leur vie, ce
qui, pour moi qui adore écouter, était la chose la plus facile
au monde. La surprise consistait plutôt en ce que c'était
moi qui finissais par livrer mes secrets à de parfaits inconnus. De voguer ainsi au beau milieu de l'océan Arctique
favorisait les confidences ; nous étions à la fois plus amu-
sants et plus vulnérables, des étrangers à qui le navire pro-
curait une grisante impression d'intimité.

— Vous n'avez pas accès à votre cabine ? Pourquoi ? ai-je demandé à Gillian.

— Elle est occupée par un homme qui a la tête plongée dans les toilettes.

J'ai chantonné :

— *Un homme qui a la tête / plongée dans les toilettes !* Deux vers parfaits pour le concours de limericks.

— Il n'a pas dit que la bouteille de scotch, c'était le second prix ? Je me demande bien quel est le premier.

— La rumeur veut que ce soit une petite culotte écarlate très moulante.

J'avais écouté une conversation entre les organisateurs du concours de limericks un peu plus tôt, dans l'un des corridors.

— Une petite culotte, s'est esclaffée Gillian tandis que les géologues de la table voisine, interrompant leur discussion truffée de discordances, d'intervalles chronologiques et de socles cristallins, nous lançaient des regards furtifs. Ne me parlez pas de petites culottes. Surtout pendant un voyage en mer.

— Ah bon, pourquoi ?

— J'avais vingt et un ans. C'était ma première traversée transatlantique et je me félicitais d'avoir eu la prévoyance de me munir de slips jetables.

L'un des géologues, qui avait beaucoup de mal à se concentrer sur la sédimentation paléozoïque de la plateforme arctique, s'est penché pour mieux nous entendre, laissant ses compagnons s'animer à propos de quelque chose que des roches anciennes avaient fait à des roches plus jeunes voilà 542 millions d'années.

— Des slips jetables ?

Je me suis enfourné une chanterelle dans la bouche en faisant de mon mieux pour ignorer l'indiscrétion de notre voisin. Ne faire semblant de rien, cela fait partie des tactiques de ma mère.

— En papier. C'était la dernière mode.

Je me suis représenté les vitrines de Harrods ou de Selfridges ornées de petites culottes jetables. Ma mère ne m'avait jamais parlé de cette mode-là. Mais Gillian était plus jeune qu'elle. Occupée à élever ses enfants, ma mère avait très bien pu ne pas les remarquer, de la même façon que les strings avaient échappé à mon attention pendant les années 1990.

— Mais ce n'était pas inconfortable?

— J'ai oublié. Je me rappelle seulement à quel point j'étais fière d'enfiler chaque jour un slip neuf que je n'aurais qu'à jeter à la corbeille après l'avoir porté.

— Ça vous faisait plus de place pour rapporter des souvenirs.

— Ça faisait partie des avantages. Mais en les voyant dans la poubelle, le garçon de cabine avait pris l'initiative de les rescaper!

— Les rescaper?

— Il les repêchait au fond de la corbeille et les pliait soigneusement au pied de ma couchette.

Plus l'heure du dîner approchait, plus j'avais le trac. Le capitaine suédois me faisait un peu peur, mais il m'intriguait aussi avec ses cheveux blancs magnifiques et ses boutons de cuivre. Tout le monde disait que c'était le meilleur capitaine avec qui ils avaient eu la chance de voyager, expert pour naviguer au milieu des glaces, des bancs de poissons et des pièges en tout genre, que ce soit autour de l'île Spitzberg, dans la mer de Norvège, en Antarctique, ou dans la région que nous allions traverser. Chaque fois que sonnait l'heure du dîner, il se rendait d'un pas lent jusqu'à sa table où il prenait dignement place en compagnie du médecin du bord et du chef mécanicien. Il buvait son cognac d'un air que je trouvais à la fois majestueux et attendrissant, car je le soupçonnais de se sentir parfois un peu seul.

Maintenant, assise à la table d'honneur, je constatais avec soulagement que d'autres passagers avaient également été invités : une mère et sa fille, qui s'appelaient Anne et Nancy ; le contre-amiral en personne ; Heidi, que j'avais regardée peindre de délicates aquarelles ; et deux autres femmes, côté tribord, dont je n'avais pas saisi le nom. Mais c'était moi que l'on avait placée à côté du capitaine dont l'uniforme frôlait mon bras nu.

Ses boutons de cuivre chatoyaient quand il m'a offert un cognac, qui chatoyait également. J'ai senti s'accélérer en moi quelque chose dont j'avais commencé à prendre conscience sur la terre ferme, juste avant de m'embarquer. Le temps de vivre un ou deux mariages, de voir nos enfants devenir adultes ou presque, nous sommes passés à travers les rouages d'une machine qui avale les jeunes gens pour recracher des grandes personnes en bonne et due forme. Et rien de plus « grande personne », me disais-je, que cette table avec son capitaine, son contre-amiral et ses autres invités tirés à quatre épingles. Pourtant, je me retenais pour ne pas éclater de rire… flairais-je que nous jouions tous la comédie ? Personne n'osait prendre la parole. Nous étions tous un peu intimidés par le prestige de l'uniforme. Le capitaine était un homme réservé.

— Les Vikings, a-t-il fini par prononcer. Le mot *viking* découle de la notion de baie. Comme les baies sont en forme de *v*, ils se désignaient comme des « v-kings », les rois de la baie. C'est là qu'ils vivaient dissimulés pour des raisons stratégiques.

Étymologie dont je n'avais jamais entendu parler. Je trouvais cocasse qu'il voie dans le *v* de Viking une image, un hiéroglyphe plutôt qu'une lettre de l'alphabet. Se pouvait-il qu'il plaisante ? Mon dictionnaire Oxford d'étymologie anglaise, compilé par un certain C. T. Onions, se trouvait à l'autre bout du monde. Comme il me manquait en ce moment ! Pour un lexicographe capable d'éplucher une langue, le nom d'Onions est aussi improbable que celui des rois de la baie, il s'appelait réellement ainsi. Mais avec quelle splendeur brillaient les boutons du capitaine ! J'ai repensé aux *Mélis-Mélos* :

> Et chacun d'eux de dire : « Admirez notre aisance !
> Si le ciel est bien noir, et bien long le voyage,
> Nous ne saurions penser qu'il est mal, à notre âge,
> De tourner en rond dans notre petit Tamis ! »

Après avoir énoncé sa thèse au sujet des Vikings et des baies, le capitaine n'a plus prononcé un seul mot de tout le repas. Sans doute, il était sérieux.

Sa solitude muette en imposait. Si près de lui, j'ai compris qu'il possédait bien plus de gravité que moi. Que le capitaine fait office d'ambassadeur de la terre ferme au royaume des eaux. Qu'il confère au navire une présence que l'élément aqueux reconnaît et – s'il est bon capitaine – respecte. Que pour parvenir à une conclusion sur quelque question que ce soit, il passe plus de temps que le commun des mortels à patienter, à observer et à considérer tous les facteurs. Ce que j'allais justement le voir faire tout au long du voyage : observer depuis le tillac, ou en marge des réjouissances à bord du navire. Et il m'a semblé que sa façon de a pratiquer la pêche solitaire sur la passerelle lui tenait lieu de réconfort, qu'il aimait cette terre, cette glace, la vie muette de cette faune. Pourquoi tant de passion pour un corps fluide comme celui de la mer ? Parce que son lien avec elle, plutôt que de l'obliger à répondre à la mesquinerie humaine, le mettait en contact avec une profondeur qu'elle-même épousait.

Après le dîner, je suis descendue m'allonger sur ma couchette, bien décidée à échapper à la discothèque ; mais la musique qui me parvenait des étages supérieurs m'a rappelé à quel point j'aime danser. J'adore me débarrasser de mes sandales sous la table et passer la moitié de la nuit à me trémousser pieds nus. Même les slows me plaisent bien, du moment que mon partenaire n'essaie pas de figures synchronisées les bras levés, et j'étais sûre que le capitaine n'était pas du genre à surprendre quiconque avec des chorégraphies hollywoodiennes.

Je suis remontée et je me suis frayé un chemin dans la foule jusqu'au bord de la piste. En face de moi, toujours en marge, les yeux bleu vif du capitaine luisaient dans l'obscurité. Quand j'invite quelqu'un à danser, je ne connais plus la peur. Cela ne m'intimide pas autant que d'engager la conversation avec les hôtes d'une réception, ou les mères qui font la queue pour rencontrer la titulaire de leurs enfants. À Montréal, l'artiste Sherwin Sullivan Tjia organise des soirées de slows qui rassemblent des tas d'inconnus. Il m'arrive d'y aller seule. En talons aiguilles et robe bustier, Sherwin distribue des carnets de bal et pendant les premiers morceaux, il invite des danseurs bénévoles, désignés par leur gilet doré, à s'occuper des timides. Quand minuit sonne, nous ne sommes plus des inconnus les uns pour les autres.

J'ai traversé la piste sous les projecteurs orange et rouges vers le capitaine qui se tenait – volontairement, à n'en pas douter – dans l'ombre, digne, muet, hors de portée des lumières éclatantes.

— Voulez-vous… (d'où sortait cette hardiesse?) voulez-vous danser?

Mais le capitaine a répondu :

— Je ne danse pas.

— Jamais?

— Non.

— C'est dommage.

— Peut-être, mais c'est la vérité.

Je ne me sentais ni vexée ni mal à l'aise. Je savais qu'il pensait ce qu'il disait. J'ai supposé qu'il avait une bonne raison, lui qui passait jour et nuit à naviguer, à danser une valse engageant la planète entière, plus enivrante que tous les morceaux joués sur un parquet, la danse de toute une vie, ce qui expliquait qu'il ne reste plus de place dans son carnet de bal.

Le mécanicien du bateau était un Écossais timide qui se profilait au bout des couloirs en salopette blanche, une clé anglaise à la main. Jamais bien loin du capitaine, qu'il avait vu me refuser cette danse, il s'est avancé vers moi et s'est arrangé, d'un seul geste galant, pour m'inviter à danser et pour m'éviter d'aller me rasseoir seule. Jamais je n'avais vu un homme prendre une femme par la taille avec une telle douceur, danser avec autant d'assurance, dans un accord aussi magnifique avec la musique, à croire qu'il n'avait fait que cela pendant la majeure partie de sa vie, sans presque jamais porter de salopette ni de clé anglaise ; et la chaleur de sa main traversait ma robe. Ce qui m'a rappelé que ma mère avait rencontré mon père dans une soirée dansante. À soixante-dix ans passés, ils venaient à peine de me le raconter.

— Il dansait bien, ton père, a soufflé ma mère.

— Tant mieux, ai-je soupiré. Mes maris ne savaient danser ni l'un ni l'autre.

— Des danses lentes, je veux dire. Le fox-trot, la valse, tout ça.

— Danser avec mes deux maris, c'était comme essayer de valser avec un sac de deux cents livres de pommes de terre.

— Eh bien, ton père savait merveilleusement danser, et ses amis aussi. J'imagine que ça leur était venu naturellement. Ou alors c'était l'époque qui voulait ça.

En entendant cela, mon père, qui entrait dans la pièce, avait failli s'étrangler de rire :

— Venu naturellement ?

— Eh bien, je ne sais pas comment tu as appris, avait répondu ma mère, vexée.

Sur la photo en noir et blanc, ma mère porte des talons aiguilles et une robe à couper le souffle au jupon évasé. On voit bien qu'elle est rousse et qu'elle porte un rouge à lèvres écarlate. Quant à papa, il fait très *hipster* avec son complet aux revers étroits, ses cheveux en bataille et ses lunettes sérieuses comme en portent aujourd'hui tous les jeunes Montréalais. Ils brillent tous les deux comme l'arbre de Noël qu'on distingue derrière eux, prêts à s'élancer en tourbillonnant dans les bras l'un de l'autre dès que quelqu'un mettra le dernier disque de Frankie Laine.

— Si nous savions danser, nous a expliqué mon père, c'est parce que Joe Cramm et moi, on prenait des leçons tous les vendredis soirs, comme tous les garçons d'ailleurs, depuis qu'on avait découvert une prof de danse magnifique qui nous laissait poser nos mains sur ses hanches pendant les démonstrations. On ne ratait jamais un seul cours.

Et il est reparti en rigolant écraser du pain, du fromage et des rondelles d'oignons dans le grille-sandwich de la cuisine.

— Tu n'as jamais su qu'il avait pris des leçons?

— Non, a répondu ma mère. Jamais de la vie.

Notre mécanicien écossais en avait peut-être suivi, lui aussi. J'avais du mal à digérer un phénomène que je venais d'observer : les hommes susceptibles de m'inviter à danser n'étaient plus dans la fleur de l'âge, et cela remontait à bien avant cette prise de conscience. Dès qu'on se marie et qu'on a des enfants, on perd facilement le contact avec la partie sensuelle de son être, du moins, c'était mon cas. Cela n'arrive peut-être pas aux autres d'aller chez le coiffeur et de s'étonner de voir des cheveux encore châtain le matin même virer au gris en touchant le sol.

Je n'avais aucune difficulté à constater le vieillissement d'autrui, mais ma jeunesse en-allée ne me lâcherait pas d'une semelle pendant tout ce voyage. J'étais contente de pouvoir y réfléchir loin de chez moi, afin de parvenir, qui sait, à une image de moi-même plus réaliste que celle à laquelle je m'accrochais depuis la fin de la vingtaine et qui reflétait de moins en moins bien la réalité, n'en déplaise à Gillian, l'Anglaise qui m'assurait que je n'étais pas encore tout à fait invisible. Cela me dérangerait peut-être moins de vieillir si je parvenais à m'approcher de ce territoire munie d'un plan un tant soit peu cohérent. Mais qu'arriverait-il s'il ressemblait aux cartes et aux relevés que consultait notre capitaine pour franchir le passage du Nord-Ouest : subjectifs, incomplets, à mi-chemin entre le rêve et l'invention ?

Tandis que les danseurs se dispersaient, désertant la piste pour aller se coucher, je suis sortie sur le pont et je me suis penchée par-dessus la rambarde pour suivre des yeux le sillage bleu argent que nous tracions dans notre course vers le nord-ouest, nous éloignant toujours plus du Groenland, en direction du passage légendaire.

CHAPITRE SEPT

Corps liquides

Le Groenland avait eu beau piquer ma curiosité, j'étais enchantée de m'éloigner de ses côtes : cela signifiait que le navire s'apprêtait enfin à mettre le cap vers ce lieu de rêve que l'histoire européenne nomme le passage du Nord-Ouest. Les fjords millénaires du Groenland accouchent peut-être des glaces du Nord, mais nous n'étions pas sortis du Sud marqué par l'influence danoise et où les villages ressemblaient à des endroits que je connaissais déjà. J'étais ravie de laisser derrière moi cette terre, de m'élancer dans la traversée de la baie de Baffin. Je suis restée toute la nuit sur le pont arrière, les yeux fixés sur le sillage, panache gris-blanc sur le fond gris-blanc de la mer, tandis que le ciel prenait au-dessus de moi la teinte du clair-obscur arctique, qui ne perd jamais sa luminescence. Peu importait l'heure indiquée par l'horloge, mon cœur en éveil refusait de s'endormir. Je me sentais comme une enfant en pyjama qui s'agrippe à la rampe de l'escalier dans son refus d'aller se coucher ; le mystère d'une nuit blanche est bien plus captivant que tous les rêves.

Notre vaisseau s'approchait d'une facette de ce Nouveau Monde où mon père avait décidé d'emmener notre famille quand j'étais enfant, sauf que la route que nous suivions ne débouchait ni sur les rues de Terre-Neuve ni sur le rêve de mon père, mais sur un tout autre univers. S'il y a des pèlerins chez qui la bougeotte porte un germe de désenchantement, je ne crois pas que ce fût le cas de mon père. Ma mère laisse fréquemment échapper des remarques au sujet de la vie qui se passe rarement comme on l'avait envisagée au printemps de l'existence. Mais mon père ne dit jamais rien de pareil, et je me demande si c'est parce que, pour lui, la réalité du Canada ne diffère pas de ce qu'il avait imaginé jeune homme.

Ma mère avait toujours rêvé de visiter le Metropolitan Opera de New York. À la maison, elle chantait tous les samedis après-midi, quand la radio diffusait en direct du Met : ses interprétations vigoureuses des arias de *La Traviata* et de *La Bohème* me parvenaient à travers les évents d'aération de la cuisine, de la buanderie et de ma chambre mauve, tandis qu'elle étendait la lessive ou qu'elle roulait de la pâte à tarte, alors que mon père était parti à la chasse avec un ami micmac, tout à fait comme dans les récits qu'avait faits Samuel Hearne de son exploration de la rivière Coppermine, un siècle avant Franklin. Je précise néanmoins que je n'ai jamais vu mon paternel découper des tranches de venaison, les mettre à sécher au soleil, les réduire en poudre avec un marteau et s'en nourrir jusqu'au printemps, lui qui raffolait des tourtes des Cornouailles que préparait ma mère.

— M'man, lui ai-je demandé un jour après que nous fûmes finalement allées au Met ensemble, où j'ai pu constater que son contralto, que j'avais entendu retentir pendant toute ma jeunesse, n'avait rien à envier aux voix qui provenaient de la scène, as-tu déjà voulu être une vraie chanteuse d'opéra ? Quand tu étais jeune, je veux dire, as-tu déjà pensé que tu pourrais arriver à…

— Oui.

Puis elle s'est penchée avec une concentration renouvelée sur sa boîte de chocolats Cadbury ornée d'un schéma indiquant l'emplacement des friandises truffées au loukoum, à l'orange, aux noix ou au miel, guide qu'elle préférait aux cartes topographiques de l'intérieur de Terre-Neuve que scrutait mon père pour savoir où frayait le saumon, où s'accouplait l'orignal. Pour peu qu'une boîte de chocolats fût vendue sans plan de son contenu, ma mère la dédaignait ; mais plus le contour d'une tourbière terre-neuvienne était incertain, plus mon père se réjouissait. Notre mode de vie ne ressemblait en rien à celui de nos voisins, qui se nourrissaient de fromage en tube ou de guimauves miniatures Kraft et vivaient dans des petites boîtes de pacotille comme dans la chanson de Malvina Reynolds qu'entonnait mon père (ainsi que d'autres chansons contestataires américaines et les œuvres complètes de Hank Williams) quand ma mère n'emplissait pas la maison de Verdi ou de Puccini.

Il y avait bien certains éléments du Nouveau Monde dont nous faisions l'expérience en famille, sans l'aide d'aucun natif de ce côté-ci de l'Atlantique. En rentrant de l'école, j'avais trouvé ma mère installée dans le fauteuil de papa, mordant à belles dents dans un poivron vert comme si c'était une pomme. Le cœur, les graines : histoire de lui donner vraiment une chance dans son esprit, elle avait tout croqué, la mine impassible. C'était sa façon de faire officiellement connaissance avec un légume du Nouveau Monde qu'elle n'avait jamais rencontré à South Shields, sous quelque forme que ce soit.

Peu après avoir immigré, mon père avait décidé de nous emmener en voiture de Terre-Neuve en Colombie-Britannique aller-retour, question de visiter tout le Canada et de savoir dans quoi on s'embarquait. Je me souviens de paysages rocailleux à n'en plus finir, de conifères bleus et, au Nouveau-Brunswick, d'une route où l'on était censé avoir l'impression de gravir une côte que l'on descendait en réalité. (Ce qui n'avait pas du tout marché pour moi ; personne n'a jamais réussi à expliquer pourquoi je n'ai pas ressenti ce qu'il fallait, et j'en ai gardé un malaise profond envers tout ce qui a rapport au Nouveau-Brunswick.) Nous avons longé une multitude de champs couverts de gigantesques pousses vertes qui jouaient des coudes jusqu'au bord de l'autoroute, prêtes à attaquer, à oblitérer les villégiateurs, à les étouffer sous la masse de leurs tiges boursouflées, de leur chevelure intimidante, belliqueusement dressée.

— Ça, a prononcé mon père, c'est du maïs.

Il a arrêté la voiture. Nous sommes descendus et il a enjoint à chacun de cueillir un épi.

— On appelle ça des barbes, a-t-il poursuivi, on les épluche comme ceci… puis on croque les grains.

Nous l'avons mangé cru, j'ai senti couler dans ma bouche le lait grumeleux à la douceur amidonnée et je me suis étonnée une nouvelle fois de cet endroit où l'on considérait comme des aliments banals le poivron vert avec son amertume, le maïs avec son immaturité gommeuse. Le beurre d'arachides qui me soudait les mâchoires et dont semblaient vivre tous les gamins de Corner Brook m'avait inspiré le même genre de réflexion désagréable ; il me faisait frémir au même titre que les choux de Bruxelles. Il ne me serait jamais venu à l'idée que ma mère avait peut-être acheté la mauvaise marque ou que mes parents improvisaient au petit bonheur leur conception de la vie au Canada, s'inspirant de leurs lectures et sans doute des conversations que surprenait mon père dans la salle des profs de l'école secondaire où il enseignait la menuiserie. Il nous manquait un élément : celui qui se manifeste quand on est au courant des coutumes locales, de la façon d'apprêter les aliments et, pour commencer, de se les procurer, de sortir de chez soi et d'être canadien dans ce siècle-ci, et non deux cents ans auparavant. Aujourd'hui, je trouve mes parents courageux d'avoir appris à être canadiens après avoir atteint l'âge adulte, cela a sans douté été bien plus difficile que pour leurs enfants. Quand les pêcheurs de Terre-Neuve me demandaient : « D'où viens-tu ? », je ne savais jamais quoi répondre.

Je me souviens surtout de notre isolement, de la singularité de notre petite famille au milieu de la nature sauvage de Terre-Neuve si chère à mon père, qui est toujours là, qui existe vraiment, mais qui représentait pour nous autre chose que pour tous les autres habitants. Autrement, comment expliquer pourquoi nous étions la seule famille à passer la journée parmi les bosquets de bleuets, du matin au soir, couverts de piqûres de moustiques, jusqu'à ce que nous ayons chacun rempli un seau de cinq gallons ? Comment justifier les journées à George's Lake, quand nous trébuchions, frigorifiés, sur la mauvaise glace dans nos patins de chez Sears, les chevilles tordues, avant de parvenir à patiner un peu – mais pas tout à fait – comme nos camarades sur la patinoire de Humber Gardens?

Mon père nous entraînait dans le bois pendant des heures sur des skis que nous avions fartés au sous-sol pour les préparer à glisser sur la neige, qu'il trouvait durcie, mouillée, poudreuse, collante ou toute autre qualité pouvant lui être attribuée d'après lui. Quand nous ne partions pas en randonnée sur des raquettes fabriquées avec du bois qu'il avait coupé, chauffé et courbé en le plongeant, tout sifflant, dans des bassines d'eau, et lacées de lanières de babiche prélevées sur son orignal. Si nous perdions de vue un de mes frères, le reste de notre petit groupe lançait des appels et revenait sur ses pas, se creusant un chemin à travers les bancs de neige et les branches des sapins. Nos manteaux étaient peut-être trop minces – le vent passait à travers – et nos mitaines en tricot alourdies par des boulettes de glace, mais nous étions canadiens.

Près de notre cabane en rondins, une anse sablonneuse était bordée d'un rocher sur lequel j'allais m'asseoir pour jouer de ma flûte à bec en plastique. Écoutant mon instinct qui me soufflait qu'un corps liquide peut en alimenter un autre plus petit, j'allais me percher tout au bord avec mon instrument solitaire. J'avais essayé de jouer *Plaisir d'amour*, mais comme les airs mélancoliques en mineur sont difficiles à exécuter sur une flûte en plastique, j'avais fini par interpréter pour les huarts le galop infernal d'*Orphée aux Enfers*. Je l'ignorais encore, mais j'étais fascinée par l'époque de Jane Franklin, par les airs qu'elle écoutait sans doute lorsqu'elle parvenait à s'arracher du bureau du télégraphe, où elle espérait recevoir des nouvelles de son mari égaré : Hector Berlioz a écrit l'arrangement pour orchestre de *Plaisir d'amour* en 1859, l'année où Jane a appris la mort de son mari dans tous ses détails scandaleux – le cannibalisme ! – alors qu'*Orphée aux Enfers* avait été créé un an auparavant. Pendant mon numéro, les autres jouaient au pendu en grignotant des arachides à la lueur d'une lanterne Coleman posée sur la table que mon père avait fabriquée, près de l'âtre qu'il avait construit avec des pierres qui avaient longtemps tenu compagnie à mon trône rocheux.

Je trouvais les huarts lugubres. Je n'aimais ni les oiseaux, ni les collines, ni le lac, ni la cabane, ni la nature sauvage dans laquelle mon père nous avait transplantés. Les moustiques, ces mécaniques géantes, m'enfonçaient leur aiguille dans le bras et je regardais leur ventre devenir énorme, ballon rouge gonflé de mon sang. J'aimais attendre que la bête soit gorgée avant de l'écraser pour obtenir une fleur cramoisie dont le corps noir aplati sur ma peau formait le cœur. Quant aux huarts, ils nous rappelaient qu'une vie mystérieuse hantait cette terre inconnue, peuplée d'étranges vampires, où mon père était venu s'établir. Nos latrines extérieures m'étaient un tourment : je n'y entrais qu'en retenant mon souffle, tant j'étais torturée par leur pestilence fruitée, assaillie par le coup de fouet de l'odeur ammoniaquée. Étourdie, je ressortais en trombe dans l'arôme des épinettes et des sapins, au bord de l'évanouissement, et je ne m'expliquais pas la vision qu'entretenait ma famille de la vie au Nouveau Monde au milieu des années 1970.

Pourquoi aucune autre famille ne vivait-elle comme

la nôtre? Comment se faisait-il que ni notre lac ni les rivières regorgeant de truites que mon père et mes frères descendaient en kayak n'aient aucun intérêt pour moi? Cet endroit avait pour emblème floral une plante carnivore, la sarracénie pourpre, qui piège les insectes dans son urne d'eau stagnante pour mieux les dévorer. Ma grand-mère avait raison: ici, on risquait de se noyer dans la nature. De disparaître, de voir son corps aspiré par elle. Le hurlement écarlate des baies du quatre-temps, couvrant le cri blanc de ses quatre pétales, n'était qu'un des nombreux vocables de la langue de ce pays qui ne s'adressait pas à moi. Il parlait pourtant à mon père, qui s'y sentait heureux. Mais c'est sans doute la règle parmi les hommes du Vieux Continent: ils ne comprennent pas ce que le sol acide du Nouveau Monde peut faire à l'humeur de leurs filles ni les vertus salutaires du vent et du thé du Labrador.

Tout au long des côtes de Terre-Neuve, les genévriers se cramponnent au sommet des collines vertes comme des griffes d'argent noirci. Les plans d'eau du Vieux Continent me caressaient avec une telle douceur. La Tyne avait beau être hérissée de grues, charrier des polluants chimiques, reliquats de l'ère industrielle, et provoquer dans le nord-est de l'Angleterre des épidémies de maladies thyroïdiennes, c'était mon fleuve à moi. C'était elle qui introduisait dans ma chambre d'enfant les lumières clignotantes des navires. Elles faisaient partie de moi, ces anecdotes dans lesquelles, le long de ses rives, mon père transportait une chèvre dans une brouette, pique-niquait à la Guinness avec ma mère sur l'herbe clairsemée ou découpait une porte dans la clôture derrière chez nous, à l'intention d'un chien nommé Cassius. Contrairement à celles qui voulaient que les plantes de notre terre neuve se nourrissent de viande et que d'horribles tourbières engloutissent les petites filles au son du chant des huarts. La mer du Nord n'offrait sans doute que des plages nulles, bondées de gamins en espadrilles ayant la chair de poule, qui n'avaient jamais goûté à un hot dog de leur vie ni rien pêché de plus impressionnant qu'un têtard dans un pot de confiture, et il fallait peut-être débourser vingt pence en échange d'une chaise longue à rayures et d'un rectangle de sable pas plus grand qu'un timbre-poste, mais c'était ma mer du Nord à moi. Je ne savais pas comment entrer en contact avec l'océan Atlantique qui entoure les côtes de Terre-Neuve. Si mon père l'aimait, c'était peut-être parce qu'il était plus vaste et plus sauvage que la mer du Nord, qu'il était libre d'y récolter des moules et des palourdes, mais qu'est-ce que cela pouvait signifier pour moi, puisque nous étions toujours seuls sur les plages où il nous emmenait, sans personne d'autre à aimer, avec qui rire, à qui me confier, que notre bataillon d'Anglais fourvoyés ?

En traversant la baie de Baffin dans la nuit, je m'interrogeais sur le pays des songes. Mon père et tous les expatriés du Vieux Continent étaient-ils venus comme en rêve au Nouveau Monde ? Avaient-ils suivi des mirages ourdis par les rivières, les lacs, les océans ? La Tyne, en reflétant les lumières de ses usines, m'avait-elle éblouie au point de me faire croire au pays des fées ? Les étoiles, les aurores boréales se réfléchissaient-elles sur la mer pour tromper les marins afin de mieux engloutir leurs ossements ? Le cours d'eau le moins navigable n'était-il pas le corps humain parcouru de sang, de larmes, de rêves liquides ? La baie de Baffin avait-elle dupé Franklin et tous les explorateurs venus avant lui pour lui faire croire que le passage du Nord-Ouest les mènerait vers l'Orient, ses épices, ses délices auxquelles personne de sensé ne devrait croire, n'aurait pu croire si ce n'était de la petitesse de l'Angleterre, de son insupportable grisaille ? Sur le pont de notre vaisseau, je me suis demandé si la splendeur diffuse entrevue dans ma jeunesse n'était rien de plus qu'un exemple de l'imposture qu'exerce sur nous, depuis toujours, le pays des songes.

Je n'en étais pas à ma première navigation transcontinentale. Dans ma vingtaine, j'avais demandé aux officiers d'un cargo terre-neuvien chargé de fluor, en partance pour l'Angleterre, si je pouvais traverser avec eux moyennant espèces. Je savais qu'ils embarquaient des passagers à l'occasion, mais ce que j'ignorais jusqu'à ce qu'il fût trop tard, c'est qu'il fallait être un homme. Ils avaient refusé de me prendre. Alors, après avoir déniché une salopette au vestiaire, j'avais attendu le crépuscule pour me glisser à bord et me dissimuler, l'espace de quelques heures, sous un tas de bâches, de cordages et de barils dans l'espoir de me réveiller en pleine mer. Si je ne les avais pas approchés au préalable, j'aurais sans doute réussi ma carrière de passagère clandestine, mais comme un employé du bureau portuaire m'avait aperçue en train de traîner plus tôt dans la journée, ils avaient fouillé le navire de fond en comble et m'avaient renvoyée sur la terre ferme. Après avoir fait du stop jusqu'à l'aéroport de Gander, j'avais pris le vol de minuit pour Newcastle, soigné mon grand-père aveugle pendant une semaine ou deux et mangé du *Yorkshire pudding* accompagné d'une purée de petits pois dans les pubs du front de mer avant de sauter dans l'express

Paris-Naples, poursuivant jusqu'à leur conclusion catastrophique certaines de mes illusions les plus tenaces.

Je repensais à tout ça au lieu de dormir et je me disais que notre traversée nocturne de la baie de Baffin était voilée de mystère : passer du Vieux Continent aux plages du Nouveau Monde, changer de continent sans tambour ni trompette. Le crépuscule perpétuel du Nord masquait le passage d'une zone géographique, avec son ambiance psychologique particulière, à celle complètement différente d'une terre nouvelle. Comme la clarté de l'aurore infusait la nuit déjà lumineuse, nous sommes entrés dans le tortueux détroit que les Européens ont baptisé « passage du Nord-Ouest », nom aussi trompeur, aussi fatal qu'enchanteur.

Au petit déjeuner, Marc St-Onge m'a raconté comment ont été réalisées certaines parties de l'étude géologique ayant servi à établir la remarquable nouvelle carte des minéraux du Nord.

— Ce sont deux chasseurs qui ont aperçu un éclair bleu dans la roche.

— Des chasseurs ?

— Oui, nous consultons constamment la population locale. Les chasseurs qui ont remarqué les saphirs en ont parlé à nos géologues, qui ont confirmé la découverte. C'est ainsi que bon nombre des minéraux qui figurent sur la nouvelle carte s'y sont retrouvés.

— Mais cela ne met-il pas en danger les territoires de chasse de ces populations, de découvrir tous ces saphirs, ces pierres précieuses et autres minéraux ?

Je pensais aux routes, aux mines, aux raffineries, aux bassins de résidus, à tous ces développements péri-industriels qui me paraissaient aux antipodes du scintillement des saphirs sous le ciel du Nord.

— Dresser la carte des minéraux de l'Arctique, n'est-ce pas le prélude au vol des terres de ces peuples ?

— La géologie, a-t-il répondu, ne consiste pas à exercer quelque pouvoir que ce soit sur les populations qui habitent les terres à l'étude ni à les leur voler. La seule chose qui nous préoccupe, c'est le savoir à l'état pur. Nous, nous découvrons ce qui existe. La cartographie ne représente que le moyen de transférer ce savoir au gouvernement fédéral ou aux personnes que cela peut intéresser.

— Mais la connaissance pure existe-t-elle, entièrement dénuée d'opinion, sans aucune idée derrière la tête, libre de dynamique de pouvoir qui risquerait de bouleverser tout le territoire, de déstabiliser les gens qui l'habitent, qui en tirent leur subsistance ?

— La nouvelle carte publiée par la Commission géologique du Canada, affirmait Marc, peut se révéler utile aux populations locales également ; leur offrir, qui sait, une nouvelle manière d'occuper le Nord tout en restant en contact avec la terre.

Je me suis aperçue que je n'arriverais jamais à me percher confortablement d'un côté ou de l'autre du débat. Comme Marc était enrhumé, je lui ai offert une de mes pastilles Vogel à l'échinacée, très efficaces malgré leur goût infect, et je suis retournée sur le pont en pensant aux chasseurs qui, les premiers, avaient décelé cet éclair bleu minéral. Qu'étaient-ils devenus ? Chassaient-ils encore sur leurs territoires émaillés de pierres précieuses ? Les avait-on rémunérés pour leur travail de consultants auprès de l'industrie minière, ou ce partage de connaissances, de découvertes, s'était-il exercé dans le cadre d'une interaction humaine de tous les jours, comme on s'informe du temps qu'il fera ou de l'état des glaces ? J'ai repensé à *Ce paradis de glace,* le récit que fait Gretel Ehrlich de sa rencontre avec un chasseur, Uutaaq, dont le père avait accompagné l'expédition polaire de Robert Peary en février 1909. « La plupart des Inuits qui ont atteint le pôle avec Peary n'ont jamais été payés à leur retour, avait appris Uutaaq à Gretel Ehrlich. Peary s'est contenté de les remercier. À mon père, il a donné quelques outils de charpentier. C'est difficile de connaître la mentalité de l'époque, mais sans les gens d'ici, Peary n'aurait jamais atteint son but. »

Il est rare qu'un lieu garde intact le pouvoir qu'il exerçait à l'époque où il incarnait un rêve. Devant moi se dressaient des montagnes imaginées par quelque chose qui n'a pas de nom, à partir d'une lumière chiffonnée et du scintillement des saphirs. Cette absence de nom avait insufflé sa substance à la lumière, tout comme elle avait donné le souffle de vie au premier homme, comme si le corps humain et celui de la terre étaient le négatif l'un de l'autre : l'homme, une substance qui respire ; le Nord, un souffle fait matière.

Les couleurs brûlaient d'un feu vif et froid – la neige, la glace, les montagnes violettes, ce turquoise qu'a l'eau de l'Arctique –, et je percevais la *présence* absolue d'un territoire qui ne connaît pas ces marqueurs qui balisent le statu quo du Sud. Loin de se cantonner à l'intérieur des frontières établies par le Sud, la lumière s'abîmait dans l'eau et dans la terre, qu'elle irradiait. S'allumait et s'éteignait dans le roc, la glace, la mer, où elle faisait naître d'étranges crevasses. Cette lumière me pénétrait l'esprit, braquant son rayon sur les pensées tapies dans l'ombre, inondant également mon corps de l'énergie même qui imprégnait la terre. Dans cet univers hybride, mi-mental, mi-matériel, tout mon être s'est embrasé.

Élisabeth est venue me retrouver. Avec Nathan Rogers, elle faisait partie des rares passagers que j'aie croisés sur le pont du milieu. Avant ma conversation avec Marc au petit déjeuner, ce matin-là, je l'avais aperçue, assise à une table de la salle à manger, et j'étais allée l'interroger sur ce qui ressemblait à un rouleau de dentelle qu'elle tenait délicatement.

— Ça, m'avait-elle répondu à voix basse en se penchant pour que personne d'autre ne puisse l'entendre, c'est mon caraco de laine.

— Est-ce que je peux le voir ?

Dans ma vie, j'ai parfois l'impression de manquer de raffinement à côté du calme et de la délicatesse de certaines personnes. Bien que pétrie de grâce, Élisabeth possédait de toute évidence un sens de l'humour que je ne demandais qu'à mettre à l'épreuve. Je devinais chez elle une espièglerie certaine ; elle semblait échappée d'une aristocratie étriquée, à l'instar des personnages des romans de Jane Austen ou de la romancière elle-même, n'eût été son accent français exquis.

— Vous voulez que je vous montre mon dessous de laine vieux de trente ans, ici, au beau milieu de la salle à manger ?

Elle le tenait solidement sur ses genoux, lançant des regards aux nappes blanches, aux verres d'eau scintillants qui l'entouraient.

— Allez, quoi !

Je me faisais penser à ma mère, à qui il était arrivé d'entrer dans une boutique et de lancer devant toutes les autres clientes à la propriétaire, qu'elle ne connaissait que parce que celle-ci l'avait aidée à développer nos photos familiales : « Oh, mais vous êtes ravissante ! Pourquoi donc ? Ah ! mais vous vous êtes fait poser de nouvelles dents ! » Exemple que je ne souhaitais guère suivre en me lançant à mon tour dans des déclarations saugrenues ; mais on ne fait pas toujours exprès d'imiter nos mères. Au moins, j'essayais de ne pas parler trop fort :

— J'en meurs d'envie.

Tout en s'assurant que personne ne la regardait, Élisabeth a déroulé sur ses genoux, tel un parchemin, le vêtement tissé d'une laine fine comme de la soie, avec des manches longues qui se terminaient par des bordures froncées, une encolure à festons et un motif d'églantines. Lady Franklin aurait pu en porter un semblable.

— Je n'ai jamais rien vu de pareil.

— Ah non ?

— Il est tellement délicat, avec des œillets, mais tout en laine. De la dentelle de laine ! Et cette couleur...

— Il a pris cette teinte en vieillissant, a-t-elle rétorqué. À l'origine, il était blanc, croyez-le ou non. Aujourd'hui... il est fichu.

Elle l'a roulé avec une dextérité hâtive. J'avais l'impression que, sans douter que son vêtement me ravissait, elle estimait que ce ne pouvait être le fait d'une personne sensée. Les autres convives auraient trouvé cela déplacé de sa part de le laisser déployé sur ses genoux tandis qu'ils décapitaient leurs œufs à la coque ou trempaient leur cuiller dans la confiture de prunes. L'idée m'est passée par la tête qu'Élisabeth, quoique chérissant son caraco en privé, se sentait obligée en public de faire semblant qu'elle en avait honte. Ce qui me la rendait adorable, et je voulais le revoir de plus près, mais je devinais qu'elle n'aurait pas voulu l'exposer une seconde de plus. Qu'arriverait-il s'il était soumis à l'examen de quelqu'un qui ne comprenait pas sa beauté passée ni la fidélité dont il avait fait preuve durant trente hivers canadiens ?

J'ai soufflé :

— Il a des manches longues.

— Oui.

— La laine est si fine qu'on dirait une toile d'arai-gnée.

— Très fine, mais très chaude.

— Vous croyez, ai-je demandé, qu'il vous serait pos-sible de me le prêter pour que je puisse en faire le dessin ?

— Vous voulez dessiner mon vieux sous-vêtement ?

— Exactement.

Malgré ses hésitations, j'ai fini par la convaincre de me laisser croquer sa dentelle de laine au destin si fabu-leux. Je l'ai emportée dans ma cabine, où je l'ai posée à côté de mon carnet de croquis dans l'intention de passer du temps en sa compagnie à la bibliothèque, cette nuit-là, pour saisir sa délicatesse avec mes crayons.

Sur le pont, j'appréciais cependant la retenue dont faisait preuve Élisabeth, car je n'aurais pas voulu que nous parlions ni l'une ni l'autre en ce moment où nous

nous approchions de Mittimatalik, où le navire pénétrait dans un monde effervescent de nouveauté : eau turquoise, montagnes de pourpre et d'or, brume blanche. On se serait cru à l'intérieur d'un rêve, et c'était exactement cela : l'entrée du passage du Nord-Ouest n'était-elle pas l'essence même de ce dont mon père et d'autres Britanniques avant lui avaient rêvé en contemplant, depuis leur Angleterre surpeuplée, les saphirs et les routes de la soie de ce qu'ils appelaient l'Orient ? Quant à moi, dans mon désir de suivre le fil indéfinissable qui me guidait, je m'étais mystérieusement orientée vers le cœur de ce rêve pour me retrouver plongée au beau milieu, seule avec Élisabeth sur le pont d'un navire.

Entre le désir et son aboutissement, l'idée et sa manifestation, le rêve et sa réalisation, il existe un territoire interstitiel que je reconnaissais. C'est dans cet intervalle que les enfants demandent : « Quand est-ce qu'on arrive ? » C'était cela que je cherchais quand, à Paris, à vingt ans, j'étais montée seule dans l'express de Naples après ma tentative de traversée clandestine. Naples où j'avais regardé les pêcheurs jeter leurs prises vivantes dans des cageots et exploré des ruelles où les femmes descendaient des paniers de lessive et de tomates par la fenêtre en poussant les hauts cris. La cour de mon hôtel était bordée de fenêtres à croisées d'où fusaient des disputes passionnées lestées de chaises, de lampes, de tables encore couvertes de leur nappe, qui allaient s'écraser sur les pavés. « Quand est-ce qu'on arrive ? » demandais-je à mon amant napolitain et au soupirant égyptien qui m'offrait une boîte blanche liée d'un ruban que je n'ai jamais dénoué : Naples était une ville dangereuse dont je m'étais évadée juste à temps, mais au cœur de ce danger, j'aspirais à un havre, à un sentiment d'appartenance qui existait pour les autres, mais pas pour moi.

Tout le monde rêve d'une porte secrète qui s'ouvrirait sur un monde au-delà de la solitude, cela est inscrit dans l'imaginaire de tous les humains. On aura beau se tenir tant qu'on voudra sous les paniers qui descendent des fenêtres de Naples, jamais on ne pourra monter dedans ni devenir une des femmes qui tiennent la corde, un des enfants qui les attrapent et les emportent au marché. Les collines d'azur, d'or et de pourpre de l'Arctique restaient douloureusement hors de portée : notre navire passait devant sans jamais les atteindre. Cette terre où chaque respiration était un choc glacé exerçait un attrait magnétique, comme lorsqu'on rencontre quelqu'un qui nous voit vraiment ; mais nous, nous restions au large.

Les mains crispées sur la rambarde blanche, j'ai soupiré :

— Elles paraissent tellement… inatteignables.

— Inatteignables, a répété Élisabeth, savourant ce mot avec un petit rire contenu.

Cette femme n'éprouvait sans doute pas le moindre désir d'atteindre quoi que ce soit. Si nous mourions de faim, elle et moi, et qu'on nous invitait à une table sur laquelle on venait de poser un délicieux rôti, je me précipiterais dessus tandis qu'Élisabeth garderait sagement les mains jointes pendant une éternité, sans manger un seul morceau, à moins qu'il ne lui soit offert par la personne responsable de son apparition. Elle n'aurait même pas l'air d'avoir faim.

J'ai balbutié :

— Mais elle… la terre, elle nous fait quelque chose.

Dans son affinité avec le moment présent, le silence d'Élisabeth tenait lieu de réponse.

Je savais que la terre ne restait pas inerte. Qu'elle agissait sur nous, et que je n'étais pas préparée à cela. Vivante, elle nous tenait compagnie. Elle avait quelque chose à dire, mais nous étions trop loin. Elle parlait à voix basse, elle avait un corps, j'ignorais que la terre avait un corps ou qu'elle en était un, alors qu'on dit constamment « corps solide » ou « corps liquide ». Moi qui n'y avais vu que des expressions toutes faites, je me souvenais soudain qu'on parle bien d'un corps.

J'ai déclaré :

— La terre est un corps, et je commence à penser qu'elle est douée de parole.

— Elle est très éloquente, a opiné Élisabeth.

Nous nous tenions côte à côte, et j'étais ravie que la rambarde soit blanche, couleur calme englobant toutes les autres sans lutter contre les promesses ni contre l'éloquence que renfermait ce corps terrestre : l'éloquence qui se dressait dans ses montagnes ou se reposait dans ses vallées. Ravie que notre navire soit bleu et blanc, couleurs aquatiques, et du silence de notre esprit, à Élisabeth et à moi : pas de bavardage, pas de tentative de traduire ce que disait, ce que soutenait la terre qui nous faisait face. Je pensais aux promesses qui se répercutent dans tout le Sud : sur les panneaux, dans les bouches, à la télé, à la radio, en ligne. « Ne cherchez plus, promettent les panneaux publicitaires, voici la fin de la faim qui vous dévore sous toutes ses formes ; approchez, mesdames et messieurs. » Tout le monde savait que ces promesses étaient fallacieuses, mais est-ce que cela nous coupait un instant l'appétit ?

L'expression de notre pilote tandis que nous survolions la péninsule d'Ungava et la Terre de Baffin m'est revenue à l'esprit : « Voilà, mesdames et messieurs… une vaste étendue de *rien*. »

Ah, mais c'était tout sauf rien. C'était quelque chose. La présence de la terre, notre présence à Élisabeth et moi, notre interaction silencieuse. Dans cette rencontre, une force immanente commençait à exercer son influence.

CHAPITRE HUIT

La poupée d'Annie

Alors que je contemplais le lieu que nous appelons le passage du Nord-Ouest, mais qui est le seul à connaître son nom véritable, il restait certaines choses que j'ignorais. Avant que je pose le pied sur cette terre, elle s'étendait devant moi comme un corps qui rêve, exhalant une substance onirique qui m'effleurait, qui s'infiltrait en moi. Son message, son éloquence discrète gardaient leurs secrets tandis que notre navire s'en approchait. Je n'arrivais pas à me persuader que nous allions vraiment fouler cette vision bleu, blanc et or. Cela semblait impossible. Or, ce ne l'était pas. J'avais reçu la clef qui me permettrait d'y entrer, de m'y étendre, de respirer ses exhalations, de l'entendre parler, et cela, nul ne pouvait le faire sans en être transformé.

Mais dès notre arrivée à Mittimatalik, la magie que j'avais perçue pendant notre approche allait se voir éclipsée par une tout autre réalité. En fait, les Européens avaient nommé l'étendue d'eau dans laquelle nous nous engagions « détroit d'Éclipse », du nom d'un baleinier britannique qui y pêchait déjà la baleine boréale plusieurs décennies avant la disparition de Franklin. Nom qui décrivait très bien le sort que réservait cet endroit à ma vision. La réalité différait des apparences, et plus d'une réalité entrait en jeu : les strates se superposaient aux strates.

Les toponymes l'indiquaient très bien : nous étions parvenus dans une contrée où pratiquement chaque site, chaque peuplement possèdent deux appellations. L'une donnée par les explorateurs et l'autre – plus ancienne, autochtone – issue non de l'histoire de l'Europe, mais de celle des Inuits. L'endroit qui, dans leur langue, s'appelle Mittimatalik, les Anglais l'avaient nommé « Pond Inlet », pas pour désigner des étangs ou des lacs ou quoi que ce soit qui eût rapport avec la géographie, mais en l'honneur d'un Britannique nommé John Pond, astronome à la cour à l'époque où l'explorateur John Ross avait reconnu ce territoire au nom du roi d'Angleterre, en 1818.

Les navires font rarement escale à Mittimatalik : comme dans la plupart des peuplements du Grand Nord canadien, on n'y trouve pas de quai pouvant les recevoir. Pourtant, nous n'avons pas tardé à nous apercevoir que notre bateau n'était pas le seul à s'y arrêter. Mouillant dans la baie, se dressait devant nous un autre navire, plus grand, dont les occupants visitaient le site comme nous nous apprêtions à le faire, mais pour des raisons fort différentes.

Nous avons enfilé nos bottes de caoutchouc, car nous allions quitter le navire en zodiac pour gagner la plage à pied. J'étais tout excitée à l'idée d'entrer au Canada en provenance du Groenland. J'étais mon père. J'étais tous les immigrants arrivés ici avant lui. Elles étaient là, les montagnes, la banquise, les solitudes glacées qui interpellaient mon père depuis sa jeunesse. J'étais arrivée à Terre-Neuve à l'âge de huit ans, passive, involontaire. Ce n'est qu'en arrivant à Mittimatalik que j'ai touché pour la première fois au Canada de propos délibéré.

J'éprouvais un étrange mélange d'appartenance et de nouveauté : le Nord incarnait l'idée que se faisait du Canada l'inconscient collectif mondial. Moi, la nouvelle venue, je possédais un passeport qui m'autorisait à y séjourner. L'approche de Mittimatalik prenait des airs de cérémonie, comme dans les rites où, après que ses parents l'ont engagé dans une voie spirituelle, l'enfant parvenu à l'âge de raison choisit d'y confirmer son appartenance. À Terre-Neuve, les autres enfants me percevaient comme l'étrangère que j'étais, moi qui ne connaissais ni mes grands-parents ni l'enracinement. Mais sur la plage de Mittimatalik, j'ai senti la gravité de la terre m'accueillir et me parler dans des termes qui n'appartenaient qu'à elle et à moi.

La montagne, la pierre, la grève se révélaient dans leur présence physique ; le geste que je percevais dans cette présence n'avait rien de vague. Il m'apparaissait clairement que je participais à un rituel inventé par le sol même, par ce lieu tout au nord d'une région que certains nomment Canada, région où je n'étais pas née mais qui offrait maintenant de m'accepter. Ce sentiment inattendu m'émouvait au plus haut point : dès que j'eus posé le pied dessus, j'ai senti la puissance de la terre envelopper l'énergie de mon être. Moi qui n'avais jamais ressenti de lien viscéral avec le sol, je l'éprouvais enfin. Ce phénomène dont je n'avais jamais imaginé la possibilité m'a émerveillée.

Or, plus nous approchions de la plage, plus je m'apercevais que nous ne serions pas les seuls à interagir avec le territoire, loin de là. Tout le long du rivage, se faufilant entre les rochers, grouillaient des hommes et des femmes en tenue militaire : insignes, carabines, tenues de camouflage. Le navire ancré à côté du nôtre était envoyé par le ministère de la Défense nationale dans le cadre de la militarisation de l'Arctique. L'armée canadienne séjournait dans la région afin de se livrer à des exercices tactiques qui faisaient partie de l'effort le plus récent du gouvernement fédéral pour asseoir sa souveraineté au nord du cercle polaire. Et cela n'avait rien à voir avec l'entraînement des cadets que j'avais souvent observé dans les ports, quand ce n'était pas dans la cour ou le gymnase de l'école de mes enfants, à Terre-Neuve, province où l'armée était considérée comme l'un des rares choix de carrière solides pour les jeunes gens des régions rurales. Les troupes qui couvraient les plages de Mittimatalik n'étaient pas de nouvelles recrues, mais de véritables soldats en compagnie desquels Peter MacKay, alors ministre de la Défense nationale du Canada, crapahutait sur la plage, pénétré de l'importance de sa fonction.

Les troupes avaient envahi une bonne partie de la communauté, y compris l'aréna où nous avions prévu disputer une partie de soccer amicale avec les gens du village. Le bâtiment servait maintenant de dortoir pour les soldats, aux yeux desquels notre partie de ballon ne constituait pas un exercice digne de ce nom. Comme j'avais été désignée en tant que meneuse de claque, je me préparais à enfiler une perruque vert fluo et, par-dessus mes lainages, un bikini rose. Plus tôt, à bord, nos joueurs s'étaient bricolé une version italianisée de leur nom de famille, qu'ils avaient peint sur leurs chandails : Macgillverio, Martinello et ainsi de suite. Il avait fallu prendre Nathan Rogers à part pour l'aviser qu'il était allé trop loin et qu'il était hors de question que le sien affiche le patronyme de Fellatio. Après avoir observé toute la nuit une veillée de prière dans le but d'obtenir pour notre équipe une défaite respectable, nous étions impatients de descendre dans l'arène.

Sur la plage, la nouvelle officielle était transmise de bouche à oreille : le ministre de la Défense nationale ne se joindrait pas à notre équipe sous le nom de MacKaglio, défenseur étoile. En fait, il n'y aurait pas de partie du tout, puisque son personnel militaire se livrait à un exercice naval intensif avec les États-Unis et le Danemark, ce qui empêchait les civils d'accéder à la majeure partie de Mittimatalik. MacKay n'avait de temps ni pour visiter notre navire, ni pour dîner à la table du capitaine, ni pour entendre notre géologue présenter la remarquable nouvelle carte géologique de l'Arctique. Nous avons donc reçu carte blanche pour nous disperser et explorer le secteur non militarisé de la communauté. Quelques passagers ont décidé de rester sur la plage pour photographier les soldats les plus jeunes, dont le visage exalté, illuminé par le soleil, trahissait la fierté qu'ils tiraient de leur participation à l'effort de guerre du gouvernement dans l'Arctique.

— Vous étiez déjà venus dans le Grand Nord auparavant ? leur a demandé quelqu'un. Ça doit être passionnant, comme travail.

— J'ai beaucoup d'admiration pour ce que vous faites, a lancé un autre. Nous apprécions votre ardeur au travail et le dévouement des troupes en général. Est-ce que je peux vous serrer la main ?

Je me suis écartée le plus rapidement possible des uniformes et des carabines. Cela m'avait étonnée de voir la plage ainsi occupée, et je cherchais à y échapper. Je voulais observer la vie quotidienne de Mittimatalik, son état naturel, sans territorialité militaire plaquée par-dessus. Mais j'ai constaté que ce serait plus difficile que je ne le pensais. Le Nord canadien possède une longue histoire de présence commerciale, policière et militaire qui a souvent interféré avec la vie des Inuits. Je savais qu'à partir des années 1920 jusqu'aux années 1950 et au-delà, de nombreux Inuits s'étaient vus contraints de s'éloigner de leur communauté pour satisfaire divers intérêts – le plus infâme est sans doute qu'ils aient été forcés à servir de « drapeaux humains » en région éloignée, dans le but d'établir la souveraineté canadienne sur l'Arctique.

Les gouvernements du Sud semblaient d'accord pour considérer que l'endroit où vivaient les Inuits importait peu. À leurs yeux, tout le Nord se ressemblait : monotone, glacé, indifférencié ; supposition née de l'ignorance et de la négligence qui sont à l'origine de tant de tragédies, d'incalculables déplacements de personnes inuites, au Canada comme dans les régions circumpolaires d'autres pays. Ce que les fonctionnaires blancs voient comme une étendue toujours pareille offre aux Inuits des reliefs inconnus, des espèces différentes d'animaux ou de poissons et, parfois, pas d'animaux ni de poissons du tout. Pourquoi personne d'autre que les Inuits ne comprenait-il que le lieu de naissance de chaque individu est sacré, nourricier, irremplaçable ?

Plus je m'éloignais et du rivage et des soldats, plus je sentais se dissoudre la barrière qui sépare le moment présent de ce que nous appelons l'histoire : la démarcation entre aujourd'hui et jadis se révélait illusoire, à l'instar des frontières nationales ou de la mesure du temps. Tout dans cette porte d'entrée vers le passage du Nord-Ouest, y compris ses occupants militaires, dénotait un présent solidement lié, non seulement à la vie propre au territoire, mais à un passé et à un futur géopolitiques d'une évidence frappante.

Ici, les constructions différaient grandement des maisons et des commerces du Groenland. Ici, pas de maisonnettes rouges, jaunes ou vertes flanquées de marguerites ou de saxifrages mauves. Pas de cafés aux enseignes proposant du phoque fumé ou du caribou aux baies de genièvre. À Mittimatalik, les maisons peintes le sont de couleurs sourdes, gris ou vert. Tout comme au Groenland, il en coûte très cher de construire des maisons aussi loin au-delà de la limite des arbres. Mais ces bâtiments-là étaient dénués de l'esthétique joviale des habitations que nous avions dessinées, peintes ou photographiées au Groenland. Ils ressemblaient aux unités préfabriquées fournies par le gouvernement, que j'avais vues quand je tournais des documentaires et que j'enseignais à Sheshatshiu, au Labrador. Phénomène généralisé dans presque tout le Nord canadien : un sondage sur les besoins en matière de logement réalisé en 2010 par le gouvernement du Nunavut a montré que quarante-neuf pour cent des habitations recensées sur le territoire, souvent surpeuplées en plus de nécessiter des réparations majeures, ne répondaient pas aux normes. L'écart entre les conditions sociales présentes ici et celles du Groenland sautait aux yeux, et les passagers en discutaient, particulièrement ceux qui, n'étant pas canadiens, connaissaient peu la façon dont les politiques élaborées par un gouvernement installé dans le Sud urbanisé de ce pays ont refaçonné la vie des peuples autochtones.

— Pourquoi les maisons sont-elles si délabrées ? voulait savoir Mary, une Américaine.

En marchant sur la route grise, j'ai aperçu devant moi une Inuite qui tenait une poupée artisanale, une maman en amauti brodé et bordé de fourrure avec un bébé miniature dans son capuchon. Elle était à vendre. Au Groenland, nous avions escaladé et redescendu des collines, flâné parmi les maisons et les appentis aux fenêtres ornées de rideaux, et ici, nous faisions la même chose. Cela me rappelait mes étés à Terre-Neuve, quand je vivais dans une ville qui attirait les visiteurs étrangers. À St. John's, rue Water ou sur le traversier qui faisait la navette entre Woody Point et Norris Point, les Américains voulaient toujours photographier une Terre-Neuvienne avec sa fillette rousse.

— Oh, on dirait Anne de la maison aux pignons verts ! Vous voulez bien qu'on vous prenne en photo pour montrer à nos amis restés en Pennsylvanie que nous avons rencontré la petite Annie au Canada ?

— Allez-y.

Le passeur de Woody Point avait pour habitude de jouer des gigues à l'intention des visiteurs friands de violons et d'accordéons. Il faisait des détours exprès pour que le voyage, qui ne prenait habituellement qu'un quart d'heure quand il s'agissait d'emmener les gens du coin à leur lieu de travail, voir le médecin ou faire des courses, soit agrémenté de groupes de dauphins, de bancs de maquereaux scintillants et de bribes d'histoires sur ce peuplement abandonné. Ce qui finissait par amputer leur journée d'une heure et demie.

À l'époque où je vivais près de Brigus, j'essayais de n'entrer dans le village que lorsque les tentes du festival du bleuet n'y étaient pas montées, quand les balades en calèche étaient terminées et que Meg Ryan et Daniel Radcliffe ne traînaient plus incognito aux abords de la maison dont l'enseigne vantait le « pain maison d'Esther ». Par un beau jour d'automne, en entrant dans la bibliothèque publique de Brigus, j'ai entendu quelqu'un soupirer :

— Je suis tellement soulagée qu'ils soient partis.

— Ne m'en parlez pas. Ça défile à six pouces de nos fenêtres, ça se fourre le nez en plein dans nos rideaux, puis ça recommence au retour.

— J'en suis tout asphyxiée.

— Asphyxiée, c'est le mot juste, Madeleine. Là, tu as vraiment mis le doigt dessus. Ça ne me ferait rien de ne plus jamais voir un seul étranger de toute ma vie. Quand je pense que mes deux fils n'ont pas les moyens de se loger dans leur ville natale parce que les touristes sont allergiques à la vue de maisons mobiles dans nos champs. J'aimerais bien leur enrouler deux ou trois maisons mobiles autour du cou, voir si ça leur plaît.

Moi-même venue d'ailleurs, j'écoutais avec intérêt et amusement. Puis, ici, à Mittimatalik, en regardant tout le monde passer devant la femme et sa poupée artisanale, je me suis demandé ce qu'elle éprouvait. Quand je suis arrivée à sa hauteur, je me suis étonnée de constater que personne ne la lui avait achetée. Quelqu'un s'était peut-être engagé à la lui payer en redescendant vers le bateau.

— Est-ce qu'on vous a déjà promis de l'acheter ?

Elle a secoué la tête.

— Vous demandez combien ?

— Cent dollars.

Je savais que c'était un bon prix pour une poupée comme celle-ci. L'un des marcheurs qui venaient derrière moi allait se porter acquéreur, sans doute une des Américaines, en se disant qu'il serait impossible d'en trouver une semblable ailleurs dans le monde. J'ai continué à grimper, laissant derrière moi l'artisane accompagnée d'une petite fille. Je voulais prendre le temps de marcher seule, de réfléchir à ce que je ressentais durant ce premier arrêt le long du passage du Nord-Ouest. C'était si déconcertant que l'entourage militaire du ministre de la Défense nationale se soit trouvé là juste pour notre arrivée. Cela m'aurait paru une coïncidence invraisemblable si je n'avais pas su que le premier ministre se rendait chaque année en personne dans l'Arctique, dans le but évident de créer un battage médiatique autour de sa visite et de sa détermination à soutenir les peuplements du Nord afin d'établir un droit de propriété. Ces voyages envoyaient aux autres pays un signal clair de l'intention du Canada de revendiquer sa souveraineté sur ses rivages septentrionaux, avec tous les saphirs, gisements de pétrole et autres trésors qu'ils renfermaient en cette époque où fondait l'obstacle jusque-là formé par la glace.

J'ai poussé jusqu'à la coopérative à l'extérieur de laquelle, sur ses balustrades en bois, quelqu'un avait gribouillé un message semblable aux graffiti de ma fille dans son abribus scolaire, à Terre-Neuve :

Écœurée de
ce village
j'aimerais pouvoir
partir quelque
part

Dans l'entrée, une jeune maman qui portait son bébé dans son amauti attendait, accroupie devant la machine à boules de gomme, que son fils plus grand, qui tenait une figurine de pompier, se décide entre les Dubble Bubble et les Rascals. Elle portait des lunettes de soleil et, avant de la prendre en photo, comme les touristes qui visitaient Terre-Neuve avaient pris la mienne, je n'avais pas remarqué ses ecchymoses.

L'intérieur était occupé par des étagères garnies de corned-beef, de fèves au lard, de raviolis en conserve, de fil acrylique, de lampes de poche en plastique et de pain blanc, le tout à des prix exorbitants. Un frigidaire proposait des poivrons verts et des laitues iceberg étranglées dans du plastique. J'ai vu les mêmes barres de chocolat Kit Kat et Mars, les mêmes chips, les mêmes boissons gazeuses que dans les dépanneurs des villes du Sud, où personne n'avait inscrit un enfant à la maternelle depuis la fermeture des usines, longtemps auparavant. Il y avait aussi du céleri et des saucisses à hot-dog à des prix qui relevaient de l'extorsion et qui avaient depuis longtemps dépassé leur date de péremption. On avait épinglé une affiche annonçant que le mois prochain, un dentiste viendrait ajuster les dentiers, soigner les caries et les maladies bucco-dentaires. Je connaissais une infirmière qui s'était rendue ici pour traiter la tuberculose, maladie dont ma mère avait failli mourir enfant en Angleterre et que mon univers considérait pourtant aujourd'hui comme une chose du passé.

Cependant, mes repères n'avaient pas leur place ici. Tout ce que je supposais de la vie dans le Nord reposait sur ma connaissance d'une autre manière d'être. Je reconnaissais sans trop de difficultés une version élimée des traits culturels du Sud dans la boîte de lait condensé à sept dollars, le bungalow mal isolé et hors de prix. Mais ce n'était pas tout. Je pensais au poisson et au gibier des régions rurales de Terre-Neuve, symboles de tout ce qu'un lieu peut contenir d'invisible aux yeux de quelqu'un qui ne ferait que passer. À la vue des dépanneurs des villages isolés de ma province, un visiteur aurait pu se demander comment faisaient leurs habitants pour se procurer quelque chose de convenable à se mettre sous la dent. En dînant dans un des restaurants du bord de la baie, on aurait pu croire que les Terre-Neuviens se nourrissaient de hot-dogs et de bâtonnets de mozzarella frits, et dans certains cas, on aurait eu raison. Les campagnes du monde occidental traversent une crise de la souveraineté alimentaire : ici à Mittimatalik, tout comme à Rocky Harbour, à Terre-Neuve, à Green Bay, au Wisconsin, ou un peu partout dans le monde, des producteurs et des distributeurs, les gouvernements, des commerçants et des éducateurs commettent des crimes. Certains sont inconscients, mais la majeure partie sont la conséquence directe de la cupidité des entreprises et du somnambulisme culturel de notre société. Pourtant, derrière le système de distribution alimentaire du Nord canadien et, dans une moindre mesure, des petites agglomérations de Terre-Neuve, un lien persiste avec une manière authentique de se nourrir, puisée à même la terre et l'eau de la région. Je me souvenais de la façon dont, au Groenland, Aaju Peter avait dénoncé la commercialisation des aliments sauvages. Je partageais son malaise devant la menace que font peser les forces économiques qui balaient notre planète sur des façons de recueillir et de partager ces aliments riches, nourriciers.

Dans notre village côtier de Terre-Neuve, j'avais fait la connaissance d'une vieille dame qui tenait un bureau de poste chez elle. Elle se nourrissait de hareng, de pain de perdrix et d'oiseaux de mer dont on ne trouvait les noms que dans le dictionnaire de l'anglais de Terre-Neuve. Mais cela se passait dans les années 1980, et la génération suivante n'a jamais vu le moindre aliment sauvage. Je me demandais si une transition du même ordre se préparait à Mittimatalik. Dans les communautés innues du Labrador, j'avais observé que cela dépendait beaucoup du lieu où les gens logeaient : sur leurs terres ou dans les baraques du gouvernement. Comme j'avais pu observer des tentes en pleine nature après avoir visité des bicoques, je savais qu'il s'agissait de deux mondes différents. Après les grands-pères qui vivaient à la dure comme jadis, j'avais écouté leurs fils et leurs filles adultes, qui habitaient un monde hybride, à cheval entre l'ancienne sagesse sauvage et l'imitation des banlieues du Sud avec leur chauffage électrique, leur pain industriel, leur vide et leur désolation. Les enfants allaient à l'école avec des sacs à dos ornés d'images de la Pocahontas de Disney.

Au sommet de la colline, quelques passagers faisaient maintenant cercle autour d'Aaju pour lui demander quelle était la différence entre Mittimatalik et les villages que nous avions visités au Groenland. Le soulagement évident qu'elle éprouvait à son retour dans le Nord canadien en étonnait plusieurs, qui avaient remarqué combien le peuple groenlandais était plus prospère que les Inuits d'ici.

— Pourquoi, lui demandaient-ils, avez-vous choisi de vivre au nord du Canada alors que vous aviez déjà un pays qui semble tellement plus stable, économiquement et socialement?

— Jamais je ne pourrais quitter le Nunavut, leur a répondu Aaju. J'ai vécu pendant des années la vie d'une Groenlandaise, puis celle d'une Inuite canadienne, et je serais incapable de revenir en arrière.

— Pourquoi?

— Je ne pourrais jamais quitter le Nunavut après avoir reçu leurs enseignements.

— Quels enseignements?

— Ici, les gens interagissent avec les gens et non avec leur titre, leur diplôme ou leur importance.

— Et l'économie, alors? a insisté Yvonne, une Américaine. Ici, à Mittimatalik, on ne voit nulle part de gibier ni de poisson à vendre.

Nous avions tous visité la boucherie groenlandaise avec ses rutilantes bassines remplies de viande sauvage de phoque, de renne, de flétan, de capelan.

— Ça, c'est parce qu'au Groenland, contrairement à ici, les chasseurs et les pêcheurs vendent leurs prises, nous a expliqué Aaju. Cela fait partie de leur économie monétaire. Ils ont le droit d'en faire commerce.

Tout le monde hochait la tête comme si c'était une idée géniale. Les permis autorisant les gens à échanger des biens, on comprenait. Le contrôle de la qualité, la libre fixation des prix dans un marché fondé sur l'offre et la demande, on aimait. Ne valait-il pas mieux appliquer ces principes à Mittimatalik, que de reproduire, ici comme ailleurs dans le Grand Nord canadien, ces pas-si-super-marchés qui vendaient du poulet pané surgelé dix fois plus cher qu'à Etobicoke ? Pour une centaine de dollars, on pouvait s'offrir un repas complet comme dans les films, sauf qu'il portait des brûlures de congélation et qu'il fallait le dégeler soi-même. Comment ne pas leur préférer les poissonneries *kalaalimineerniarfik* d'Ilulissat ou d'autres agglomérations groenlandaises ?

— Oui, a convenu Aaju, on trouve dans les villages du Groenland des marchés où les chasseurs et les pêcheurs peuvent vendre leurs captures à juste prix. Mais au Canada, les Inuits ne vendent pas ce qu'ils attrapent. Ils le partagent.

Sur le chemin du retour vers la plage de Mittimatalik, j'étais à la traîne. J'ai vu que la femme inuite était toujours plantée au bord de la route avec sa petite fille et sa poupée artisanale.

— Personne ne l'a prise ?

Elle a secoué de nouveau la tête.

— Je peux vous l'acheter ?

Elle me l'a tendue. Elle était plus lourde que je ne l'aurais cru. Sous l'amauti vert gazon s'évasait une petite robe en coton, parsemée de roses et bordée d'un ourlet cousu main. Un rang de perles de verre aux couleurs turquoise, argent et or des eaux sur lesquelles nous venions de naviguer décorait l'extravagante queue de son amauti brodé, et un autre pendait à sa taille froncée. Les bottes et les moufles bordées de fourrure de phoque, d'ours et de renard étaient faites de feutre et de cuir. Dans le capuchon se blottissait un poupon aux cheveux de laine noire liés d'une fine lanière de cuir brut. J'ai remis les cent dollars à sa créatrice qui avait signé les semelles des bottes de la poupée, à gauche en syllabaire inuktitut et à droite : *Annie Qillaq Pewqtoqlook*. Je trouvais cela bien triste que ce soit moi qui la lui achète.

Sur la plage où nous attendions les zodiacs qui devaient nous ramener à bord, j'ai remarqué que Nathan Rogers avait rallié une ribambelle d'adolescentes inuites qui mordillaient leurs ongles vernis de bleu écaillé en s'émerveillant de sa langue percée, sidérées par le son surnaturel qu'il émettait. Nous avions déjà entendu des chants de gorge inuits dans la communauté, mais celui de Nathan, un bourdon délirant qui s'échappait à cor et à cri de son plexus solaire, était d'origine mongole. Le soleil couchant faisait miroiter le piercing placé sur sa langue tandis que sa voix ondulait sur l'étendue de sable ; pétrifiées d'étonnement, les filles semblaient s'attendre à ce que le son prenne la forme d'un animal mythique qui changerait leur vie pour toujours. Cela amusait beaucoup Nathan, qui a rejeté la tête en arrière pour permettre à son chant forcené de rassembler ses forces afin de jaillir de plus belle. C'était lui, le sorcier qu'attendaient ces jeunes filles, dont l'étonnement n'a fait que redoubler lorsqu'il leur a révélé que son chant de gorge était le cousin germain de ceux qu'elles pratiquaient, elles, leurs mères, leurs tantes et leurs grands-mères.

— Montrez-nous comment vous faites !

Il s'est lancé dans quelques notions de base, sauf qu'il

était temps de partir. Cela attristait les filles, mais il les a assurées qu'elles pouvaient se débrouiller sans lui.

— Il suffit de s'exercer.

— Longtemps?

— Quelques milliers d'heures.

— Des milliers!

— Mais vous en êtes capables. Une fois que vous aurez appris les rudiments, tout dépend de vous et du temps que vous passerez à vous exercer. Si vous travaillez autant que moi, vous y arriverez aussi bien, je vous le promets.

— Mais ces rudiments, comment faire pour les apprendre?

— Vous n'avez qu'à aller au même endroit que moi.

— Où ça?

— Sur YouTube.

CHAPITRE NEUF

La facture de lait d'Emily Carr

Nous avons quitté Mittimatalik le soir même en direction de Dundas Harbour. Dans la salle à manger du navire, j'ai repéré une petite femme maigre et nerveuse nommée Georgie, avec qui je n'avais pas encore parlé. Comment avais-je fait pour ne pas la remarquer plus tôt? Avec ses cheveux en bataille et son intensité, je me disais qu'elle aurait ressemblé à Amelia Earhart si celle-ci avait vécu vingt ans de plus. Installée seule à une table pour deux, elle déchiquetait un petit pain brioché.

J'ai posé une main sur la chaise inoccupée :

— Je peux?

— Bien sûr!

— Qu'est-ce qu'il y a au menu?

— Risotto, soupe carotte-gingembre.

— Chouette. Et regardez. En général, je n'aime pas trop les desserts – affirmation qui s'approchait de plus en plus du mensonge –, mais ce soir, c'est de la bombe glacée au chocolat avec du sorbet.

Ce que j'ai noté dans mon petit carnet.

— Vous écrivez?

— Oui.

— Je vous ai aussi vue dessiner. Vous suivez les ateliers d'art de Sheena, c'est ça?

— J'essaie.

— Quand j'avais vingt et un ans, m'a confié Georgie, c'était mon père qui livrait le lait d'Emily Carr.

— Emily Carr?

J'avais lu *Petite*, le récit singulier de son enfance en Colombie-Britannique à la fin des années 1800 : baignoire en bois dans le salon, moineaux tapageurs dans la grange, autant de merveilles enfantines inquiétantes comme un mal de ventre, poussant l'imagination jusqu'aux confins de la folie. J'avais vu des reproductions de quelques-uns de ses tableaux, comme les magnifiques totems de l'archipel Haida Gwaii ou les peintures qu'elle avait réalisées après avoir fait la connaissance de Lawren Harris du Groupe des Sept, qui lui avait conseillé de renoncer à interpréter la culture autochtone pour se concentrer plutôt sur l'expression de sa vision personnelle. Je me souvenais d'avoir ressenti, devant la reproduction minuscule de l'un de ses arbres, son poids d'entité vivante douée de force et d'intention.

— Emily Carr, oui. Il était son laitier.

— Son laitier!

L'une des choses qui distinguaient ma vie d'enfant en Angleterre de mon vécu d'immigrante au Canada, c'était justement l'absence de laitiers. D'après mes amis, j'avais raté de peu la disparition de ce métier à Terre-Neuve. Je me rappelle mon extrême déception le jour où j'ai trouvé du lait homogénéisé au supermarché, ce qui signifiait que l'on ne se le faisait pas livrer dans des bouteilles tintant sur le perron, que l'on n'épluchait pas leurs bouchons d'aluminium pour découvrir une épaisse couche de crème que l'on suppliait maman de nous laisser lécher dans une soucoupe, comme un chat.

— Oui. Mon père était le laitier d'Emily Carr et elle n'arrivait pas à régler sa facture de lait.

J'ai soulevé sur le bout de ma fourchette une exquise bouchée de risotto, un plat que je vénère depuis la première fois que j'y ai goûté. Après l'avoir vu préparer à la télévision, j'avais fait des recherches sur YouTube et j'en avais aussi goûté quelques échantillons sublimes dans de bons restaurants ou chez des amis, mais cinq ou six fois seulement. Il représente à mes yeux un régal rarissime que je ne me suis jamais sentie assez courageuse pour cuisiner moi-même, un aliment aussi réconfortant qu'éthéré, mystérieusement inaccessible alors même qu'on est en train de le déguster. Quand elle avait douze ans, ma fille Juliette s'est inspirée d'une recette patrimoniale pour en créer une version citronnée à la fois extrêmement dense et légère comme un nuage.

— Emily Carr avait du mal à payer son laitier?

— En rentrant à la maison, mon père avait lancé à ma mère : « Emily Carr veut savoir si elle pourrait payer avec un tableau ou si tu préfères attendre qu'elle ait assez d'argent. »

Je n'avais aucun mal à imaginer mon mari rentrer chez nous en me disant quelque chose de semblable, lui qui monte sur le toit des gens pour nettoyer leur cheminée. Il arrive que les solins doivent être refaits ou que des briques se déchaussent, et c'est lui qui émet le diagnostic.

Il ne dit pas toujours toute la vérité. Il y a plusieurs années, alors qu'il s'affairait à tirer et pousser son balai-brosse pour nettoyer la suie dans la cheminée coudée d'une chanteuse québécoise célèbre, la brosse s'est cassée dans la courbe où, d'après lui, elle est toujours fichée. Ce n'était qu'en le voyant juché sur leur toit que ses clients se rappelaient qu'ils avaient aussi besoin de descendre un piano par la sortie de secours, de remplacer la valve de leur réservoir de propane et, pendant qu'il y était, de voir aux poutres à moitié dévorées par les termites. Il rentrait souvent avec des paiements en nature : confiture, coupe de cheveux, jambons du cochon familial. Un jour, après avoir extirpé un congélateur d'un sous-sol, il était revenu avec deux tableaux de Paul Parsons, peintre qui portait des complets chics assortis de cravates dénichées à l'Armée du Salut et se déplaçait sur le vélo que lui avait offert le Tim Hortons local, en puisant dans la réserve de lots à gagner quand on déroulait le rebord de leurs gobelets en carton, en guise de reconnaissance pour son statut d'artiste de la rue.

J'avais lu l'ouvrage consacré à Emily Carr par Daniel Francis et je savais que sa peinture avait connu des hauts et des bas tout au long de sa vie. Qu'elle y avait renoncé pendant des années et, que pour joindre les deux bouts, elle avait ouvert une maison de chambres. Je l'imaginais en train de servir de la confiture, du pain grillé, des fèves au lard et du gâteau à ses pensionnaires tandis que ses chefs-d'œuvre dormaient au grenier en attendant d'être découverts par Eric Brown, alors directeur du Musée des beaux-arts du Canada, juste à temps pour lui permettre d'entamer le second acte de sa carrière de peintre, dédié cette fois à des visions plus personnelles. Mais elle avait passé des années sans peindre, à s'occuper de ses pension-naires, à faire leur lit, à leur verser du thé, à laver des quan-tités de lessive dans une vieille machine à tordeur.

— Et qu'a-t-elle répondu, votre mère ? ai-je demandé à la fille du laitier d'Emily Carr.

— Elle a dit : « Attends qu'elle ait de l'argent. »

Georgie m'a lancé un regard penaud qui signifiait : ce que les histoires de famille peuvent être navrantes, n'est-ce pas ? Il signifiait : que ne donnerait-elle pas aujourd'hui, Georgie, pour avoir reçu une toile d'Emily Carr en échange de son lait quotidien. Il signifiait aussi : voyez comme on peut être bête, comme il faut pardonner à nos pères et parfois à nos mères d'avoir lorgné la vie à travers le prisme étriqué d'un pragmatisme fonctionnel. Mais c'était amu-sant aussi de ruminer cette histoire de regret, d'imaginer le tableau qui aurait pu appartenir à Georgie si ses parents n'avaient pas raté l'occasion.

— Le lait, à l'époque, a précisé Georgie, coûtait quinze sous la pinte.

On nous a servi le sorbet. J'ai grandi en dévorant des montagnes de viande hachée d'orignal chassé par mon père, de chou frisé qu'il cultivait dans son jardin et de *York-shire pudding* arrosé d'une sauce préparée par ma mère dans la cuisine à la sueur de son front. Après un repas de ce genre, qui aurait de la place pour du pudding ? Sauf que le pâtissier du bord lisait dans mon esprit. Je ne sais pas com-ment il avait fait pour savoir que les ronces qui poussaient autour du lotissement de mon père quand j'étais petite donnaient des mûres sauvages et que j'ai eu la bouche tachée de bleu foncé jusqu'à l'âge de huit ans. Tout en dégustant le sorbet aux mûres avec de jolies cuillers en compagnie de Georgie, je repensais au lait à quinze sous la pinte qu'Emily Carr n'arrivait pas à payer.

Je me suis souvenue du jour où j'avais fini par comprendre que mon premier mari n'avait pas la moindre intention de gagner un seul sou, maintenant qu'il était bien installé dans mon minuscule appartement, sorte d'écrivain en résidence composant des pièces radiophoniques que personne ne jouait. Avec mes textes à moi – critiques de théâtre, articles publiés dans les revues locales –, je gagnais à peine de quoi payer le loyer et l'épicerie pour une personne. Il avait décidé de recourir à la banque alimentaire d'une église charismatique où l'on parlait en langues ; le dimanche, il rapportait des paquets de viande hachée. Notre sortie de secours, au troisième étage, était si proche de la voûte céleste que j'avais décidé d'aller m'y asseoir pour apostropher le ciel. Enceinte de huit mois, je me suis mise à implorer les anges de faire pleuvoir sur moi l'argent nécessaire pour que je puisse descendre acheter une seule fichue aubergine. Ce mari-là détestait les aubergines et voyait en leur seule présence une sorte d'affront personnel.

J'enrageais d'avoir été aussi idiote. Pourquoi n'avais-je pas remarqué qu'il occupait, avant de m'épouser – à trente ans passés –, une toute petite chambre à l'étage de la maison de sa mère, de l'autre côté de la baie ? Il est vrai qu'il l'avait fièrement remplie de livres de poche Penguin volés, dont il triait les dos orange par ordre alphabétique de nom d'auteur. Je m'étais laissé duper par ces bouquins, comme par le lilas qui caressait sa fenêtre de ses branches centenaires chargées de fleurs parfumées.

J'avais l'intention de rester assise dans l'escalier de

secours tant qu'une intervention divine n'aurait pas fait apparaître l'argent qu'il me fallait pour descendre à la fruiterie Lars. Je suis restée là à bougonner jusqu'à ce que j'entende quelqu'un monter en courant. Je n'oublierai jamais ces volées de marches : trois étages d'escalade en colimaçon, éprouvante pour une femme enceinte sans le moindre bout de légume dans l'estomac. Je savais que j'étais moi-même l'artisane de mon infortune, mais tout de même, l'espoir qui avait baigné ma jeunesse n'aurait-il pas pu dépêcher un seul rayon de lumière à temps pour m'empêcher de me fourrer dans ce pétrin ? Alors : qui était-ce qui grimpait l'escalier ? Jusqu'en haut, qui frappait à notre porte… je suis descendue de mon perchoir pour me retrouver nez à nez avec l'un des piliers de l'église charismatique qui nous donnait du steak haché. La main serrée autour d'un billet de cent dollars.

— Le Seigneur, a-t-il haleté (il avait passé l'âge de se mesurer à notre escalier), m'a enjoint de venir ici et de vous donner ça. J'étais en train de prier, et Dieu m'a ordonné de faire un arrêt précisément ici, de monter jusqu'à votre étage et de vous donner cet argent.

Tandis qu'il entamait sa descente après s'être épongé le front, j'ai pris l'argent et je suis partie acheter du raisin, du fromage, du pain et de l'excellent salami. Je me rappelle encore les grains de poivre incrustés dans ses tranches roides et transparentes ; je crois même qu'une bouteille de vin couronnait mon extravagance.

Je me représentais très bien l'arrière-cuisine d'Emily Carr, sa maison, ses chats, son amarante tricolore aux feuilles pourpres s'abreuvant du soleil qui entrait par une petite lucarne. Sa bouteille de lait dont le couvercle papillotait dans la lumière. Elle s'en serait volontiers passée, j'en suis presque certaine, si elle n'en avait pas promis une soucoupe à l'un de ses chats bien-aimés.

« Papa avait des chats de toutes les couleurs, écrivait-elle dans *Petite*. Il leur apportait de la maison, chaque matin, une bouteille de lait bien frais, car, disait-il, ce n'était pas sain pour des chats de ne manger que du rat. »

C'était le genre de chose qu'on n'oublie jamais, me disais-je, dût-on vivre jusqu'à quatre-vingt-dix ans, si notre père nous l'a appris dans notre enfance.

Cette nuit-là, je me suis accoudée au bastingage pour contempler le sillage blanc en repensant à l'histoire de la facture de lait d'Emily Carr que m'avait racontée Georgie. Bien triste anecdote magnifiée, sans doute, par sa longue familiarité : plutôt que d'avoir perdu l'occasion de posséder une toile unique de cette artiste de génie, Georgie avait secrètement gagné toute sa production. Dans le grenier de son esprit, Georgie pouvait se représenter n'importe lequel des tableaux d'Emily Carr qui avaient failli lui appartenir, rendant ainsi ambigu, et sans doute moins tragique, l'inébranlable sens pratique d'une mère peu disposée à se laisser embêter par des lubies de ce genre. Peut-être est-ce une bonne chose finalement, contre toute attente, d'avoir le sens des réalités. De faire le point de temps en temps, question de savoir exactement où l'on pose les pieds.

Tous les jours, quelqu'un traçait notre progrès sur une carte du Groenland et du Canada épinglée côté bâbord. Le trait sinueux partait de Kangerlussuaq, au sud du Groenland, longeait la côte blanche en passant par Sisimiut, Ilulissat, le fjord Karrat et Upernavik, traversait la baie de Baffin et aboutissait maintenant à Mittimatalik. En général, celui ou celle qui tenait le crayon s'y connaissait mieux que moi ; ce pouvait être un des géologues ou de leurs plus fervents disciples. Mais ce soir-là, munie du bout de fusain dont je me servais habituellement pour esquisser les os et la flore qui jonchaient les collines onduleuses, c'est moi qui ai marqué notre cheminement récent le long du canal étroit qui sépare l'île de Baffin de l'île Bylot, puis vers le nord, à travers le détroit de Lancaster.

CHAPITRE DIX

Géologie

Au matin, nous étions en vue de Dundas Harbour, sur la côte méridionale de l'île Devon. Assise dans la salle à manger avec mon café, je feignais de ne pas remarquer l'onde d'enthousiasme se propageant parmi les passagers qui écoutaient quelqu'un parler de minéraux dans les haut-parleurs.

Marc St-Onge se montrait intarissable pour vanter l'apparition d'un affleurement rocheux de ceci ou de cela et pour inciter les passagers à considérer le monde sous l'angle de la tectonique des plaques. Au début du voyage, il nous avait distribué un manuel d'introduction à la géologie : il y était question d'orthogneiss granitique, de plutons ou de massifs intrusifs de granit et de la configuration du nord-est de l'Amérique du Nord avant le rift continental du Paléocène, voilà soixante millions d'années.

Merci, vraiment… Je que je m'éloignais lentement mais sûrement de la science que distillait Marc.

Avant ce voyage, je fuyais déjà les salles où les gens prenaient place devant des documentaires dans lesquels

David Suzuki et son armée d'animateurs s'ingéniaient à faire s'entrechoquer montagnes et continents, provoquant une kyrielle de drames et de bouleversements. Malgré l'immense respect que j'éprouvais pour cet homme lorsqu'il parlait de choses qui bougent vraiment, la perspective d'écouter ne serait-ce que cinq minutes d'exposé sur la géologie m'emplissait d'ennui, fût-il donné par une sommité mondiale.

Rares étaient donc les communications de notre géologue capables de m'arracher au beurre Lurpak de la salle à manger, alors que tout le monde se précipitait sur le pont pour observer le craton de Rae ou scruter les criques à la recherche de narvals, dont on dit que la longue dent torsadée a contribué à forger notre image de la licorne. Pas question de me promener avec mon appareil photo prêt à être utilisé. Je m'intéressais aux petites choses sur lesquelles j'étais susceptible de tomber sans m'écarter de mon chemin bien plus qu'aux curiosités nécessitant un effort ou un détour, même celles qui bougeaient vraiment. J'aimais croire que ce n'était pas de la paresse, mais le prolongement de mes pratiques d'observation. J'aimais mieux remarquer un détail au sujet d'une personne, une particularité de la pièce où je me trouvais, du paysage ou du ciel, plutôt que de répondre à un appel des haut-parleurs et d'abandonner mon croissant pour assister à la fin du saut d'une baleine, spectacle qui ne m'était pas destiné. Je me disais que, si un narval ou quelque autre créature fabuleuse souhaitait me révéler un secret, ce serait quand nous serions prêts, l'une comme l'autre.

Comme j'attaquais un œuf poché à la perfection servi sur une fine tranche de pain russe, je ne me suis pas levée quand notre géologue nous a invités à sortir sur le pont toutes affaires cessantes pour observer à bâbord une spectaculaire formation rocheuse atypique. Je suis restée à ma place tandis que la salle se vidait, à l'exception d'un homme qui assaisonnait son assiette du contenu d'une fiole mystérieuse. Visibles dans le lointain à travers les fenêtres, ces roches atypiques ressemblaient à n'importe quel chapelet de collines bleues parfaitement normales, chaque section se fondant bien sagement dans la suivante pour former une ligne fluide et continue. Et puis, qu'est-ce qu'une roche atypique, au juste? Sans doute une pierre au comportement aberrant, qui se distingue de celles qui l'entourent en dansant le swing quand les autres valsent, en faisant la fête au lieu de préparer ses examens comme tout le monde. Elle s'habille de tenues excentriques et se couvre d'impossibles lichens. La nuit, pendant que les autres dorment, elle se livre à des activités délinquantes qui s'étirent sur des millions d'années et que seuls peuvent observer les êtres doués d'une vision pénétrante, capables de résoudre des casse-tête en quatre dimensions composés de fragments minuscules.

Ces roches atypiques, notre géologue et ses disciples en faisaient leurs délices, et je me doutais bien que je n'avais pas fini d'entendre parler de mon absentéisme. Mais ce qui m'attirait, moi, c'était le présent atypique, les événements qui se déroulaient sous mes yeux en ce moment même, l'atmosphère du navire et les personnalités qui le peuplaient; ce qui captait mon attention, c'était la voix de l'homme à la fiole mystérieuse qui était resté :

— Moi, ce qui m'intéresse, c'est la moutarde.

— La moutarde?

— On ne s'intéresse pas assez à la moutarde.

— Ah bon ?

— La moutarde est un agent antimicrobien naturel. C'est un besoin criant dans le monde. Au siècle prochain, savez-vous ce que feront les fermiers ? Avant d'y semer leurs récoltes, ils mettront de la moutarde dans le sol et ses propriétés caustiques naturelles tueront les microbes nuisibles. Ensuite, les agriculteurs pourront planter leurs cultures sans s'inquiéter, puisque les microbes qui infestent aujourd'hui leurs terres ne poseront plus aucun danger.

Je n'avais pas remarqué jusqu'alors que M. Moutarde arborait sur son veston un écusson où se lisait la mention « Mustard 21 Canada Inc. », au milieu de feuilles jaunes joliment brodées. Il a levé sa fiole pour m'en offrir le contenu : une préparation spéciale servant à épicer les plats servis à bord. Ce que j'ai trouvé intéressant et hautement atypique.

J'aurais voulu lui demander : « Où dormez-vous ? Dans le parc ? Ou bien dans un nid de poule ? »

Était-ce en compagnie du personnage évoqué dans la chanson des Beatles que je franchissais le passage du Nord-Ouest ? Était-ce dans Abbey Road que nous avions levé l'ancre pour mettre le cap sur Kugluktuk ? Je l'imaginais très bien convoquer ses associés pour l'aider à parsemer les champs de poudre jaune. Quelques notes d'une chanson, une fiole de poudre d'or me touchaient infiniment plus que toutes les curiosités géologiques.

J'oubliais que c'étaient les veines de charbon circulant sous notre sol natal qui avaient fait de ma famille et de moi tout ce que nous étions. Je n'avais pas saisi toute l'importance de la nouvelle carte géologique circumpolaire de l'Arctique, que notre géologue de bord et ses collègues avaient parachevée juste à temps pour l'Année polaire internationale. Avais-je même compris que la mission entreprise par Samuel Hearne au XVIIIᵉ siècle vers notre destination de Kugluktuk, autrefois Coppermine, visait à établir son potentiel d'extraction commerciale de minéraux en général et de cuivre en particulier? En envoyant des navires explorer le passage du Nord-Ouest, l'élan expansionniste qui avait suivi ciblait les saphirs, les rubis et l'or des Indes, tous produits de la géologie. La lune et les étoiles qui m'étaient si chères sont toutes de nature rocheuse, et si je considérais tout ce que j'avais vu, utilisé, pensé ou échangé avec autrui, je constatais que cela venait du sol, cette surface dense, en apparence inerte, dont surgit toute lumière, toute vie. Mais cela, je ne le savais pas encore, enivrée que j'étais des produits de la terre, de son influence, même si j'en ignorais la cause. Séduite par les mots, la culture, les idées, j'étais incapable d'imaginer qu'ils ne sont que des sous-produits du sol qui est leur fondement, leur origine.

Si la parole géologique de la terre commençait à toucher les autres passagers, Nathan Rogers m'amenait à me souvenir de certaines strates de mon être dont je n'avais jamais parlé à qui que ce soit. Entre Paris et Naples, San Francisco et Albuquerque, j'avais fait route seule. Tout en parcourant Montmartre ou en palabrant avec les marchands de tomates dans les ruelles qui débouchent dans la via Spaccanapoli, je me sentais bien seule, mais c'était le prix que je m'attendais à payer pour jouir de la liberté de flâner sans être assujettie au programme de quelqu'un d'autre. En France, une serveuse dont l'amoureux, pianiste de jazz italien nommé Mario, avait pris l'habitude de traîner sous les géraniums suspendus au balcon de mon hôtel borgne avait glissé un cafard dans mon chocolat chaud. À Naples, j'avais échappé de justesse à des chaises et à des pianos en chute libre, ainsi qu'à un Égyptien avec une dent en or, en chapardant assez de pain, de saucisson et d'épinards pour rester cachée dans la cave de mon gîte et prendre la fuite par le train de minuit. Au Nouveau-Mexique, après avoir dépassé la durée maximale de séjour à l'auberge de jeunesse en bordure de la Route 66, j'avais loué une chambre dans une maison en adobe en compagnie de baroudeurs qui vendaient leur plasma sanguin en échange de coupons alimentaires et qui se nourrissaient exclusivement de gruau, en attendant que leur mère leur expédie du New Jersey un paquet contenant beurre d'arachides, thon et biscuits Oreo. En 1982, c'est sur un banc aux abords du Golden Gate que j'ai appris, en dépliant le *San Francisco Chronicle* un lendemain de Saint-Valentin, que la plateforme de forage Ocean Ranger avait sombré au large des côtes du pays que j'avais quitté, tuant quatre-vingt-quatre Terre-Neuviens, et c'est cramponnée à mon sandwich à l'avocat trempé de larmes que j'ai arpenté Haight-Ashbury.

Bizarrement, rien de tout cela ne m'avait enseigné que, seul, on ne peut vraiment appréhender le monde. Plus tard, en voyageant accompagnée, même mariée, même mère, je me suis toujours efforcée de maintenir autour de moi une enveloppe de solitude. J'aimais conserver autour de mon corps une bulle d'air inhabitable pour les autres, un espace réservé à mes pensées, ou à des zones vides incubatrices d'idées nouvelles.

Je croyais que le passage du Nord-Ouest serait l'endroit parfait pour voyager de la sorte, avec ses horizons qui se perdaient à l'infini, ses étendues d'eau qui gèlent, s'entrechoquent, s'agitent et ne fondent que pour geler de nouveau. Je sortais souvent seule sur le pont du milieu : les autres passagers étaient rassemblés quelque part ailleurs pour se détendre, bavarder et scruter l'océan à la recherche de narvals, et j'ignorais où se tenait la fête. Jouant le personnage que me dictait mon nom – il signifie « hiver » –, je ne croyais pas avoir besoin d'amis.

La nuit, dans la toute petite bibliothèque, je poursuivais mon dessin du caraco de laine vieux de trente ans d'Élisabeth, m'appliquant pour fixer ses tons sépia et ses lignes délicates dans le carnet de croquis que Sheena McGoogan m'encourageait à tenir. Élisabeth et Sheena, je les aimais à ma manière hivernale, à distance confortable, sorte d'appréciation respectueuse pour les êtres dotés eux aussi d'une âme silencieuse et partageant la passion des histoires. Quand j'étais fatiguée de dessiner, je crochetais mon écheveau de fil teint à la main pour en faire un couvre-chef bien chaud, je lisais ou je contemplais le bleu de la nuit arctique à travers les hublots du navire qui nous nous berçait doucement. J'étais indépendante, j'imagine qu'on aurait même pu m'accuser d'être distante, car je n'aimais rien mieux que de rester perchée, solitaire, à l'orée du grand tout.

Sauf que Nathan refusait de me laisser tranquille. Nous entamions la traversée du détroit de Lancaster quand je me suis aperçue que, dès que je m'approchais de la solitude absolue, il surgissait immanquablement d'un couloir ou de derrière un rocher, dans son gilet jaune, avec son air de… le seul mot qui me venait à l'esprit était complicité. Nous avions de nouveau onze ans. Ou douze. L'âge que j'avais quand, par-delà le monde ordinaire dont les grandes personnes semblaient se contenter si facilement, un mystère immatériel et fascinant avait commencé à m'adresser des signaux lumineux. « Le revoilà », me disais-je chaque fois qu'il faisait irruption, et chaque fois, je sentais la solitude perdre un peu d'importance, l'amitié en prendre un peu plus.

Nathan, c'était un preux chevalier, armé de paroles et de chansons, lancé dans une quête héroïque. Et il était gentil avec moi. Non seulement il s'était retenu de larguer mon concertina par-dessus bord, mais il avait offert de m'accompagner le soir où j'avais chanté *La Complainte de Lady Franklin* dans le salon de proue.

— Voulez-vous que je joue les accords sur ma guitare?

— Mais mon concertina… ce vieux truc usé fabriqué en Allemagne il y a cinquante ans… c'était le modèle offert pour quelques sous à toutes les familles irlandaises qui rêvaient d'un piano de marin sur le manteau de la cheminée.

— Et alors?

— Il a… acquis une voix qui lui est propre, disons.

— Aucun problème.

— Mais il n'est accordé avec aucun autre instrument sur toute la planète.

— Ça ne m'inquiète pas du tout. Si vous voulez que je vous accompagne, tout ira bien. Faites-moi confiance.

Et Nathan s'était arrangé pour accorder parfaitement sa guitare avec mon accordéon ; pour y parvenir, il fallait qu'il soit plus qu'un musicien professionnel. Il fallait qu'il soit un magicien.

La nuit, dans le salon principal, il chantait des ballades tirées du folklore du monde entier, des compositions de son cru puisant à ces traditions ou à une source d'inspiration complètement différente et qui n'appartenait qu'à lui, ainsi que celles écrites par son père, Stan Rogers, et que les passagers connaissaient par cœur, telle l'emblématique *The Northwest Passage*. Quand Nathan interprétait les œuvres de Stan, tout son être se métamorphosait, et je devinais que c'était sa façon de connaître son père au-delà de la mort. Il n'était plus qu'un chalumeau à travers lequel soufflait la musique de son père disparu. Était-ce douloureux de communiquer ce qu'il savait de lui à un public qui connaissait ses chansons au point de considérer que son paternel leur appartenait en partie ? Je me demandais comment se sentait Nathan en chantant la légendaire *Northwest Passage* pendant la traversée du non moins légendaire passage du Nord-Ouest.

— La mort de mon père, m'avait-il confié, n'était pas accidentelle.

Il m'a fait le récit d'événements qu'on avait dû lui raconter à maintes reprises au fil des ans : le DC-9 empli de fumée qui assurait le vol 797 d'Air Canada s'était posé sur le tarmac, mais, avant que les passagers puissent descendre, il s'était embrasé d'un coup. Si c'est arrivé, m'a dit Nathan, c'était à cause de mécanismes de sécurité terriblement inefficaces. La catastrophe a fait faire un bond de géant à la sécurité aérienne dans le monde entier.

Notre navire flottait là, dans la baie : si net, si bleu, si blanc qu'on l'aurait
cru fraîchement repassé, amidonné.

Des cathédrales de glace.

Vêtue d'un kilt, bottes aux pieds, Aaju a préparé son fusil au cas où nous tomberions sur des ours polaires.

L'enseigne d'Upernavik.

Cela m'a particulièrement intriguée
de voir un boucher nettoyer
et découper une mouette.

À Upernavik, des pêcheurs et des chasseurs sont sortis pour nous regarder
passer sur la route qui mène au village.

« Ça, Kathleen, c'est un os pénien de morse », m'a dit Danny Catt, le photographe du navire.

Une fenêtre, à Upernavik.

Aaju Peter et Bernadette Dean mangeant du phoque.

Aaju Peter mélangeant de la cervelle de phoque avec des baies.

À l'approche de Mittimatalik, nous avons pénétré dans un monde effervescent de nouveauté : eau turquoise, montagnes de pourpre et d'or, brume blanche.

Nathan s'adonnant à un chant de gorge d'origine mongole, un bourdon délirant qui s'échappait à cor et à cri de son plexus solaire. Le soleil couchant faisait miroiter le piercing sur sa langue tandis que sa voix ondulait sur l'étendue de sable.

Kathleen en compagnie d'Annie Qillaq Pewtoqlook, tenant une poupée de sa confection, et de sa fille. (Danny Catt)

Pétrifiées d'étonnement, les filles de Mittimatalik semblaient s'attendre à ce que le son produit par Nathan prenne la forme d'un animal mythique qui changerait leur vie pour toujours.

Une table et des boîtes dans les baraques abandonnées par la GRC, à Dundas Harbour.

Une machine à coudre rouillée, au même endroit.

Des os et des pierres, à Dundas Harbour.

Un paysage de désolation : les tombes des hommes de Franklin, dans Beechey Island.

Le détroit de Peel dans la brume : à cause des glaces qui bloquaient le détroit de Bellot, nous avons été contraints d'emprunter cet itinéraire, celui-là même qu'avait suivi Franklin.

Le site où l'équipage du *St. Roch* a passé l'hiver, dans la baie Pasley.

La cafetière de Larsen ?

Un os blanchi, dans la baie Pasley.

Sarah me vendant son *ulu*, à Gjoa Haven.

La petite fille de Gjoa Haven portant le manteau qu'Élisabeth a tant aimé.

Jacob et son ours sculpté, à Gjoa Haven.

« On dirait les hommes de Franklin », a fait remarquer Bernadette Dean, dans l'île Jenny Lind.

Nathan Rogers et Bernadette Dean, à Bathurst Inlet.

Qui a construit cet *inukshuk* ?

Un véritable *inukshuk* est plus subtil, m'a appris Bernadette. Il s'agit d'une pierre placée en hauteur pour que les chasseurs la voient facilement, indiquant un site de chasse ou de pêche.

Les magnifiques pierres fossiles aux motifs spiralés, ou stromatolites, de Port Epworth.

Une trientale arctique, à Port Epworth.

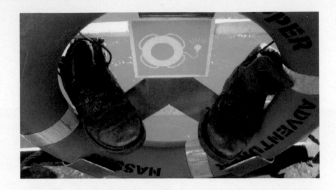

J'ai retiré mes bottes de randonnée.

Notre navire, à l'ancre.

Au lever du soleil, la garde côtière nous amène à Kugluktuk.

Je me souvenais de l'avoir vu hisser Motoko, la passagère japonaise qui s'était fracturé le pied, dans les escaliers du navire. Du geste, imitant sans doute celui de son père, qu'il avait eu pour la soulever dans ses bras. À mon avis, Nathan ne portait pas que les chansons de son père sur ses épaules, cela ne faisait aucun doute, mais tout un fardeau d'images et d'anecdotes que revendiquaient ces gens qui accordaient à son père une telle importance. Noblesse oblige, il partageait ses souvenirs de bon cœur avec monsieur Tout-le-Monde.

Un soir, au bar-salon, Nathan a interprété une ballade, *Dark Eyed Molly*, composée par le glaswégien Archie Fisher et que son père interprétait lui aussi. La première fois qu'il nous l'avait chantée, je n'avais pas compris pourquoi elle me touchait à ce point. À la fin, Ken McGoogan, notre historien, n'avait pu retenir un cri. Il y avait là tant de beauté, tant de tristesse : celle de Nathan, celle d'Archie Fisher, celle de Ken, la mienne, sans compter la mélancolie qui semblait escorter le navire. J'avais dû quitter la salle et me réfugier dans ma zone de confort, à la bibliothèque, où j'avais pu dérouler ma laine artisanale, mettre mes mains à l'ouvrage, me retrouver seule. À bord, je le percevais de plus en plus clairement, les géologues n'étaient pas les seuls à pressentir que, sous l'action de l'espace, du roc et du temps, il arrive que des matériaux transpercent le sol que nous croyons voir et connaître et donnent naissance à des affleurements singuliers.

Mais Nathan m'avait suivie avec sa guitare.

— Aimeriez-vous un concert privé ?

Sans attendre ma réponse, il s'était assis dans un petit fauteuil et s'était mis à chanter.

À l'époque où mon premier mari agonisait à l'hôpital, mon ami Ed Kavanagh s'était proposé pour venir jouer chez moi. Malgré ses dimensions modestes, la harpe celtique qu'il avait apportée emplissait la pièce où je m'étais allongée, exténuée par le stress des semaines, des années, passées avec un malade dans la maison. J'avais entendu parler des vertus thérapeutiques de la musique, mais je n'en avais encore jamais fait l'expérience. La musique a rempli la maison, océan doré dont les vagues ont pénétré en moi, m'énergisant comme jamais je ne l'aurais espéré. Sans fanfare ni bavardages, Ed avait joué tout l'après-midi, et après avoir terminé, il s'était dépêché de remballer son instrument et de me laisser seule avec ces ondes évanescentes de beauté pure.

Pour le récital privé de Nathan, je n'avais pas de mari agonisant, pas la moindre raison de mériter ce cadeau sinon l'offrande d'une amitié, ce qui ne m'était jamais arrivé. Tout ce que j'avais appris de la vie me laissait croire que, pour recevoir quelque chose, il fallait l'avoir gagné. Je ne m'étais jamais vue comme un arbre, ces êtres touchés par la grâce des étoiles, de la pluie, du chant des oiseaux, qu'on aime pour eux-mêmes et non pour leur travail, leur talent ou parce qu'ils sont indispensables. J'avais pris l'habitude de me rendre indispensable dans un domaine ou un autre. Mais, avec sa chanson, Nathan m'avait transformée en arbre.

Il savait à quel point j'aimais *Dark Eyed Molly.* Ce n'était que la première des nombreuses fois qu'il allait me la chanter au cours du voyage. À chaque occasion, j'avais peine à croire que le privilège m'était accordé de l'entendre de nouveau.

CHAPITRE ONZE

Dundas Harbour

La raison officielle de notre escale à Dundas Harbour était la visite des ruines d'un avant-poste déployé par la GRC en 1923 – et occupé par intermittence jusqu'à son abandon en 1951 – dans le cadre du combat mené par le gouvernement canadien pour s'opposer aux revendications étrangères sur l'archipel Arctique cédé par la Grande-Bretagne en 1880. Le Canada n'ignorait pas que ses prétentions sur ces territoires étaient fragiles, voire purement symboliques, tant qu'ils restaient inoccupés. L'avant-poste de Dundas Harbour faisait partie d'un projet plus vaste, amorcé en 1922, qui avait vu les détachements pousser comme des champignons dans toute la partie de l'Extrême-Arctique que nous abordions justement.

Nous allions apprendre un morceau de l'histoire de la police montée canadienne qui, pour le plaisir de nos yeux, avait laissé de nombreux artéfacts sur la toundra. Mais il fallait s'y rendre à pied. Chacun de nous se faisait une idée si différente de ce qui nous attendait que nous aurions aussi bien pu voyager séparément. Marc St-Onge était emballé parce qu'on trouve à Dundas Harbour l'une des anomalies les plus prodigieuses au monde : une brèche temporelle visiblement inscrite dans la roche, aussi palpitante aux yeux de Marc et de ses disciples dont il avait enflammé l'imagination que le serait, pour ceux que captivent les mystères du temps, une vision surgie du cerveau d'Albert Einstein ou de Madeleine L'Engle, ou encore du TARDIS du Dr Who. Pour ma part, je restais de marbre dès qu'on me parlait de stratigraphie séquentielle ou d'ensembles sédimentaires. Je ruminais les termes « anomalie » ou « socle cristallin », mais ce qu'ils évoquaient dans mon esprit n'avait rien à voir avec la géologie. Pour moi, une anomalie aurait pu tout aussi bien être une créature à la silhouette asymétrique, dont la chevelure lui servait également d'antennes et qui était couverte de gouttes de rosée lui permettant de voir à travers la matière opaque. Quant au « socle cristallin », composé, dit-on, d'améthyste, ce n'était non pas la variété géologique ordinaire de l'améthyste mais une version hors du commun recelant des flammes bleues qui livraient passage vers le palais fabuleux de Koubilaï Khan. C'est alors que Marc a dit une chose qui m'a captivée. Juché sur un lit de roches, il a cité le géologue écossais James Hutton :

— À l'échelle planétaire, « le présent est la clé du passé ».

Cela, je l'ai observé et ressenti à Dundas Harbour, pas nécessairement dans les formations rocheuses, plutôt dans les pavots d'Islande dont les vieilles tiges brunies, reliquats des années passées, s'enroulaient autour des pousses neuves. Dans les racines vénérables d'arbustes argentés par l'âge, mais habités d'une vie profondément enfouie dans leur cœur. Dans les os et les crânes de bœufs musqués qui gisaient dans l'herbe, là où avait pris fin l'existence de leur propriétaire, dans les ruines des baraques abandonnées par la GRC. Au bas de la côte, débordant de vie, le pavot et la linaigrette poussaient entre les fissures des bâtiments qui croulaient sous le poids tangible des tragédies.

Je ne voulais ni descendre ni m'en approcher, mais tout le monde allait dans cette direction, et les porteurs d'armes nous avaient bien avertis de rester groupés. Derrière moi venaient les observateurs d'oiseaux. Je détestais être coincée au milieu de leurs discussions sur les mérites comparés des appareils photo pendus à leur cou.

— Et ton format « brut de capteur », il fait combien de megs ? en ai-je entendu un demander à l'autre.

— Hier (était-ce mon imagination où celui qui répondait m'a-t-il vraiment lancé un regard moqueur ?), j'ai eu un problème et la première chose que j'ai dû faire, ç'a été de réduire la taille de mes sRAW.

Comme j'avais déjà eu un amant qui partageait une maison avec des ornithologues amateurs, je savais qu'ils n'hésitaient pas à affronter engelures et falaises escarpées et à renoncer à toute chaleur humaine pour apercevoir ce qu'ils appelaient un « bon oiseau ». Je l'aimais bien, cet amant – à l'exception de la fois où j'avais trouvé dans son lit une gigantesque petite culotte dont il avait essayé de me convaincre qu'elle m'appartenait –, mais je ne représentais pour lui qu'une diversion en attendant que son oiselle revienne de l'université. J'avais donc fui la cabane à oiseaux, mais je savais que ces passagers-là n'étaient pas venus à Dundas Harbour pour observer des phénomènes géologiques atypiques ou des brèches temporelles, pas plus que les ruines désolées d'un poste

165

abandonné de la GRC. Ils rêvaient de fulmars, de petites grues brunes et de ces plongeons catmarins, dont les apparitions sont si rares.

À mes yeux, tous les oiseaux sont « bons ». Le pigeon excelle avec sa gorge nappée de pétrole et le marron de ses yeux, pareil à celui des bouteilles de bière au soleil. Tout comme les poules padoues, coiffées d'une huppe extravagante, que j'élevais à une certaine époque et dont je donnais les œufs verts à manger à mes enfants, accompagnés de jambon. J'adorais que mon père me raconte les tournées de distribution de journaux de son enfance dans la campagne anglaise, accompagnées du chant des oiseaux qu'il nommait « le concert de l'aurore ». En forêt, j'ai un jour rencontré une chouette boréale et je l'ai mise dans le roman que j'écrivais. Après la mort de mon premier mari, un couple de pics flamboyants à la nuque rouge sang sont venus donner une sérénade sous la fenêtre de ma chambre pour me consoler. Mais celle dont le chant règne sur mon cœur, c'est la grive solitaire. Et l'appel nuptial de la bécassine n'a jamais cessé de me hanter. Mon amour pour les oiseaux les laissait libres de m'approcher ou de n'en faire qu'à leur tête. Je n'allais pas me mettre à leur courir après avec mon « brut de capteur », peu importe sa taille, et je n'avais pas la moindre envie de les rayer sur une liste ou d'en déclarer certains plus intéressants que les autres.

Poursuivant leur descente vers l'avant-poste mis au rancart par la GRC, les ornithologues amateurs m'ont dépassée et je suis restée à lambiner loin derrière, m'agenouillant pour observer l'herbe, les os et les drôles de bourgeons des silènes involucrés qui se balançaient comme des lanternes en papier mauves. Mais Aaju Peter a fait demi-tour avec son fusil pour me réprimander.

— Il ne faut pas s'arrêter. On ne doit pas marcher derrière les porteurs d'armes. C'est très important.

Je suis donc descendue jusqu'aux ruines où j'ai aperçu, devant une fenêtre ouverte, une machine à coudre rouillée, prête à piquer le point suivant. Sur une table, on voyait des boîtes contenant des restes de nourriture et de boisson. Un minuscule cimetière abritait les sépultures des gendarmes Victor Maisonneuve, qui s'était enlevé la vie en 1926, William Stephens, mort l'année suivante d'un accident de chasse, et d'un enfant inconnu. Reclus comme ils l'étaient, plongés de novembre à février dans une obscurité permanente, les deux officiers n'avaient sans doute pas supporté leur isolement. L'île Devon, sur la côte méridionale de laquelle est situé Dundas Harbour, est la plus grande île inhabitée du monde. Mais ce n'était pas que la seule présence fantomatique de Maisonneuve et Stephens que j'y sentais.

Dundas Harbour n'était pas seulement un avant-poste de la gendarmerie : poussé par la situation économique des années 1930 à rechercher une façon moins onéreuse d'occuper l'Extrême-Arctique, le Canada craignait également que le simple fait d'y poster une poignée de gendarmes ne suffise pas à établir son occupation du territoire au sens du droit international. Ce qu'il fallait, c'était un peuplement véritable, sédentaire. Dans son article « Out in the Cold : The Legacy of Canada's Inuit Relocation Experiment in the High Arctic », le spécialiste de l'histoire culturelle Alan Marcus décrit une expérience conçue par le ministère de l'Intérieur et réalisée par la Compagnie de la Baie d'Hudson, durant laquelle, en 1934, dix familles inuites de Dorset, Pangnirtung et Mittimatalik ont été déplacées à Dundas Harbour.

Le gouvernement des années 1930 tenait déjà un discours qui serait repris par ses successeurs, à l'occasion de transplantations du même type au cours des années 1950 : ce sont plusieurs centaines de familles inuites qu'on a envoyées occuper l'Extrême-Arctique afin d'asseoir la souveraineté du Canada. On faisait miroiter aux Inuits de meilleurs territoires de chasse et de pêche, malgré l'absence d'études sur la faune permettant d'étayer ces prétentions, contredites par la suite des choses ; nombreux sont ceux qui sont morts de faim. En réalité, derrière la promesse d'améliorer leurs conditions de vie, le gouvernement dissimulait une autre intention. Alan Marcus cite un document officiel daté de 1935 qui dévoile les raisons véritables derrière la relocalisation des familles inuites à Dundas Harbour :

En plus de placer des Esquimaux dans de nouvelles régions où le gibier est plus abondant et le travail plus régulier, n'oublions pas l'angle de l'occupation du pays à présent que divers facteurs, comme les routes aériennes et les exploitations minières, autorisent d'autres pays à revendiquer certaines parties de l'Arctique canadien, qui s'étend aujourd'hui jusqu'au pôle Nord. Afin de prévenir toute revendication future de ce genre, le Dominion occupe actuellement l'archipel Arctique jusqu'à environ 700 milles du pôle Nord.
(J. Montagnes, *Occupy Arctic Isles to Insure Canadian Claims,* 1935)

À quoi pouvait bien ressembler la vie de ces dix familles et de celles qui étaient destinées à les suivre un peu partout dans l'Extrême-Arctique ? Le gouvernement leur avait promis qu'elles pourraient rentrer chez elles si l'expérience échouait. Or, bon nombre de familles n'ont jamais revu leur terre natale. L'expérience lancée en 1934 à Dundas Harbour n'a duré que deux ans avant d'être démantelée par le gouvernement. Selon Alan Marcus, les cinquante-trois hommes, femmes et enfants, plutôt que d'être renvoyés chez eux, furent relocalisés au nord de la Terre de Baffin dans le but de peupler un éventuel poste de traite. Il enchaîne sur une entrevue avec John Amagoalik, qui avait cinq ans lors de l'expérience de déplacement vers Resolute au milieu des années 1950. Il décrit Resolute, sis à la même latitude que Dundas Harbour : un endroit glacial balayé par des vents tels que les familles, ne disposant pas de neige en quantité suffisante pour construire des igloos, avaient dû dormir tout l'hiver dans des tentes. Ils n'avaient pas l'habitude de passer des mois dans le noir et, devant la rareté du gibier, les familles s'étaient vues obligées de faire les poubelles des officiers de la GRC pour y récupérer des sandwichs à moitié mangés. Au dépotoir, une découverte leur avait brisé le cœur : mises au rebut avec les ordures, une pile de lettres qu'ils avaient confiées à la gendarmerie pour les envoyer aux êtres chers qu'ils avaient laissés derrière eux.

Marcus cite un officier de la GRC, Bob Pilot, posté dans l'Extrême-Arctique à la même époque, au sujet de ce qu'il appelle les « détachements porte-drapeaux » du Grand Nord : « Nous avions une raison de nous trouver là, c'était la souveraineté, et c'est pour la même raison qu'on y avait placé des Inuits. »

*   *   *

Abandonné à sa désolation sur la toundra, l'avant-poste de Dundas Harbour m'inspirait une répulsion doublée d'un malaise que causait à la fois sa raison d'être initiale – maintenir la souveraineté du Canada dans l'Arctique – et notre façon de l'exalter comme quelque chose de noble. Je n'ai pas aimé rôder autour du site, ouvrir et fermer de vieux tiroirs, pencher la tête pour mieux lire la note, laissée pendant les années 1970 par des membres d'équipage envoyés pour inspecter les tombes, qui expliquait comment remplir les fûts de carburant :

> 1. *Remplir fûts essence 10 gal avec pompe manuelle.*
> 2. *Vider essence des fûts 10 gal dans grande bonde du réservoir intérieur.*
> 3. *40 gal de carburant durent approx 5 jours en faisant fonctionner les deux chaufferettes…*

Les tombes étaient entourées de lattis blancs frais peints, plantés bien droit : la GRC et la Garde côtière canadienne n'étaient pas les seuls à les entretenir. Pas plus tard qu'en 2006, ils avaient reçu de l'aide de marins, de fantassins, de Rangers canadiens et du premier ministre en personne, qui avait lancé une opération médiatique de douze jours visant à revendiquer la souveraineté sur l'Arctique et qui avait beaucoup moins à voir avec la dignité des morts qu'avec des exercices militaires comme ceux dont j'avais été témoin à Mittimatalik. Dans le cadre de l'exercice de 2006, baptisé « opération Lancaster », l'armée canadienne avait défait la clôture du cimetière de Dundas Harbour pour la remplacer par cette nouvelle palissade blanche qu'on avait ensuite cérémonieusement installée, tandis que des appareils Aurora sillonnaient le ciel.

Perdue dans mes pensées sur la façon dont le Canada avait par le passé utilisé des peuples du Nord pour marquer symboliquement son territoire, et de nouveau aujourd'hui dans des lieux comme Dundas Harbour, je me suis encore une fois retrouvée à la traîne. Une minuscule touffe de lichen rouge m'avait interpellée et je m'étais agenouillée pour goûter à sa chaleur sous le soleil. J'écoutais sa voix posée, sa verdeur chuchotante, ses frondes tressées de rouille. J'avais déjà vu Aaju Peter se détacher ainsi du groupe afin d'observer la végétation ou d'écouter les silences qui suivaient notre procession. Plus tôt, à bord du navire, je l'avais entendue parler du territoire et de la souveraineté sur le Nord ; son point de vue n'était attaché à aucune forme de pompe ni de gloire martiale.

— Depuis que nous avons renoncé à nos droits sur ce territoire immense, disait-elle, le gouvernement a manqué à ses obligations. Leurs belles déclarations, ils ne font pas le travail nécessaire pour les réaliser. On devrait créer des provinces avec le Nunavut et tous les Territoires du Nord-Ouest, avec des droits égaux à ceux des autres provinces du Canada.

— Que suggérez-vous ? lui avait demandé Anna, une Américaine.

— La clé, c'est l'éducation. Il faut que les Inuits participent activement à la prise de décision, surtout maintenant que s'ouvre le passage du Nord-Ouest et que tout le monde – la Chine, la Russie – se met de la partie. Les Inuits ne peuvent pas se contenter du rôle d'observateurs.

— Comment faire pour que ça change?

— Il nous faut une université au Nunavut. Nous sommes en train d'en mettre une sur pied en ce moment, mais elle ne peut pas suivre le modèle des universités du Sud.

— C'est vrai, avait renchéri Bernadette, qui a fait ses études secondaires dans une école nommée en l'honneur de John Franklin, avec des enseignants blancs qui l'humiliaient. L'éducation doit inclure notre langue. Nos valeurs.

Laissant les autres ratisser le poste de la GRC, j'ai quitté ma touffe de lichen et je me suis mise à marcher tranquillement, les yeux baissés vers le sol qui me faisait penser à une poitrine respirant doucement, gonflée de secrets silencieux. Là, une autre touffe de lichen; ici, la petite étoile d'une fleur de trientale posée sur un coussin de corail, d'or et d'émeraude. Sheena m'avait convaincue de me munir, pour aller à terre, d'un petit carnet et d'un bout de crayon HB, pas vraiment fait pour le dessin mais assez petit pour tenir dans ma poche avec le calepin. Je me suis mise à dessiner. Je pourrais toujours colorier plus tard. Il me suffisait d'inscrire les initiales de chaque couleur, ou leur abréviation : r. rouille, citr. vert, absinthe/or, bl. nuit et gris/vert. Là, la chaîne formée par la colonne vertébrale blanchie d'une bête colossale, plus loin un crâne, ici l'arabesque tracée par la côte minuscule d'un animal de plus petite taille, dissimulée parmi des pavots d'Islande couleur safran.

Dans le Grand Nord, les choses restent immuables pendant de si longues périodes que chacun des débris d'ordinaire écartés dans le Sud, je commençais à le voir, s'y transforme en témoignage tangible, en un mot formé d'os, de métal, enfin de tout ce qui résiste aux vents d'été, aux hivers interminables. Il suffit de poser les pieds dans l'Arctique pour y lire une multitude d'histoires, toutes visibles en même temps dans un présent qui ne connaît pas de frontières.

Ces os, ces fragments, je pensais qu'ils témoignaient du passé. Mais, en gravissant le talus, je me suis rendu compte qu'une horde de bœufs musqués gigantesques et pelucheux m'attendait au sommet de la crête. Ils me regardaient, immobiles, formant de leurs corps blottis l'un contre l'autre une montagne couverte d'yeux chauds et mélancoliques, tandis que leur toison, draperie en lambeaux, se détachait en cascade contre le ciel.

Les lichens, les herbes, les bourgeons dont se nourrissaient ces bêtes énormes étaient si minuscules que l'équation semblait impossible. Ces animaux étaient parfaitement indifférents à la quête, tout humaine, qui était la nôtre en ces lieux. La GRC, les exercices militaires, rien de tout cela ne les touchait. Mais était-ce réellement le cas ? L'une des tâches incombant à la GRC dans l'Extrême-Arctique consistait, selon Alan Marcus, à faire respecter par les Inuits les règlements sur le gibier, qui leur interdisaient de chasser le bœuf musqué. Mises en place durant les années 1920 pour empêcher les Inuits du Groenland de venir chasser sur les territoires revendiqués par le Canada, ces mesures ne faisaient qu'aggraver l'existence de famine et de privations de ceux qui subissaient les expériences de relocalisation forcée du gouvernement.

Je faisais maintenant face aux bœufs musqués bien vivants qui m'entouraient. Comme ils me semblaient archaïques, comme ils touchaient mon cœur avec leur aplomb imperturbable, plantés là-haut sur cette crête rocheuse qui n'appartenait ni à *nous*, ni à quelque gouvernement que ce soit, mais bien à eux et à leurs ancêtres dont les os jonchaient le paysage, nimbés d'une gloire lumineuse. Quelle docilité, quelle patience d'attendre ainsi que ces herbes, ces fleurs miniatures, poussent et se transforment en nourriture.

Une partie de moi était consciente de l'incroyable force latente de la horde qui nous observait patiemment. Je n'avais pas besoin qu'ils s'élancent au bas du talus pour entendre résonner le tonnerre de leurs sabots : cela semblait faire partie de l'instinct de l'humanité que de connaître d'avance le son qu'ils produiraient, de savoir qu'il n'y aurait plus rien à faire une fois que la horde aurait opté pour la ruée. À Brixton, pendant les années 1980, perdue au milieu d'une multitude de punks britanniques, j'assistais à un concert quand la foule avait reflué ; j'avais sombré, clouée dans la boue par des milliers de bottes. Venue du ciel à la recherche de la mienne, une main m'avait soulevée. Elle appartenait à un inconnu qui arborait une crête violette, des chaînes et du cuir. Je lui ai demandé pourquoi il s'était donné la peine de venir à mon secours.

— C'est le dernier jour de ma vie de punk.
— Pourquoi?
— Demain, je commence à travailler. En sortant du concert, j'irai me faire couper les cheveux et, dans vingt-quatre heures, portant veston et cravate, je serai assis derrière un bureau.

Il en pleurait presque.

Mais il n'était pas avec moi dans la toundra. Le trou-

174

peau était immobile. Je le sentais instinctivement : ce sont des herbivores, la viande que j'ai sur les os ne les intéresse pas. Quand ils chargent, c'est pour se protéger, eux ou leurs petits. Ils habitent ici depuis des milliers d'années, ce sont essentiellement des êtres sages et doux. Leurs corps, leur façon de se tenir ensemble, ce que disaient leurs immenses yeux sagaces, tout cela se combinait pour me signifier de ne pas avoir peur, de les respecter, de m'éloigner sans briser leur confiance.

Ce n'était pas la première fois que l'instinct me parlait, au milieu d'une étendue sauvage ou ailleurs. Un jour où j'étais allée cueillir des baies sur une haute colline à Terre-Neuve, j'avais posé Esther dans les buissons, alors nouveau-née, me disant qu'elle attendrait, enveloppée dans sa doudou, que j'aie fini de remplir mon seau. Mais à l'instant où je m'étais retournée pour continuer ma cueillette, j'avais reçu, tel un pincement aigu, un message que j'avais instinctivement décodé comme une menace venant d'un aigle. Je ne l'avais pas vu, mais je savais qu'il était là ; qu'il avait repéré mon bébé, qu'il pouvait l'emporter sans difficulté vers son repaire dans la falaise, la fracasser sur un rocher, lui arracher les yeux, dévorer sa chair. Inaudible mais entendu, l'avertissement battait dans tout mon corps. Plus tard, doutant qu'un aigle puisse emporter un bébé, j'étais allée éplucher les vieux journaux dans les archives pour voir si je trouverais un cas semblable et, effectivement, une famille s'était fait enlever son enfant par un aigle près d'un siècle auparavant sur cette même colline, dans ces mêmes buissons. À mes yeux, le temps ne compte pas beaucoup dans ce genre d'histoire.

C'est alors, à Dundas Harbour, devant ces bœufs

musqués, bien vivants parmi les ossements épars de leurs ancêtres, que j'ai entendu la terre me parler plus fort que dans les villes. Mon instinct animal occupait le premier plan de mon être. Il n'était pas moins complexe ou moins intelligent que mes pensées habituelles, qui s'expriment à travers le langage, mais il ne savait pas les mêmes choses : plus profondes, plus anciennes, mieux ancrées dans mon corps et, de manière palpable, reliées aux autres corps présents dans la toundra, à la horde même, le sol servant de conducteur, de transmetteur. Moi qui supportais à grand-peine l'isolement des habitations humaines de la GRC en contrebas, ici, avec les animaux et les plantes de la toundra, je ne ressentais pas la moindre solitude.

Cette nuit-là, à bord de notre navire, j'ai vu que la carte nous situait maintenant au nord de l'île de Baffin, qui porte le nom de Meta Incognita. C'est Élisabeth Ire qui l'avait baptisée ainsi à la suite de sa découverte par Martin Frobisher, envoyé bien avant Franklin chercher de l'or dans l'Arctique. Le mot latin évoque un lieu bien au-delà des limites du connu, une de ces régions inexplorées auxquelles aspire l'humanité au sens philosophique du terme. Il masque ainsi l'avarice derrière la beauté, derrière un nom sonore évoquant une vision idéale du monde. Meta Incognita laissait entendre que l'État poursuivait une noble visée en explorant le Nord, qui n'avait rien à voir avec la soif de l'or. Tant que le toponyme Meta Incognita figurera sur les cartes du Canada persistera l'idée romantique d'un Nord inaccessible, en dépit des efforts redoublés du gouvernement pour y établir sa souveraineté.

Après avoir été témoin de la présence militaire du Canada aux alentours de Mittimatalik, de Dundas Harbour ou ailleurs sur notre itinéraire, je commençais à la trouver indissociable des initiatives du passé dont on voilait les véritables motivations derrière des récits plus susceptibles de plaire au public. Le Canada venait d'amorcer un grand battage publicitaire autour de la recherche des épaves de Franklin, pour laquelle on utilisait la même technologie que pour sonder le fond de l'océan Arctique afin de recueillir des informations utiles pour les consortiums pétroliers, pour l'industrie minière et pour la défense. Mais c'est l'histoire de Franklin, avec tout son aspect romanesque, qui faisait la une des journaux.

J'en venais moi-même à remettre en question mon attirance pour le Nord. La mystérieuse puissance de la terre, était-ce un phénomène réel ? Ma perception n'était-elle que nostalgie sentimentale de l'époque de Franklin ? De quel droit restais-je accrochée à l'image mensongère d'anciens rois, de nouveaux seigneurs, qui sert à justifier des siècles de maraude sous le manteau de l'éternelle quête héroïque ? Mon passage sur ce vaisseau me plaçait au cœur de cette interrogation. Même si leurs intentions étaient irréprochables, les passagers pouvaient-ils vraiment se dissocier de ces histoires d'invasion, de privilège, de violation de territoire ?

J'étais cependant très émue – nous l'étions tous – de faire partie des rares gens du Sud à n'avoir jamais mis les pieds dans ce que nous appelons le Grand Nord. L'impression de franchir une limite, de toucher à notre *meta incognita,* frappait toujours notre conscience. Contrairement à Bernadette Dean ou à Aaju Peter, dont le peuple habitait le Nord bien avant la venue des explorateurs anglais aux culottes trop légères, aux navires égarés, aux sépultures solitaires. C'était si étrange de vivre l'expérience de « franchir la limite du connu » au moment où l'on constatait que ce concept n'était qu'un rêve. Même le mot *Nord* commençait à se vider de sa substance : une fois qu'on s'y trouvait, ce territoire se transformait en autre chose, impossible à nommer, se suffisant à soi-même.

Nous, voyageurs, n'étions que la somme de nos rêves, de nos imaginaires. Le territoire agissait sur nous, proposant de nouveaux sens d'heure en heure. La mutabilité marquait de son sceau notre passage à travers la toundra, le roc, la glace, formes solides se mouvant de connivence comme la pensée, comme l'eau.

CHAPITRE DOUZE

Le jardin blanc

Tandis que nous quittions Dundas Harbour en direction de l'endroit que les explorateurs britanniques avaient baptisé l'île Beechey, la mythologie à laquelle je me sentais participer m'inspirait un malaise grandissant. Le nom même du passage du Nord-Ouest appartient au code des appellations coloniales : Bernadette Dean avait laissé entendre qu'elle trouvait ce terme un peu ridicule, pour ne pas dire insultant, belliqueux même. Parmi les habitants du Nord, personne, disait-elle, n'appelle cette région ainsi ; les seuls à le faire étant ceux qui la considèrent du point de vue de la rentabilité.

En m'embarquant pour ce voyage, j'avais tacitement épousé ce point de vue colonialiste. Dis-moi comment tu nommes quelque chose et je te dirai qui tu es. Ce territoire, au « nord-ouest » de quoi était-il situé ? À qui servait-il de passage ? À l'Angleterre, à la reine Victoria, à John Franklin, à John Rae et à tous les autres John portant culottes de golf ou de cheval, voyageant en compagnie de leurs chiens de chasse et de leurs pianos-forte ? Ce qui est sûr, c'est qu'il se situe au nord-ouest par rapport au sud-ouest de l'Angleterre, où le célèbre jardin blanc de Vita Sackville-West éclot dans la nuit, opalescent, enraciné dans la structure de classes de la société britannique, envahi par la poésie et les cultivars de roses ou de tilleuls. Et ce « passage » : pourquoi passer à travers un territoire avec une attitude de conquête et de mépris ? Pourquoi ne pas y demeurer, apprendre à le connaître, à l'écouter ? Que se passerait-il si nous n'étions pas constamment en route vers ailleurs ?

Au cours de ce voyage, j'avais commencé à adopter un point de vue différent de celui que j'avais hérité de mes ancêtres et de mon éducation eurocentrique. Bernadette Dean et Aaju Peter s'en étaient chargées, en plus du territoire qui me parlait également de son point de vue. Je ne voulais plus l'appeler passage du Nord-Ouest mais toundra, pays des aurores boréales, côtes du Nunavut ou tout autre nom de son cru. Mieux encore, qu'on ne lui donne pas de nom du tout. La notion de passage du Nord-Ouest impliquait un rapport entre la corporalité de cette terre et la mienne qui me serrait le cœur. « Elle », cette étendue inviolable, restait voilée de mystère, protégée par la glace, par l'obscurité et par une alternance des jours et des nuits si indéchiffrable que Franklin et ses hommes avaient péri dans leur tentative de la prendre de force. Honte et sujétion submergent les territoires conquis : la terre, les êtres humains, les animaux, les plantes ont beau demander : « Qui nous foule aux pieds ? Qui nous envahit ? », on leur fait croire qu'ils s'imaginent des histoires.

Qu'emportait John Franklin à bord de son vaisseau perdu ? Du chocolat, des bougies, les plus beaux objets qu'offrait son époque. Des appareils scientifiques en prévision d'expériences botaniques et géologiques. Une bibliothèque de mille titres et un orgue de Barbarie. Il n'avait renoncé à aucun des agréments de sa culture.

Quand j'étais allée en Angleterre avec ma mère, quelques années auparavant, elle avait émis le vœu de visiter sa ville natale, une station balnéaire du nord-est, et moi le jardin blanc aménagé par Vita Sackville-West au château de Sissinghurst. À South Shields, où était née ma mère, nous étions descendues dans un *bed and breakfast* où, chaque matin, les employés flanquaient sans cérémonie des œufs, des haricots et des saucisses dans nos assiettes et ne se gênaient pas pour faire du bruit pendant que nous buvions notre café dans la cuisinette, manifestement impatients de terminer leur journée. Ma mère semblait tout à fait à l'aise dans cette atmosphère, comme elle l'était au champ de foire ou au restaurant du coin, qui servait du *fish and chips* ou du curry pour emporter. C'est quand nous nous sommes installées dans l'une des sept chambres d'hôtes de l'ancienne maison du jardinier de Sissinghurst qu'elle a déchanté.

J'aimais bien le vieux couple qui veillait sur cet endroit. Ils avaient un labrador noir qui répandait en permanence une odeur de chien mouillé dans la maison. Comme il pleuvait, ils avaient accepté avec reconnaissance que je m'occupe de le promener dans les jardins, à l'abri de leur gigantesque parapluie noir. Quintessence d'une certaine splendeur défraîchie, notre chambre possédait une vieille baignoire sur pattes, des appuie-têtes de fine dentelle, et le petit déjeuner était délicieux : marmelade maison, pain grillé servi sur un plateau d'argent, bien au chaud sous une serviette ; œufs à la coque, hareng, fromages et fruits ; scones et beurre frais ; café et thé bouillant à pleines théières. Il n'y avait là rien de prétentieux ; tout dégageait une impression de tranquillité, de silence, d'espace. J'aurais pu m'établir là à demeure, y passer le reste de mes jours à écrire, à lire, m'interrompant pour siroter une tasse de thé ; mais en voyant ma mère tout juger, impatiente de s'en aller, j'avais deviné que l'inconfort qui lui tournait les sangs provenait d'une tension intérieure, que ce qui la rongeait était enraciné dans le Vieux Continent.

Je n'en étais pas à une contradiction près : à mon aise dans les jardins du château, heureuse de dîner de minces tartines de pain grillé aux confitures de mûres à l'anglaise, qui conservaient le parfum acidulé des fruits sur la branche. J'aimais le chien mouillé et son odeur, lui qui, impeccablement dressé pour la chasse, prenait tendrement dans ses mâchoires le canard abattu par son maître, sans jamais entamer la chair de ses crocs tremblants. J'adorais le grand parapluie noir sur lequel tombait un crachin civilisé, bien différent de la pluie battante et verglaçante qui s'abattait sur Terre-Neuve. En Grande-Bretagne, particulièrement dans le sud, je me sentais chez moi, protégée. Malgré cela, j'entendais moi aussi l'appel de la nature sauvage qui avait attiré mon père. Peu m'importait l'histoire des colons irlandais, anglais ou écossais qui avaient précédé ma famille au Nouveau Monde. Ce qui m'intéressait, c'est ce qu'ils étaient venus y chercher : les vastes étendues mystiques, le Nord magnétique, un espace baigné de possibilités, illuminé d'aurores boréales.

Tout autour du château et de la maison du jardinier s'étendaient, entourés de murs, les jardins de Vita et de son mari, Harold Nicolson, dont l'union peu orthodoxe se reflétait dans les contorsions des haies, des tilleuls et des rosiers; mais ce que je voulais voir, c'était le célèbre jardin blanc où Vita avait planté diverses nuances de neige et de crème, de vert pâle et de gris. Tous les étés, sans exception, quand la couleur et la fertilité atteignaient leur apogée, je sombrais dans la torpeur; j'étais donc séduite par l'idée de rafraîchir dans la blancheur l'ardeur de la saison chaude. Après avoir déjeuné somptueusement, nous avons marché, ma mère et moi, jusqu'à un cabanon rappelant une ancienne cabine téléphonique, qui me faisait penser à ce à quoi aurait pu ressembler le TARDIS du Dr Who s'il s'était posé devant le Crystal Palace de Londres durant l'Exposition universelle de 1851. Un parfait petit monsieur était assis à l'intérieur, vêtu d'un uniforme aux boutons étincelants; c'était à lui que nous devions acheter les billets qui nous permettraient de visiter le jardin. Il était tellement comme il faut, il tenait si dignement son rôle que cela m'a coupé le souffle quand, alors que je tournais les talons, il m'a appelée :

— Pardon, m'dame?

Je savais que, en Angleterre, c'était ainsi qu'on s'adressait à la reine au lieu de l'appeler plus familièrement « Madame ». Toutes les rampes d'escalier que j'avais descendues sur les fesses dans ma vie se sont volatilisées. Britannique jusqu'au bout des doigts, il savait, contrairement aux hommes du Nouveau Monde, comment on interpelle une dame qui s'apprête à entrer dans un jardin blanc après avoir dégusté du hareng fumé. Notre premier ministre terre-neuvien aurait eu des leçons à recevoir de lui, comme l'illustrait une récente visite de Sa Majesté à St. John's, durant laquelle, voulant aider la reine à gravir un escalier, il avait commis l'inexcusable impair de plaquer sa main sur son manteau pour soutenir le royal arrière-train. J'en avais eu le souffle coupé. On en avait parlé dans les journaux. En temps normal, lorsqu'un homme m'apostrophe, qu'il se trouve ou non derrière un guichet, je l'ignore ainsi que me l'a appris ma mère. À Corner Brook, un jour où elle descendait Valley Road, un de mes frères l'avait aperçue de loin. Comme elle ne l'avait pas vu, il l'avait sifflée, ce qui lui avait valu un sermon selon lequel un homme ne doit jamais faire subir une telle ignominie à une femme, en aucune circonstance. Elle se demandait comment elle avait pu élever un fils qui ne soit pas imprégné de ce principe jusqu'à la moelle, sans qu'on soit obligé de lui faire la leçon.

— M'dame?

Oserais-je me retourner pour voir ce que me voulait l'homme du TARDIS? Ma mère n'était pas loin. Elle risquait d'accourir et de lui donner un bon coup sur la tête.

— Oui?

Risquant d'être pourfendu par les anges, il s'est penché humblement. Il a tourné les yeux vers le ciel, au nord et au sud, tout rouge.

— M'dame, je voulais seulement, si je puis me permettre… quand vous avez pris votre billet, j'ai remarqué…

J'ai regardé par terre; j'avais peut-être laissé tomber de l'argent.

— C'est que vous avez un si joli sourire. Je vous demande bien pardon, j'espère ne pas vous avoir importunée.

Puis il a disparu derrière son guichet comme une

souris effrayée. Le compliment du souriceau m'a escortée jusqu'au jardin blanc où j'ai pu admirer, sous des arches de briques, le *Dianthus* et la *Stachys lanata,* l'iris de neige et les pivoines à fleurs de lait, l'*Onopordum* et la *Malva moschata.* Le jardin de Vita Sackville-West baignait dans la tranquillité, qualité qui m'est chère et que je n'aurais pas voulu voir violer.

Maintenant que vous faisiez route dans le Nord, avec sa vaste tranquillité, je n'avais pas le moindre désir d'y pénétrer brutalement : cela, des hommes l'avaient déjà fait. Mon but n'était pas de coloniser cette étendue de terre ni de la subjuguer. Mais était-ce bien vrai ?

La région que nous traversions se composait en fait d'au moins deux terres : celle dont rêvaient mes ancêtres européens, qui l'avaient affublée de ce nom ridicule, et une autre, inconnue des colonisateurs, celle qui avait englouti Franklin et qui nourrissait aujourd'hui les bœufs musqués, le lichen et les êtres humains qu'elle choisissait d'aimer. Nous nous apprêtions à débarquer sur l'île Beechey avec nos gros sabots, munis d'appareils issus de la même culture que ceux qu'emportait Franklin sur son vaisseau perdu, habités de convictions elles aussi très semblables à celles qui l'animaient. J'étais porteuse de la folie coloniale dont héritent les Britanniques, qu'ils le veuillent ou non, et je ne voyais pas comment y échapper.

Ma mère m'avait raconté que sa mère à elle, dont le père était armateur, s'était vu déshériter après avoir épousé mon grand-père, homme sans instruction, sans fortune, sans métier, qui avait dix ans de moins qu'elle. Je me souviens d'être entrée dans un magasin où il travaillait : il y avait des numéros de maisons en métal accrochés à un carrousel et une machine à fraiser les clés. Je savais qu'il se retrouvait périodiquement au chômage. Quand ma mère était petite, sa mère lui remettait régulièrement un message en lui disant de courir à l'autre bout de la ville chez tante Hilda, qui la renvoyait avec le pli dans lequel, après l'avoir lu, elle avait enveloppé une demi-couronne. Noircie par une bombe incendiaire pendant la guerre, la table de la salle à manger n'avait jamais été réparée ensuite, jusqu'au jour où ma mère avait quitté la maison pour se marier. Mais le couvert y était mis en permanence avec le service de vaisselle et le plateau à thé en argent qui, aujourd'hui en ma possession, ressemblent bien davantage à celui qu'on trouve dans la maison du jardinier du château de Vita que dans la cuisinette prolétaire de notre auberge de South Shields.

Le père de ma mère ne sortait pas sans son chapeau melon et parlait de lui-même à la troisième personne : « Ton grand-papa ne s'est pas fait attribuer l'un des jolis appartements neufs qui donnent sur les ruines romaines, mais on l'a mis sur une liste d'attente pour un logement ordinaire, franchement, tu imagines un peu? Ton grand-papa sur une liste d'attente? »

Enfant, je savais déjà que bien des gens étaient inscrits sur des listes d'attente et je me demandais pourquoi mon grand-papa aurait dû en être exempté, mais il ne voyait pas les choses de cette façon. Ma mère m'avait confié qu'à son retour de la guerre, il lui avait offert une bague en lui racontant qu'il l'avait trouvée dans les jardins du palais de Buckingham.

« Je n'en avais jamais douté, avait-elle poursuivi. J'étais petite. Le palais de Buckingham! Je l'avais cru. Puis, un jour, devenue vieille, je veux dire que je devais avoir dans les vingt ans, enfin, au moins dix-huit ou dix-neuf, j'ai raconté par hasard à une de mes amies que mon père avait, tu sais, trouvé cette bague dans les jardins du palais, et puis, eh bien, je devais être tellement naïve, mais c'était comme ça. Et quand mon amie m'avait répondu que c'était impossible, grotesque, qu'on ne trouve jamais des bagues, comme ça, au palais de Buckingham, j'ai… » Ma mère n'avait pas terminé sa phrase, et j'avais observé à quel point cette histoire l'affectait encore, maintenant que son père était disparu depuis longtemps, qu'elle vivait au Canada avec son mari, qu'ils avaient des enfants et même des petits-enfants.

Cette tension m'avait accompagnée à Terre-Neuve, où il n'y avait pas de palais, avec ou sans jardins jonchés de bagues. Maman me demande régulièrement si j'ai toujours le service à thé en argent de sa mère, comme si elle redoutait qu'un gène barbare me pousse à m'en débarrasser. L'une de nos activités favorites, à ma mère et à moi, c'est de chiner chez les brocanteurs pour dénicher des bijoux fantaisie en argent sterling, repérer les assiettes anglaises peintes à la main et bordées d'or à vingt-deux carats ou mettre la main sur des tricots en mérinos d'Italie ou des chemises de la soie la plus fine, comme dans les chansons d'autrefois. Pour quelques sous, nous rentrons à la maison avec ces trésors dont nous nous servons comme si ma mère n'avait jamais été déshéritée ; comme si, ni l'une ni l'autre, nous n'avions jamais connu le moindre souci financier.

— L'argent, m'a déclaré ma mère comme elle le fait quand personne ne risque de l'entendre, c'est le pouvoir.

— Du côté de ta mère, m'a confié mon père, il y avait quelques snobs.

Son père à lui avait connu les feux de la rampe au théâtre. Boxeur, il avait reçu tant de coups au visage qu'il racontait à tout le monde qu'il arrêtait les autobus avec son nez. Ma grand-mère paternelle, qui lisait dans les cartes et les feuilles de thé, gagnait de l'argent en révélant à ses voisines laquelle allait rencontrer un beau ténébreux, se retrouver bientôt enceinte de jumeaux ou recevoir cinq pièces de monnaie dans une lettre venue de loin. J'éprouvais pour ma grand-mère diseuse de bonne aventure une affection que ma mère ne partageait guère.

— Dans la maison, m'inculquait cette dernière, on n'élève pas la voix pour s'adresser à quelqu'un qui est dans la pièce voisine. On ne crie pas à la fenêtre pour attirer l'attention d'un membre de la famille qui passe dans la rue. On ne laisse pas entrer le chien dans la maison quand il pleut et qu'il a de la boue plein les pattes.

Les commandements ne manquaient pas : on ne se plaignait jamais d'avoir mal où que ce soit ni d'avoir des cors aux pieds, encore moins de fonctions corporelles inavouables. On tournait également le dos aux superstitions de toute nature ; on ne lisait pas dans un valet de pique l'apparition imminente d'un inconnu au teint mat, une visite du facteur ou un coup frappé à la porte par la Faucheuse. On ne portait pas sur son chapeau une grosse broche en strass, et au grand jamais de perruque ni de fausses dents, pas plus qu'on n'allait tous les samedis réapprovisionner son diabète chez Woolworths à grand renfort de bonbons au citron. On n'attrapait pas de bronchite chronique, on ne faisait pas fondre des bougies pour leur donner la forme de ses ennemis, on ne leur donnait pas de noms et on ne les conservait sous aucun prétexte dans le garde-manger avec des aiguilles piquées dedans.

Principes, du moins, que ma mère s'efforçait non seulement de suivre, mais de me transmettre avec zèle. Or, la femme que je suis devenue a ramassé une quantité de faux brillants qui aurait fait la fierté de ma grand-mère. Je garde un jeu de tarot dans la pièce où j'écris et, si je ne fabrique pas d'effigies de cire, si je ne jette pas de sorts à mes ennemis, c'est parce que je choisis de ne pas déchaîner les Furies. Dans une des lettres sur papier fin qu'elle m'a envoyées par courrier aérien, ma grand-mère écrivait :

« Je vais bientôt toucher ma pension de vieillesse. Je pourrai enfin monter gratuitement dans les autobus. J'irai partout. Morpeth, Shields, Gateshead. Je voyagerai comme une reine. Bon, il faut que je te quitte, les rôtis de porc sont en vente chez le boucher. Ça coûte les yeux de la tête. Mais on ne vit qu'une fois. Affectueusement, Grand-maman. »

J'avais commencé à m'intéresser à la façon dont le statut social ou économique découpe le territoire, intriguée par les portes qui donnent sur certains univers ou en défendaient l'accès, surtout celles qui se dérobent ou réapparaissent selon qui les cherche ou non. Je pressentais que la vie d'artiste serait une bonne façon de faire apparaître ces portes. Je connais une artiste qui, grâce à son talent, bien qu'elle se nourrisse de pommes et de pain rassis, reçoit chaque année une invitation à la garden-party du lieutenant-gouverneur. Après s'être drapée dans une nappe rose retenue sur l'épaule par une broche de diamants qu'elle a héritée de la grande-tante d'un vieil amant, elle part se remplir la panse du caviar de Son Honneur.

À l'approche de l'île Beechey, je restais à l'affût des portes, visibles et invisibles. J'en avais vu dans la cale, là où les membres de notre équipage philippin partageaient des cabines spartiates. Tous les jours, à quatre heures, Mariana – elle m'avait écrit son nom sur une carte – faisait mon lit, après quoi elle déposait un chocolat sur mon oreiller. Au dîner, si la houle envoyait valser les salières sur les tables, nos serveurs brandissaient bien haut assiettes de fruits et cafetières, oscillant comme des balançoires. En plus du premier chef, du chef boulanger et du chef pâtissier, il y en avait trois autres chargés respectivement du poisson, des desserts et du petit déjeuner. Après un dîner en particulier, ils ont fait leur entrée, accompagnés de leurs assistants, portant sur la tête des bombes glacées sculptées en forme d'icebergs qu'ils ont distribuées en zigzaguant entre les tables, pour enfin recevoir nos applaudissements avec modestie. Il arrivait que des passagers lisent le nom des membres de l'équipage sur l'insigne qu'ils portaient, après quoi ils s'adressaient à eux d'un ton familier, tandis que d'autres ignoraient tout simplement les serveurs : les plats atterrissaient devant eux par l'opération du Saint-Esprit. Que devais-je penser de ma présence à bord de ce navire ? Je me le demandais en me rappelant mes deux grands-mères, dont l'une aurait su qu'il ne fallait pas mettre tout entière dans sa bouche sa cuiller de soupe à la tortue, tandis que l'autre aurait pu être cette femme qui frottait le plancher, le souffle court, n'attendant que le sommeil des hôtes payants pour étaler de l'onguent sur ses durillons.

CHAPITRE TREIZE

L'île Beechey

L'île Beechey est le coin de terre le plus morne et le plus désolé que j'aie vu de ma vie. Couvert d'éboulis calcaires, son rivage sans relief étire un gris monotone, émergeant à peine de l'eau, jusqu'à un abrupt soulèvement rocheux qui met fin à la plage. Les stèles funéraires de John Torrington, John Hartnell et William Braine, tous membres de l'équipage de Franklin, se dressent, un peu inclinées, parmi la pierraille. Les pierres tombales de ces trois hommes, qui furent les premiers à périr pendant l'expédition perdue, font partie des témoignages les plus emblématiques, les plus poignants de l'épopée européenne en Arctique. Elles marquent la fin d'un chapitre, c'est le lieu où sombrèrent les espoirs de Franklin et de toute l'Angleterre. Ni fleurs ni buissons : même le lichen est réduit à sa plus simple expression sur cette plage qui n'en est pas une, mais bien un désert. Atmosphère funeste embaumée par le temps.

Les rouges, les jaunes, les bleus criards de nos anoraks détonaient, tandis que nous faisions le tour des sépultures, craignant d'être absorbés par le sol. J'ai entendu Nathan s'adresser à un passager :

— Ne marchez pas là, s'il vous plaît. Ces pierres, nous devons tous nous rappeler qu'il s'agit de tombes bien réelles, et je vous demande respectueusement… il faut s'abstenir de poser le pied dessus, c'est très important. Ces dépouilles sont sacrées.

Cherchant à m'éloigner des tombes, je suis partie en direction du rivage où je discernais au moins un peu de mouvement, un peu de bruit, ne serait-ce que le friselis de l'eau sur les galets. De l'intérieur du périmètre gardé par les fusils, quelqu'un a crié : le talkie-walkie de l'un des responsables de l'expédition crachotait avec urgence. Mais de quoi s'agissait-il ? Le roc et l'espace immense avalaient les paroles exactes ; les gens se sont mis à murmurer jusqu'à ce que la nouvelle me parvienne, à l'instant où j'apercevais – au bout de l'île – un ours polaire.

— Remontez dans les zodiacs, nous a ordonné un assistant. Je vous en prie, ne vous imaginez pas que vous pouvez vous attarder pour observer l'ours. Retournez immédiatement sur la plage d'où les zodiacs vous ramèneront au bateau.

Malgré son calme, je savais qu'il nous parlait depuis un lieu où l'on ne peut penser qu'à la mort imminente, que ce soit la sienne propre ou celle d'êtres dont on a la charge. La moyenne d'âge de notre groupe s'établissait autour de soixante-dix ans ; plusieurs d'entre nous, bien que globe-trotters, voyageaient accompagnés de cannes télescopiques ou de restrictions alimentaires. L'un d'entre nous était aveugle, sans compter Motoko qui avait besoin de béquilles depuis sa chute au Groenland. Tous ensemble, notre bande de pèlerins avait déboursé plus d'un million de dollars pour se retrouver nez à nez avec un ours polaire qui, tache beige sur l'horizon une minute plus tôt, s'était maintenant suffisamment rapproché pour que notre biologiste nous lance :

— C'est un mâle… et il a faim.

Les gens commençaient à grimper dans les canots pneumatiques qui dansaient sur l'eau. Notre bateau nous attendait à une distance telle que je me suis mise à calculer combien de fois les zodiacs devraient faire l'aller-retour et à me demander si nous aurions assez de temps. Je me situais entre les deux groupes, ceux qui désiraient fuir l'île et ceux qui prenaient le risque de traîner un peu pour observer l'ours de plus près. J'ai vu Aaju Peter s'agenouiller sur les rochers avec son fusil. Elle regardait l'animal droit dans les yeux. Sur le rivage, les passagers se bousculaient dans leur hâte de profiter du deuxième départ des hors-bord. Je savais qu'il ne fallait pas lambiner, mais j'étais fascinée par la posture d'Aaju, sa force, son intensité, son sérieux catégorique. Que disait-elle à cet ours ?

Dans les zodiacs de la troisième vague, les photographes s'attardaient le plus près possible du rivage et brandissaient leurs objectifs énormes sur fond de roches, de lichen et de nuages de vapeur que formait leur haleine. Mais comme les couleurs de nos anoraks juraient ! Ils faisaient partie des accessoires que je faisais tout pour ne pas voir. Sauf que, sans eux – sans les canots pneumatiques, sans les responsables de notre expédition, sans leurs armes –, nous n'aurions jamais abouti là, et même si nous étions parvenus à nous passer d'eux pour y arriver, nous aurions péri, engloutis, gelés ou submergés bien avant d'avoir vu l'ours. Nous serions morts d'inanition, si les forces qui avaient semé ces ossements tout autour ne nous avaient pas d'abord arraché la chair des os.

Je me suis aperçue qu'Aaju chantonnait. Notre périmètre de sécurité avait pour but de permettre à l'équipe d'abattre un prédateur en cas de besoin. Personne d'entre nous n'aurait cru que nous nous serions un jour trouvés si près de faire une telle chose. J'ai tendu l'oreille pour percevoir ce que chantait Aaju à l'ours qui, en quelques minutes, avait parcouru près de deux kilomètres et se trouvait à moins de mille mètres de nous. C'était un chant inuit que mon corps a entendu et compris, ce qu'elle confirmerait plus tard, quand je l'ai interrogée à ce sujet.

— Ma chanson, m'a-t-elle expliqué, signifiait à l'ours qu'il ne devait pas avoir peur. Je l'ai assuré que nous avions l'intention de le laisser tranquille sur son île, seul avec les tombes.

Tandis qu'elle chantait, je priais pour qu'il ne soit pas nécessaire de tirer. De quel droit aurions-nous tué un animal qui ne dérangeait personne sur cette île solitaire, loin de tous les hommes blancs à l'exception des morts de l'expédition Franklin et de notre troupe d'envahisseurs? La dernière chose que nous aurions voulu, c'eût été de mettre fin à sa majestueuse existence.

Inébranlable, Aaju poursuivait sa chanson. Pendant ce temps, j'observais l'ours dont la magnificence m'emplissait d'une sorte de désespoir. Si nous étions obligés de l'abattre, cela reviendrait à troquer sa vie contre la nôtre, alors qu'il n'avait rien fait pour nous inviter ici ni pour menacer qui que ce soit. C'était nous qui empiétions sur son territoire. Encore une fois, de quel droit ? Je sentais le poids de cette vie énorme, sa force se répandre et confluer avec la mienne. Sa dignité m'emplissait d'une émotion que je n'avais jamais ressentie auparavant et que je n'aurais pu nommer.

Cette nuit-là, au bar-salon, Nathan a joué pour nous. Tout le monde était encore chamboulé par l'ours, et entre deux chansons, on ne parlait que de lui.

— Il était plutôt maigre.

— Non, il était relativement bien nourri.

— Quelqu'un sait quel âge il avait ?

— Pierre m'a dit qu'il devait avoir trois ans, peut-être quatre.

— À combien de mètres diriez-vous qu'il s'est approché de nous ?

— J'ai entendu le chef de l'expédition s'écrier que ni lui ni aucun membre de l'équipage n'avaient jamais vu un ours polaire d'aussi près sur terre. Mon mari m'a dit que si nous avions mis trois minutes de plus pour quitter l'île…

Vers la fin de son récital, Nathan m'a surprise comme je m'écartais du groupe, m'apprêtant à m'enfuir vers ma cabine. Il est venu me voir après avoir terminé sa chanson.

— Salut. Ça ne va pas ?

J'avais du mal à retenir mes larmes.

— C'est l'ours ?

J'ai hoché la tête.

— Il vous a beaucoup affectée.

— Je n'arrête pas d'y penser.

— Je vois bien.

— Pas à des détails comme son poids, son âge ou à quelle distance il s'est approché de nous. Je pense à sa vie dans cette île quand il n'y a personne.

— Je sais.

CHAPITRE QUATORZE

Sur les pas de Franklin

J'ai consulté la feuille de route glissée, comme tous les matins, sous la porte de notre cabine avant le réveil. Le programme de ce dimanche, le neuvième jour, prévoyait que nous franchirions l'inlet du Prince-Régent jusqu'au détroit de Bellot, premier point de rencontre des eaux du Pacifique et de celles de l'Atlantique au nord de la Terre de Feu, qui symbolise en grande partie ce que représente le passage du Nord-Ouest aux yeux des Européens : sur les cartes, ce n'est qu'un trait fin resté inaperçu pendant des siècles. Inconnu en Europe, il n'a été découvert qu'en 1851 par un commerçant de fourrures dont la mère était crie, William Kennedy, qui avait pris la tête de l'expédition lancée par Jane Franklin à la recherche de son mari.

Allongée sur ma couchette, je repensais à l'ours et aux régions que nous avions traversées jusqu'ici. Je savais que le pergélisol avait préservé les sépultures de John Torrington, John Hartnell et William Braine, enterrés dans l'île Beechey par Franklin en 1846. J'avais vu en photo les rictus d'agonie des trois hommes, et je ne pensais jamais à eux, comme à cet instant précis, sans un frisson d'horreur. Avant leur exhumation en 1984 par l'anthropologue Owen Beattie, leurs visages momifiés demeuraient à l'état d'idées, abstraits, fantomatiques. Maintenant que j'avais vu et les photos et les tombes, moi qui serais un jour cadavre, j'espérais ne jamais subir cet état de désolation glacée.

Je revivais notre marche dans la toundra : les bœufs musqués, l'ours et les miraculeuses plantes microscopiques de l'Arctique. Je revoyais le ciel immense, un jour pommelé de nuages, limpide le lendemain, palpitant toute la nuit du rayonnement bleu du Nord. Il m'était arrivé quelque chose, un nouvel échange entre mon corps et le sol, qui avait commencé à Mittimatalik pour s'intensifier dans l'île Beechey. Les animaux, la terre, l'air qui les entourait s'étaient mis à me transmettre quelque chose de neuf. Même à l'extrême nord du Sud, c'est surtout à des choses détachées de leur état brut que nous attribuons du sens. Nous plaquons signe par-dessus signe avec nos cartes routières, nos noms de rues, notre architecture ou nos monuments. Les symboles, privés ou publics, s'empilent pour former des strates de signification plus denses, plus éloquentes à nos yeux que les territoires sans jalons de la nature sauvage ou de notre être intime. Ce matin-là, j'entrevoyais ce qui distinguait l'Arctique, dans son essence comme dans son identité, de la façon dont j'interprétais habituellement le paysage.

Dans le Sud, j'avais été conditionnée à situer mes pensées à l'intérieur de ma personne, suivant le mode de perception qui inspirait les premiers explorateurs européens de l'Arctique, la science et la raison : une réflexion menée à l'intérieur du crâne de celui qui observe le monde extérieur. Mais était-ce bien cela ? En m'embarquant pour l'Arctique au pied levé, je n'avais emporté que les articles requis par la liste qu'on m'avait remise en plus du mode de perception dont j'avais hérité. Mais la banquise, l'ours, les bœufs musqués, tous les éléments s'appliquaient à chambouler ce mode de perception. L'urgence de leur message muet me poussait à remettre en question la nature de ce que j'appelais mes pensées.

Que voulait dire la terre ? Qu'ici, dans l'Arctique, plutôt que de posséder nos pensées, de les contenir en nous, nous évoluions à l'intérieur d'un élément vivant qui nous englobait ? Était-ce possible que cet élément vivant soit lui-même doué de conscience ? Le ciel qui couvrait la toundra, les lacs où se désaltéraient les bœufs musqués, étaient-ils faits d'une substance-esprit dans laquelle je m'étais immiscée, à l'instar d'une forme imaginaire dans les pensées de quelqu'un ? Mon corps et le territoire – la toundra vert et jaune, les montagnes mauve et blanc, le lichen, la roche – formaient-ils différentes parties d'un même organisme ?

Je me savais parvenue au cœur d'une présence, d'une majesté boréale libre de toutes choses inessentielles, cartes maritimes, commandements gravés dans la pierre, qui ne s'exprimait pas en prononçant des paroles. Ce qui ne m'empêchait pas d'entendre son message, de sentir un courant, un signal émanant de la terre s'infiltrer en moi d'une manière nouvelle, différente de ma façon normale de capter les choses. Ici, sous l'eau profonde qui berçait ma couchette comme sur la terre qui nous encerclait, vibrait une sensibilité plus vaste que la mienne. Entre le corps de la terre, celui de la mer et le mien vibrait une communication, un appel de cet organisme composite qui rompait ma solitude et me rattachait à l'énergie vivante du Nord.

La feuille de route de la journée annonçait aussi que nous irions visiter le tout dernier poste de traite de la Compagnie de la Baie d'Hudson, nommé en l'honneur de John Ross. Celui-ci avait exploré le détroit de Lancaster en 1818, alors qu'il cherchait le passage du Nord-Ouest, mais il avait rebroussé chemin après avoir aperçu une chaîne de montagnes infranchissables qui n'était en réalité qu'un mirage. Érigé en 1937 pour assurer un lien entre les secteurs de traite des fourrures de l'Est et de l'Ouest, le poste de Fort Ross fut abandonné dix ans plus tard, et les employés de la compagnie, ainsi que plusieurs familles inuites, envoyés plus au sud, à Taloyoak, alors nommé Spence Bay.

Mais avant la fin de la matinée, le programme fut modifié pour la raison même qui avait motivé l'abandon de Fort Ross de nombreuses années auparavant : le détroit de Bellot n'était pas navigable. Maintenant comme alors, il était bloqué par les glaces. Au lieu de virer vers le sud pour traverser l'inlet du Prince-Régent, notre capitaine a décidé que nous allions contourner l'île Somerset par le nord, puis longer le détroit de Peel en suivant sa côte occidentale, ce qui signifiait que notre voyage allait prendre un tour inusité, tant pour Ken McGoogan que pour les responsables de l'expédition. Nous allions suivre pas à pas l'itinéraire de Franklin en direction de l'île du Roi-Guillaume, où ses navires, l'*Erebus* et le *Terror,* avaient vu leur course interrompue par les glaces.

Nous aimions tous l'idée d'échapper à l'itinéraire.

Notre situation convenait parfaitement aux besoins de l'âme humaine selon la hiérarchie de Maslow, cette pyramide dont la nourriture et la sécurité forment la base, le sentiment d'appartenance le centre, avec au sommet l'accomplissement de soi qui comprend la recherche créative de solutions, la spontanéité ainsi que l'ouverture aux informations nouvelles. Le danger qui nous entourait rendait d'autant plus délicieux notre confort de tous les instants. Oui, nous savions que nous nous trouvions à bord d'un petit navire voguant comme une coquille de noix au milieu de l'immensité. Nous n'ignorions pas qu'il risquait à tout moment de succomber aux périls qui avaient contrecarré les explorateurs de l'Arctique ou mis fin à leurs jours, périls dont Bernadette Dean me rappelait constamment l'existence : glace, tempêtes, marées scélérates, omnivores affamés. Mais ces menaces, je les balayais dans les marges de notre voyage, comme dans le livre d'images de mon enfance, où Wynken, Blynken et Nod, sans se soucier du danger, partaient à la pêche dans un sabot de bois. Les pages, habitées de poissons d'argent, de filets scintillants et d'une vieille lune qui demandait aux trois marins ce qu'ils souhaitaient, s'ouvraient sur un centre ruisselant d'or et d'améthyste. Les ombres se cantonnaient à bonne distance des navigateurs du rêve, trop loin pour les atteindre.

Je n'avais aucun mal à imaginer que John Ross ait vu miroiter toute une chaîne de montagnes qui n'existaient pas, ni comment il avait pu croire à leur existence – bien que ses officiers l'eussent supplié de pousser plus avant son investigation avant de succomber au mirage – au point de leur donner un nom, les monts Croker, en l'honneur de John Wilson Croker, secrétaire de l'Amirauté britannique. Sur sa lancée, Ross baptisa également le cap situé au sud du mirage d'après le secrétaire d'État des Affaires étrangères du Royaume-Uni, le vicomte Castlereagh, dont le nom suffirait à évoquer la fée Morgane et autres billevesées, si ce n'était qu'il a fini par perdre la raison, se trancher la gorge et inspirer à Shelley ainsi qu'à Lord Byron des vers trempés dans le vitriol.

Dans cet endroit où il se peut que les montagnes existent ou non, le nom des caps et des baies changeait suivant qui les avait observés et le caprice de la glace qui se formait, fondait ou bougeait : pas surprenant donc que le plan de notre voyage subisse lui aussi des métamorphoses. Un frisson nous a parcourus quand l'équipage nous a suggéré de jeter la feuille de route. Elle s'est aussitôt muée en vestige d'une piste abandonnée, bien qu'envisagée avec autant de minutie que les montagnes imaginaires de John Ross.

Cette onde d'exaltation s'est répandue dans la salle à manger, balayant la table où je prenais mon petit déjeuner en compagnie de Nathan qui m'a soufflé :

— Maintenant qu'on s'écarte de l'itinéraire prévu, je sens qu'il se passe quelque chose. J'ai l'impression qu'on va faire une découverte.

L'excitation me gagnait. Nous serions peut-être les premiers explorateurs de l'Arctique à voir luire sous l'eau les ossements de Franklin. Je les imaginais déjà, dérivant dans un scintillement de vert et de blanc, finalement délivrés par le hasard de la banquise ou des marées. De l'autre côté de la salle à manger, Bernadette Dean discutait avec l'un des membres de notre équipage philippin. Je me suis imaginée ce qu'elle m'aurait dit : que tout espoir de retrouver Franklin n'était qu'un reliquat des gloires fanées de l'Empire britannique. De toute façon, j'étais du même avis. Ce qui ne m'empêchait pas, à mon grand étonnement, d'éprouver un reste de fièvre.

J'ai repensé au quartier de Montréal dans lequel nous nous étions installés après avoir quitté Terre-Neuve, avec ses maisons de briques bâties au milieu des années 1900 par des immigrants italiens, grecs et portugais. Les résidents ont vieilli, mais ils louent toujours le logement à l'étage, se réservant le rez-de-chaussée et cultivant dans la ruelle des potagers à l'européenne : aubergines, tomates, courges opulentes suspendues à des treillis bricolés à l'aide de manches à balai et des vieux bâtons de hockey avec lesquels leurs enfants ont appris à profiter de ce pays qu'est l'hiver. Quand il nous a loué la maison, notre propriétaire italien, qui habite la banlieue, nous a raconté que ses parents, très appréciés dans toute la rue, avaient planté dans la cour deux figuiers et des pieds de vigne Concord. Il voulait transplanter les ceps, éliminer les figuiers et remplacer le tout par une place de stationnement.

— Les figues, avait-il précisé, c'est délicieux farci de roquefort et grillé au barbecue. Mais c'est une tonne de boulot.

Il avait ajouté que, tous les automnes, il fallait dégager la masse racinaire de chacun des arbres, puis les coucher dans une rigole géante – qu'il fallait creuser elle aussi – et les enfouir sous plusieurs pieds de terre. Au printemps, c'était la résurrection : on déterrait les arbres et on les remettait debout dans du fumier, faisant écho à la parabole des Évangiles selon Marc et Matthieu.

— Plus personne, avait conclu notre proprio, ne veut faire ce genre de travail.

— Nous, oui, avions-nous répondu, à la suite de quoi il nous avait confié les deux arbres.

Côté ruelle, nous n'avions pas tardé à découvrir que notre voisin – un Grec baptisé Theophanos dont l'épaisse moustache faisait saillie sur plusieurs centimètres avant de rebiquer vers le ciel – avait lui aussi un figuier et que, à l'époque de feu le père de notre propriétaire, ils s'adonnaient chaque année au rituel de l'enfouissement et de la résurrection des arbres. Nous nous étions mis à le pratiquer avec lui, et mon mari avait pris l'habitude d'aller voir Théo pour déguster des quartiers d'orange au sirop maison, du fromage frais parfumé à l'origan ou des tranches de gâteau chypriote nappé de miel et arrosé de café corsé. Il avait appris quelques expressions grecques qui signifiaient pour la plupart « du calme » ou « pas trop vite ». J'aimais qu'il me raconte tout cela, mais ma découverte linguistique préférée s'est produite le jour où mon mari, de retour de sa pause espresso, m'a révélé comment Théo surnommait les Anglais. Apparemment, les Grecs avaient un sobriquet pour chacune des minorités de notre quartier d'immigrants, mais les Anglais avaient droit à un traitement spécial.

— Devine ce que c'est.

Nous aimons bien jouer aux devinettes, mon mari et moi. Nous avons toujours droit à trois essais, puis à un indice suivi d'une dernière chance. Ma moyenne est plus que respectable, et à Montréal, j'avais déjà entendu pas mal de façons d'appeler les Anglais.

— Blokes ?

— Non.

— Euh… têtes carrées ?

— Tu ne cherches pas vraiment du bon côté.

— Rosbifs ?

— C'est déjà mieux.

— Ça se mange ?

— C'est quelque chose de sucré que les Anglais aiment beaucoup.

— Scones ? Souris en sucre ?

— Des souris en sucre ? Qu'est-ce que c'est que ça ?

— Massepain ?

— C'est la bonne initiale, mais pas le bon mot. Tu as épuisé tes trois essais.

— Muffins ?

— *Marmalados.*

Mon mari a éclaté de rire. En bon Québécois francophone, il trouve la marmelade ridicule, sachant de plus que je n'hésite pas à traverser la ville pour aller en chercher au marché Atwater, et il aime bien me taquiner quand je me plains de ne jamais en trouver au citron, seulement au gingembre ou à l'orange.

— *Marmalados !*

C'était parfait, je devais bien l'admettre. J'acceptais avec joie d'être affublée de ce surnom qui avait un petit côté corsaire et n'était ni mensonger ni exagéré. Je faisais effectivement partie des *Marmalados.* Je l'ai essayé sur mon ami Ross qui a adoré ça, lui aussi. *Marmalados* nous étions, au milieu d'une mer de francophones et de Grecs avec leur brie, leurs aubergines, leur sirop d'érable et leurs belladones dont les vrilles envahissaient les ruelles dans la nuit. Les autres ethnies ne manquaient pas d'agréments pittoresques, et maintenant, les *Marmalados* non plus…

Mais que cela signifiait-il? Les orangers ne poussent pas en Angleterre. Ce sobriquet de *Marmalados,* remarquais-je, collait parfaitement à l'histoire de l'empire colonial britannique, avec ses vaisseaux faisant voile vers Séville, ses allers-retours épiques entre les « sombres moulins sataniques » de William Blake et ces contrées, ces terres où les oranges poussent dans les arbres, saturées d'or, ensoleillées d'huiles exotiques, gorgées d'un jus, d'une vitalité inimaginables dans les jardinets grisâtres d'Angleterre. *Marmalados,* c'était toute la bougeotte du peuple anglais, toujours prêt à braver périls et désagréments pour aller décrocher un peu de piquant dont se remplir le corps et l'âme. Les *Marmalados* sont incapables de s'empêcher de chaparder les oranges des autres, de les rapporter chez eux à pleines cales, de cristalliser l'expérience exotique pour la déguster à la cuiller, collés sur leur poêle à charbon, au bord de la Tyne ou de la Tamise, bref d'un fleuve maussade qui traîne ses méandres de plomb devant les pavés et les cheminées de l'amère patrie. Les *Marmalados* déambulent sous le crachin, à la poursuite de la couleur orange. C'est plus fort qu'eux. La vraie vie est ailleurs, ils le savent bien, hors de l'Angleterre dont toute l'économie tourne autour de l'approvisionnement en fruits succulents.

À bord de notre bateau qui n'avait plus que l'imagination comme gouvernail, Ken McGoogan se penchait sur ses notes avec un enthousiasme galvanisé par notre itinéraire récemment modifié. Il avait une façon bien à lui de décrire des moulinets avec ses bras, de brandir une main vers une éminence terrestre ou une autre, pour mieux expliquer quel explorateur de l'ère coloniale y avait passé l'hiver ou posé le pied le premier.

Je l'entendais discuter avec l'un des géologues :

— … d'années en août… passé l'hiver à Beechey… s'est aventuré dans le détroit de Peel… les navires attendaient Franklin, mais il n'est jamais venu.

Le Nord ne manque pas d'histoires d'hommes blancs venus y trouver la mort, fables racontées à satiété dans la sécurité du foyer. Affublés de leurs culottes bouffantes, jamais ils n'auraient pensé à demander aux Inuits intrigués par leur calvaire scorbutique comment s'y prendre pour survivre vingt-quatre heures de plus dans cet enfer de glace. Au Labrador, on raconte que, en 1903, Leonidas Hubbard, parti en excursion pour le compte d'un magazine américain, s'était trompé de direction, erreur fatale, et que, après sa mort, son petit groupe avait réussi à retrouver son chemin en se nourrissant de semoule de maïs moisie. Comme dans le cas de Franklin, les mésaventures de Hubbard ont fait l'objet de réécritures successives dans plusieurs ouvrages, y compris celui de son épouse, Mina, qui a retracé son itinéraire, battant de vitesse Dillon Wallace, l'un des survivants de l'expédition, auteur d'un autre livre que Mina n'appréciait guère. Aujourd'hui encore, journalistes et canoéistes du Sud s'obstinent à tenter de reproduire l'expédition Hubbard ; nombre d'entre eux publient des livres ou des articles dont chaque mot suscite une fascination inexplicable, étant donné que, d'un bout à l'autre, cet itinéraire est abondamment parsemé de traces de campements inuits bien antérieurs à l'époque de Hubbard, ce qui semble indiquer que, pour un chasseur ou un trappeur natif du Labrador, se rendre du bras Hamilton à la baie d'Ungava était un jeu d'enfant. Comment expliquer l'attrait de ces expéditions?

C'est en compagnie d'un métis cri-écossais, George Elson, qui avait servi de guide à son mari et à Dillon Wallace pour le voyage fatal, que Mina Hubbard a marché sur leurs traces. Les récits de leur périple laissent transparaître assez de tension sexuelle pour susciter beaucoup d'intérêt. On aime imaginer ce qui a pu se passer entre cet homme et cette femme, seuls dans la nature, surtout à une époque où des considérations de race, de classe et de genre leur interdisaient même de s'adresser la parole en public. Sans compter le rêve prophétique de George Elson, que décrit le livre de Wallace : peu avant la mort de Hubbard, George avait vu Jésus, rayonnant de lumière, conseiller au groupe d'hommes de ne pas s'écarter de la rivière Beaver, où ils trouveraient un certain « Blake » qui avait « ben de la mangeaille… alors tout ira bien, les gars, vous arriverez à bon port ». Il s'avéra qu'un homme du nom de Blake possédait bel et bien une cabane plus loin en aval, le long de la rivière Beaver, mais Hubbard n'a pas écouté le rêve de son guide cri.

La légende de Hubbard se teinte ici d'une aura romanesque, qu'il s'agisse d'amours interdites ou de la prophétie d'un Christ au langage familier. On retrouve également cette aura dans l'histoire de Franklin, d'une tout autre envergure cependant que celle de Hubbard, simple excursion journalistique ayant mal tourné, alors que l'épopée de Franklin fait intervenir des reines, des armadas entières, le concert des nations, dont chacune revendique une région située au-delà du monde connu. L'épopée de Franklin a fourni aux puissances d'hier et d'aujourd'hui un prétexte pour jeter leur dévolu sur la terre qui a englouti sa dépouille.

Intitulé *Outing*, le magazine de plein air américain qui parrainait l'excursion durant laquelle Hubbard a perdu la vie était à l'origine une revue dédiée au cyclisme avant de couvrir chaque mois tout ce qui avait trait aux voyages d'aventuriers solitaires, y compris ceux qui visaient les régions éloignées du Grand Nord. Le *Croc-Blanc* de Jack London paraissait en feuilleton dans ses pages pendant que Mina Hubbard rédigeait le récit de son expédition sur les traces de son mari, *A Woman's Way Through Unknown Labrador*. Comme le Yukon, le Grand Nord représentait l'aventure suprême – et il la représente encore aujourd'hui –, le terrain le plus « inexploré ». Or, ainsi que je le découvrais, cette image comporte plusieurs strates de vérité et de mensonge dissimulées sous celles de la géologie, de l'archéologie et des annales de l'histoire.

Que signifiait le fait que, pour la première fois dans l'histoire de notre navire, de ses officiers comme de son équipage, nous suivions exactement l'itinéraire du navire perdu de Franklin ? Plus j'y pensais, plus j'étais ravie. Ce n'était pas seulement une occasion d'apercevoir les ossements de Franklin ou d'autres vestiges de l'expédition, mais de passer par ce grenier où l'inconscient collectif des *Marmalados* rêve, se souvient, se rêve à nouveau. Plus nous arpentions ce territoire, plus je comprenais ce que la terre, ses gens, ses bêtes, ses plantes, voulaient de nous : que nous ajoutions quelque chose à nos idées communément entretenues au sujet du Nord.

Parvenus à mi-chemin, nous avons mis pied à terre près d'un chenal embrumé nommé False Strait. Les amateurs d'oiseaux étaient tout contents de partir à la recherche de plongeons catmarins. C'était agréable de marcher sur une rive rocailleuse, de sentir sur mon visage l'air humide que le brouillard embuait d'une lumière d'une rare douceur après tant de jours inondés de soleil boréal. Je me suis écartée du peloton des ornithologues, m'approchant sans le savoir d'une passagère discrète qui en savait sans doute plus sur les oiseaux qu'aucun d'entre eux, malgré leurs appareils démesurés, leurs trépieds, leurs téléobjectifs hypermodernes. J'allais rebrousser chemin vers le navire quand je l'ai aperçue. Nous marchions littéralement dans les pas de Franklin, et je n'avais pas envie que mes os se mélangent à ceux de ses hommes.

La passagère effacée faisait partie des ouailles japonaises de Yoko, ma compagne de cabine. Elle s'était promenée sur les contours rocheux, mais l'après-midi tirait à sa fin et comme elle donnait des signes de fatigue – Yoko m'avait confié qu'elle avait quelques passagers « très vieux » –, je lui ai demandé si elle voulait bien que je l'accompagne. Elle m'a pris le bras et nous sommes parties à petits pas à travers les rochers de plus en plus abrupts et difficiles à distinguer dans la purée de pois. Elle m'a raconté que, tout comme les autres, elle était à l'affût du plongeon catmarin, qu'on appelait autrefois le huart. Mais contrairement aux observateurs qui ne soulevaient le doigt du déclencheur que pour cocher des espèces sur leur liste, elle semblait rechercher la compagnie des oiseaux. Elle entretenait avec le huart une longue amitié, et ils avaient beaucoup de choses à se raconter. Son nom, Junko, ressemblait justement à celui d'un oiseau que j'avais rencontré à Terre-Neuve : le petit junco ardoisé qui dissimule son nid sous les hautes herbes, en bordure des forêts, entre la mer et les sapins baumiers.

Contournant un dernier promontoire, nous avons retrouvé les autres sur la grande plage, réunis pour une cérémonie autour d'un cairn élevé cinquante ans plus tôt par des membres de la garde côtière américaine et du Service hydrographique du Canada, en mission d'exploration. À l'intérieur, il y avait un bocal où était placée la liste de ces visiteurs, et nous étions en train d'y noter notre passage avant de l'y remettre. La brume s'accrochait aux rochers qui nous surplombaient sous un ciel vide. L'enthousiasme contagieux de Ken McGoogan pour le cairn se communiquait à tout le monde. Sans succès, j'ai cherché Nathan du regard quand nous les avons entendus, Junko et moi, entonner *The Northwest Passage* d'un ton mélancolique, pour toutes sortes de raisons. Je me suis demandé s'il n'avait pas filé à l'anglaise, lui qui s'était mis à jeûner, l'oreille tendue dans l'attente que cette terre lui parle. Cela ne m'aurait pas étonnée qu'il ait fait exprès de s'éclipser à ce moment précis. Je ne savais pas ce qu'il ressentait ni s'il entendait les passagers chanter la chanson de son père, pour peu qu'il fût à portée de voix et absent volontairement, et non coincé dans quelque anfractuosité rocheuse. Ce que je savais, par contre, c'est que j'avais pensé à le chercher et que j'étais contente qu'il ne soit pas là.

Notre navire rayonnait dans la brume. Après m'avoir remerciée de l'avoir aidée à gravir les rochers, Junko a poursuivi :

— Au Japon, j'ai écrit un livre sur les huarts. J'ai quelques-uns de mes textes à bord.

Experte reconnue des traditions naturalistes du nord du Japon, Junko Momose avait en réalité beaucoup publié sur les oiseaux sauvages ; elle siégeait également au conseil d'administration d'une société vouée à la sauvegarde de ces traditions. Bref, elle avait passé sa vie à se familiariser avec les oiseaux, notamment les huarts et en particulier l'espèce de plongeons catmarins que les fans d'oiseaux de notre groupe rêvaient d'apercevoir. Ce soir-là, au moment où je me retirais dans ma cabine, Yoko m'a tendu un mince cahier bleu que Junko lui avait demandé de me remettre. Il s'agissait d'un livre scientifique, mais où étaient également recensés des rêves, des contes anciens, un imaginaire dont je n'avais jamais soupçonné l'existence. Étendue sur ma couchette, plongée dans ma lecture, je m'émerveillais de ses cartes et de ses illustrations : qui aurait cru que les huarts habitaient un univers aussi féerique ?

Le livre traitait de la pêche au huart que je trouvais, à mesure que je la découvrais, encore plus fascinante que *Pêche de nuit à Antibes*, le tableau de Picasso baigné de mauves et de bleus, signes d'un monde onirique, auquel j'étais revenue à maintes reprises dans ma jeunesse, attirée par le mystère entourant ces pêcheurs aux lanternes brandies, ces poissons à facettes, cette mer parcourue d'une activité nébuleuse. Tout dans ce tableau est indirect : j'aimais ces poissons séduits par la lumière autant que par l'appât. Une femme à bicyclette observe la scène. Est-ce un sorbet qu'elle lèche ? Un des pêcheurs a enroulé sa ligne à son pied tandis que des poissons jaillissent de perspectives discordantes. Les teintes, la spirale colorée de la lune, la conversation entre l'eau, la peinture, la musique et les personnages racontent une histoire tout en profondeur, un dialogue à l'épreuve du temps. Le livre de Junko sur la pêche au huart me faisait le même effet. Il comprenait des croquis, des remarques tirées de son journal intime et un récit mettant en scène des pêcheurs et des huarts dont les actions concertées, bien qu'utilitaires, forment une chorégraphie empreinte de grâce et de magie. Il y a au Japon un lieu nommé mer Intérieure où hivernent les huarts, qui se méfient des pêcheurs, mais qui forment le premier maillon, essentiel, d'une chaîne qui peut mener ceux-ci à la richesse.

À Terre-Neuve, j'avais vu les pêcheurs côtiers raccommoder leurs filets à la main dans leur cuisine avant de se glisser, dès l'aube, au-delà de l'île aux Oiseaux, jusqu'aux bancs de morue. Ils affrontaient récifs et périls, dont ils avaient appris l'existence de leurs grands-pères. Les marins à bord des gros navires et des chalutiers ignoraient ces secrets. Avant les ultrasons, les anciens devinaient où se tapissait la morue qu'ils asticotaient jusqu'à ce qu'elle vienne se jeter sur la palangre. Mais jamais je n'avais entendu parler de Japonais pêchant avec la complicité des huarts.

Tandis que nous nous engagions dans le détroit de Franklin, je restais allongée sur ma couchette et je partais à la dérive avec les petites barques de bois dans lesquelles, dès décembre, les pêcheurs commencent à s'approcher lentement, en douceur, de plus en plus près des oiseaux, de façon qu'ils s'acclimatent à leur présence. Pendant un mois, ils n'attrapent pas un seul poisson. Ils attendent.

Les oiseaux encerclent des bancs de petites anguilles, les lançons, qui fraient dans le sable, comme certains capelans scintillants de ma connaissance. À leur tour, les pêcheurs encerclent les huarts sans jamais prendre de poisson, ramant tous dans le sens des aiguilles d'une montre, celui des courants, des marées, comme les rondes des enfants ou celles de la lune. Les huarts poussent devant eux le banc de lançons au cœur duquel, dès qu'il devient assez dense, ils plongent pour se remplir le bec. Les pêcheurs patientent jusqu'à ce que certains lançons, tentant d'échapper à leurs prédateurs, s'enfoncent plus loin sous l'eau où se cache le véritable trésor : un gros poisson très prisé, habituellement introuvable en hiver, la dorade, qui se pêche d'ordinaire en haute mer, en avril et non en janvier. Mais voilà que les dorades émergent de leurs cachettes, alléchées par les lançons descendus jusqu'au fond. Il ne reste plus aux pêcheurs, après en avoir appâté leurs lignes, qu'à récolter la manne pour voir leur fortune assurée.

Il y avait une illustration où l'on voyait les hommes dans leur barque et le banc de lançons danser, se heurter, crever la surface tandis que quelques-uns descendaient vers les dorades rôdant près du fond. Parmi eux nageaient les huarts, les pattes étirées derrière comme de petits moteurs hors-bord attachés à leur corps. Quelques-uns plongeaient avec un abandon qui ressemblait à de la joie. Sur le fond marin se ramifiaient les lignes à pêche amorcées avec des lançons. Ce n'était pas Picasso – était-ce de la main de Junko ? – mais cela dépeignait à merveille le mystère d'une concertation tacite liant intimement les êtres humains à la nature. À la suite d'une description des oiseaux, des pêcheurs et de leurs lieux de pêche, Junko avait écrit : « Les huarts étaient vénérés à titre de messagers du Ciel. » Elle poursuivait en dépeignant les sanctuaires que leur dédiaient les pêcheurs sur le rivage des petites îles avoisinantes. Il y avait une photo de l'un d'eux où l'on voyait prier un prêtre shintoïste, en compagnie d'un pêcheur offrant du saké et le premier poisson pris ce matin-là. Le sanctuaire, érigé sur des pierres, est beau dans sa solitude. Les pêcheurs, écrivait Junko, ne cachaient pas leur affection pour les huarts, leur laissant prendre les meilleurs poissons tout près d'eux, si près qu'ils « auraient facilement pu leur toucher le dos ».

Toute la nuit j'ai pensé aux pêcheurs, à leurs huarts et surtout au mois de décembre qu'ils passaient à flotter dans une communion muette. À Aaju aussi, à l'ours polaire, à cette femme gagnant la confiance de l'ours avec une chanson. Sur ma couchette, je me suis mise à réfléchir au mot *wilderness* qui m'est apparu comme typiquement anglais, indissociable de la sensibilité de Franklin, qui avait donné son nom au détroit où nous naviguions, et de tous les *Marmalados* qui l'ont suivi ou précédé. Ce genre de terme ne paraissait pas appartenir à la langue des pêcheurs japonais, que rien ne séparait des huarts ni de leur habitat.

Y a-t-il un équivalent français de *wilderness* ? Depuis mon arrivée à Montréal, j'avais appris qu'à chaque mot anglais ne correspondait pas toujours exactement un mot français. Par exemple, on avait souvent traduit pour moi le mot *happiness,* mais cela nécessitait toujours une phrase ou même un paragraphe entier. Même chose pour le mot *naughty,* auquel *wilderness* semblait maintenant se joindre. Comment dire en français que j'avais aperçu un ours polaire *in the wilderness*? J'ai longtemps réfléchi à cette question. J'ai interrogé plusieurs passagers bilingues. Mais ce n'est que bien plus tard que j'ai reçu une véritable réponse, de la bouche du romancier québécois Louis Hamelin.

— Il n'y a pas de mot pour traduire *wilderness,* non, mais on pourrait dire que l'ours polaire était dans son élément.

— Son élément?

— Je crois bien…

J'aimais son incertitude qui faisait ressortir l'outrecuidance avec laquelle la langue anglaise plaque son point de vue sur la terre, les huarts, l'ours. En employant le mot *wilderness,* je risquais de défaire tout ce que l'ours de l'île Beechey et les huarts du Japon s'efforçaient de me communiquer. Cette *wilderness,* cette nature sauvage autre, extérieure à moi, n'existait que du point de vue d'un univers humain séparé d'elle. Tandis que l'ours ne faisait qu'un avec son élément, comme l'air qui lui emplissait les poumons. La terre avait créé ce corps, l'avait pétri de sa substance même. Loin d'être des observateurs braquant notre regard depuis une zone à part, nous ne prenions possession de rien.

CHAPITRE QUINZE

Un fil de chaleur

Je revenais chaque nuit à la bibliothèque, munie de mon écheveau de laine et de mon crochet. J'avais déjà crocheté des bonnets de fil artisanal dans les tons ocre et or des montagnes Tablelands du parc national du Gros-Morne, site puissant et énergisant qui fait partie des merveilles naturelles de Terre-Neuve et où je retournais le plus souvent possible. Invitant au travail et la main et l'esprit, la laine me rendait plus attentive aux fibres dans la nature, plus susceptible de remarquer les lambeaux de toison de bœuf musqué accrochés aux herbes broussailleuses de l'Arctique. Une passagère, qui s'appelait Gwen, m'en avait justement donné quelques filaments d'un brun riche, mêlés de brindilles et de débris, qu'elle avait recueillis à Dundas Harbour. Ils émettaient une forte odeur – on ne les appelle pas bœufs musqués pour rien – qui me plaisait cependant : plusieurs mois après avoir quitté la toundra, leur laine conserverait toujours l'odorante chaleur des bêtes.

Je m'étais mise à glisser entre les pages de mon journal de menus objets récoltés çà et là. Selon une entente tacite, nous ne ramassions pas tout ce qui nous plaisait : la terre n'est ni un grand magasin ni une boutique de souvenirs. Certains cas étaient soumis au débat. Il y avait à bord une petite table sur laquelle nous déposions les pierres ou les spécimens recueillis afin de permettre aux géologues ou aux autres passagers de les étudier et de les interpréter. Mais avions-nous raison d'emporter ces objets ? Et que dire des cailloux que nous ramassions pour les observer et que nous déposions plus loin sur notre route ? Le fait de prendre une pierre du soulèvement de Boothia pour la remettre sur le miogéosynclinal franklinien relevait-il de l'ingérence géologique ou même de la transgression morale ? Quelques passagers réfrénaient leurs pulsions de glaneurs tandis que d'autres se bourraient les poches de morceaux de grès ou de cailloux conglomérés. Qu'est-ce qui m'avait poussée à cueillir une fougère naine à Dundas Harbour pour l'introduire entre les pages de mon cahier ? Cet élément du vocabulaire régional, ce vocable rouge et vert, que signifiait-il et pourquoi m'étais-je imaginé que la terre ne cesserait jamais, à travers lui, de me chuchoter à l'oreille ? Les algues que j'avais grappillées en marchant avec Junko le long du chenal de False Strait tombaient déjà en miettes.

Je puisais dans la laine de bœuf musqué de Dundas Harbour un peu de réconfort, une chaleur familière. Penchée sur le minuscule évier de la salle de bains de la cabine 108, je l'avais débarrassée de ses débris, puis je l'avais mise à flotter pour dégager ceux qui étaient restés captifs de la graisse. Peine perdue : les fragments de feuilles et les cosses demeuraient coincés. J'ai mis beaucoup de temps à la nettoyer et à la rincer, tout en veillant à ne pas bloquer l'évier, avant d'en libérer les longues fibres. Le soleil s'infiltrait par les crénelures de la dentelle marine et venait se percher sur le rebord de mon hublot où, après avoir épongé la majeure partie de l'eau, j'ai mis à sécher la laine propre, claire, si légère que je devais la surveiller pour l'empêcher de partir en vol plané sous les couchettes ou derrière l'armoire où je gardais ma réserve de réglisse. J'ouvrais l'œil au cas où Yoko l'enverrait valser en s'engouffrant dans la cabine. J'ai fini par trouver de quoi la lester : une épingle à cheveux, mon crayon, mon invitation à dîner avec le capitaine.

« *Umingmak* vieux comme le monde, avait écrit Bernadette Dean dans mon cahier, en marge d'un brin que je n'avais pas lavé, un monde de neige et de glace… porteur de secrets millénaires. »

Avec le résultat de cette générosité animale, la grand-mère de Bernadette, Shoofly, avait créé des vêtements d'importance. Dans le *Northwest Passage* que nous chantait Nathan Rogers, son père parlait de « tracer un fil de chaleur » qui semblait avoir fait cruellement défaut à ma vie jusqu'ici. Arrachée à mes aïeux pour vivre dans des villes industrielles, petites ou grandes, je restais sourde aux messages des animaux ou des ancêtres, contrairement à Bernadette et à ses semblables du Nord. À mes yeux, la laine existait pour me sauver du froid. C'était elle, le « fil de chaleur » que je sentais dans mes mains, offert par les bêtes et porteur d'un message de la part de ma grand-mère.

Après notre immigration à Terre-Neuve, la mère de mon père s'était mise à m'envoyer des vêtements cousus main, grossiers tricots orange, verts ou violets que pas un enfant canadien n'aurait daigné enfiler. Elle les enveloppait dans des taies d'oreiller qu'elle couvrait de timbres avant de les poster, accompagnés de lettres décrivant comment ses prophéties se réalisaient dans la vie de Mme Melia et des Hobbes, qui habitaient dans sa rue, ou m'annonçant que, dès qu'elle aurait mis la main sur sa carte d'autobus à tarif réduit, elle irait voir les cygnes du lac Bolam, près de Morpeth. *P.-S. – Ton grand-papa a trouvé dans sa bière un morceau de fer-blanc et il recevra sans doute de l'argent de la compagnie parce qu'il leur a écrit pour se plaindre.*

Quand elle est morte, plusieurs dizaines d'années après que j'ai eu pris conscience de l'impossibilité de porter ses vêtements à l'école sans subir la torture, j'ai mis subrepticement la main sur une couverture à rayures qu'elle avait tricotée pour mon père. Amincie par le temps, elle me tenait tout de même les genoux au chaud quand je lisais près du poêle à bois. Un jour, j'ai décidé d'élever une chèvre de race alpine, que je trouvais bien adaptée à la forêt qui entourait la maison. Or, une de mes amies n'était pas de cet avis. Munie de la couverture de ma grand-mère, elle s'était précipitée dehors pour l'enrouler autour de Sally, ma biquette. Puis elle l'avait fixée avec des pinces prélevées sur ma corde à linge et quelques épingles à nourrice qu'elle avait dans sa poche. En piétinant dans la boue et les chardons, Sally avait réduit en lambeaux sa trame déjà fragilisée. Une partie était restée en boule sur sa tête, comme un bonnet. J'avais dû renoncer à tout espoir de la nettoyer ou de la réparer. Après l'avoir lavée, je l'avais étendue sur la corde à linge pour voir s'il en restait des parties récupérables dont j'aurais pu recouvrir des coussins. Rien à faire. Au milieu du cercle de pierres aménagé sous les bouleaux, j'ai allumé un feu de camp dans lequel j'ai brûlé le dernier souvenir qui me restait de ma grand-mère.

Le jour même, j'ai fouillé mes armoires pour y trouver de la laine tout en me demandant comment on s'y prenait pour en faire des vêtements. J'ai tricoté une écharpe et un béret assortis que j'ai fait porter au chien à l'occasion du défilé du père Noël. Il avait l'air si digne ainsi attifé que la marchande de hot-dogs ne l'a jamais soupçonné quand il a fait pipi sur son pantalon. J'ai aussi crocheté un bonnet décoré d'un oiseau bleu dans sa cage à barreaux métalliques. C'était l'oiseau bleu du bonheur. Tant que je fabriquais des objets de laine, aucun malheur ne pouvait me hanter bien longtemps. Cela m'éclaircissait les idées de débrouiller un écheveau. Dès que mon crochet se mettait à voltiger, j'éprouvais du bien-être. La connaissance des travaux d'aiguille m'était venue quand m'avait enveloppée la fumée du feu où j'avais déposé la couverture de ma grand-mère.

Maintenant, dans la bibliothèque du navire, j'étirais les brins de laine de bœuf musqué tout propres. J'avais emporté de la laine rouge et je voulais crocheter un bonnet qui incorporerait les brins d'*umingmak* bruts.

— *Et maintenant, grand-maman ?*

— *Tu n'as qu'à crocheter ton fil sauvage comme de la laine ordinaire. Ne t'en fais pas. Il ne va pas se détacher ni tomber.*

C'est ainsi que j'ai tracé un fil de chaleur dans cette contrée que nous appelons le passage du Nord-Ouest : avec un peu de laine d'*umingmak* vieux comme le monde et l'aide de ma grand-mère. Pendant que j'œuvrais à mon bonnet de bœuf musqué, Nathan me chantait des chansons ou écrivait des notes et des observations sur des bouts de papier. Je lui ai demandé :

— Comment va la nouvelle chanson?

— J'y travaille toujours.

Il a sorti *The Turning* de sa poche et l'a dépliée :

— Je change des parties de place, j'en ajoute aussi. Tu veux l'entendre?

Il me l'a interprétée pendant que je crochetais. Le deuxième couplet explorait plus profondément la solitude exprimée par le refrain.

Un auguste vaisseau brise la mer glacée.
À l'abri dans ses flancs dorment ses passagers.
Solitaire sur le pont, le front baigné d'écume,
Je combats l'affliction lourde comme une enclume.
Or, le jour ne va pas tarder à se lever.
En bas, sur ma couchette, allongé bien au chaud,
J'interroge ma vie sous la surface de l'eau
Tandis que le ciel noir vire au jade cendré…

Démêler le sens de la vie, tisser une chanson, un vêtement, une histoire, tramer tout cela dans le froid, parmi les ossements et les sédiments… tracer un fil de chaleur. Nathan et moi faisions tous deux ce qu'avait chanté son père. Tout le monde à bord s'y mettait, chacun, chacune à sa façon, délicate entreprise humaine où nous guettent sans cesse l'erreur ou la mauvaise fortune.

En écoutant chanter Nathan, j'imaginais ces filaments de chaleur nous parcourir le cœur, liant les amis les uns aux autres, anciens et nouveaux, fragiles et immortels. Je ne pouvais qu'espérer qu'ils tiendraient bon, comme la laine de l'*umingmak* vieux comme le monde, sans se détacher ni tomber. Tant de choses dépendaient de notre patience, de notre faculté de pardonner ; ces qualités rendaient plus faciles à supporter la désolation et l'isolement du voyage. À la bibliothèque, l'âme emmaillotée dans la laine de bœuf musqué et dans les chansons de Nathan, tandis que les vagues ondulaient par-dessus les ossements de Franklin, le don de la chaleur hirsute des fibres me réchauffait les mains.

Frissonnant dans la nuit… Nathan a fini le dernier couplet de sa chanson… *seul sur la mer glacée.* Puis il m'a regardée crocheter.

— Je descends d'une longue lignée de détrousseurs de moutons, lui ai-je confié. Nous vivions à la frontière de l'Écosse et de l'Angleterre. Mes ancêtres suivaient les moutons, buvaient à la rivière et grappillaient la laine qui restait accrochée aux chardons et aux clôtures barbelées.

— Des glaneurs.

— Ce qui explique pourquoi j'aime tellement recueillir celle des bœufs musqués par ici. Je pense que ma grand-mère m'a transmis à sa mort l'antique relation de notre famille avec la laine.

— Tu tisses aussi des trames.

Tout en introduisant encore un brin d'*umingmak* dans mon ouvrage, je pensais avec impatience au lendemain où je pourrais, après que nous aurions jeté l'ancre dans la baie Pasley, parcourir le terrain pour glaner d'autres fibres de ce fil de chaleur.

*   *   *

Mes bottes de randonnée ressemblaient aux lobes de ces champignons qui poussent accrochés au fût craquelé des vieux arbres battus par les vents. Fière du temps qu'elles avaient traversé et de la distance qu'elles avaient parcourue, je les imaginais faire un jour le tour du monde. Moi que l'équipe de natation de mon école secondaire avait surnommée « Ailes de poulet » tellement j'étais peu douée, je me sentais capable d'aller au bout du monde à condition de marcher lentement. Mes camarades de bord choisissaient chaque jour entre les deux promenades dans la toundra – brève ou longue – qu'on nous proposait. Optant toujours pour la plus longue, je gravissais des collines rocailleuses, longeais des promontoires, marchais à grands pas vers l'horizon fuyant avec mes vieux godillots qui jouaient leur rôle de bottes malgré leurs crevasses assoiffées d'huile de vison.

Mais c'est à la baie Pasley que je dois une découverte au sujet du temps et de l'espace. En voulant éviter les géologues, j'avais choisi la promenade brève pour constater que c'était en fait la plus longue des deux et que son programme était très chargé. La baie Pasley, avec son navire échoué, son équipage pris dans les glaces et la tombe de ce marin surmontée des vestiges d'un cairn funéraire, tenait une grande place dans la vision que les hommes blancs avaient de l'Arctique. Ce navire, c'était le *St. Roch,* le premier à avoir parcouru le passage du Nord-Ouest dans les deux sens. Son équipage s'était vu confier plusieurs tâches : faire régner l'ordre dans les communautés inuites, recueillir des données de recensement, traverser pour la première fois les eaux de l'Arctique d'est en ouest et incarner la souveraineté du Canada dans cette région, de façon tant matérielle que symbolique. En 1942, alors qu'ils faisaient route vers l'est, Henry Larsen, leur capitaine, décida d'hiverner dans la baie Pasley. C'était Albert « Frenchy » Chartrand qui était chargé de préparer la nourriture des chiens de traîneau. Un jour qu'il avait mis à bouillir de l'avoine, du maïs, du riz, du suif et de la graisse de phoque dans un baril posé à cheval sur deux poêles Primus, il est mort, terrassé par une crise cardiaque. Comme il était le seul catholique à bord et que ses camarades voulaient qu'un prêtre célèbre ses funérailles, Larsen partit en traîneau à chien avec un de ses hommes, en compagnie de deux guides inuits originaires d'Uqsuqtuuq et nommés Ikualaaq and Kinguk. Au bout de soixante et onze jours, ils ramenèrent le frère oblat Henri Pierre, de Kellett River, à plus de 640 kilomètres au sud-ouest. Après avoir chanté le requiem à bord du navire, ce dernier aspergea la tombe de neige en guise d'eau bénite. L'équipage éleva ensuite un cairn marqué d'une plaque de cuivre dont il ne reste presque plus rien. Ken McGoogan avait apporté une bouteille contenant un message qui résumait cette histoire et qu'il comptait laisser sur le site.

— On pense que le bateau avait jeté l'ancre de ce côté-là, nous dit-il en pointant le doigt, parce que c'est très bien abrité.

La vue se perdait à l'infini. La mer déroulait tout autour ses méandres d'argent dans une brume qui me donnait le sentiment de regarder à travers la mémoire de la terre. Ken nous a guidés jusqu'au rivage où rien ne bougeait. Les débris qui le jonchaient, disait-il, avaient été laissés là par l'équipage du *St. Roch*, de nombreuses années avant notre passage, y compris les fragments de bois argentés qui avaient sans doute fait partie d'un cageot. J'ai croqué dans mon carnet une cafetière rongée par la rouille, au long bec élégant prêt à verser son café au capitaine. Roc et métal échangeaient depuis des années leurs éléments pour ne former qu'une seule matière aux tons rouge et or. Nous assistions en direct à cette opération, et j'ai eu la certitude très nette que l'Arctique avait transformé ma façon de percevoir le temps. Que les événements évoluaient malgré leur immobilité apparente.

L'histoire du *St. Roch* et de son équipage avait beau être passionnante, je commençais à en avoir un peu marre. La toundra m'attirait hors du groupe, l'air me caressait en murmurant *maintenant, tout de suite,* c'est *ma* présence qui est ici et non celle de Larsen, de « Frenchy » Chartrand ni du frère oblat. La toundra est une présence vivante qu'aucune église, aucune neige bénite n'a consacrée.

Le premier homme venu a-t-il le pouvoir de transformer la neige en quelque chose de sacré ?

Je repensais à ce que m'avait dit mon ami Art Andrews, le mystique aux cheveux blancs, au sujet d'un paysage semblable alors que nous longions la route de la baie Witless, comme nous avions coutume de le faire.

— J'ai besoin de cet espace – m'avait-il soufflé alors que nous nous approchions des grands rochers erratiques, abandonnés sur la lande par les glaciers après qu'ils eurent fini de raboter les bassins où nous pêchions la truite –, de me retrouver entouré de ces pierres qui ne connaissent pas de religion.

À ce moment, dans la baie Pasley, j'ai noué une nouvelle relation avec la terre : alors que je l'observais de plus près, elle a lancé un rayon d'énergie qui est entré par mes yeux et qui m'a traversée tout entière, rattachant mon corps au sol. J'éprouvais à chaque pas la douceur de fouler la toison d'or roux qui couvrait le corps de la terre. Comme j'étais supposément partie pour la promenade « brève », je n'éprouvais pas la précipitation qui caractérisait celles plus longues que je choisissais d'habitude et pendant lesquelles, dans ma hâte de couvrir du terrain, de tout voir d'un horizon à l'autre et de remonter à bord sans retard, je serais passée à côté de ce que je ressentais maintenant dans la baie Pasley. Moi qui avais toujours été convaincue de savoir prendre mon temps, je découvrais maintenant que, plutôt que d'affronter ma peur de l'inertie, je cédais à un mouvement intérieur.

La toundra était couverte d'os et de fragments. J'avais du mal à croire que la cafetière trouvée par terre datait du temps de Larsen, tout comme les bouts de bois argentés. À supposer qu'ils viennent du *St. Roch*, qui avait passé l'hiver dans la baie envahie par la glace, qui pouvait affirmer qu'ils n'avaient pas appartenu à des chasseurs inuits ? Plus je m'éloignais du site, plus la terre me semblait présente, tapissée de couleurs, de plantes minuscules apportées par le vent. Puis, une aberration dans la trame : cela ressemblait à une brindille dominant d'un pouce le reste de la végétation.

Elle n'est pas arrivée là toute seule.

Les yeux écarquillés, je me suis approchée, puis agenouillée pour mieux voir. J'hésitais à la toucher. C'était une baguette de bois cylindrique à l'extrémité aplatie qui formait un angle droit avec le sol d'où elle jaillissait, chose étrange, car rien d'autre ne s'approchait de la perpendiculaire dans ces parages. Tout s'inclinait pour mieux se blottir contre des siècles d'intempéries. Personne à la ronde. J'ai saisi dans mes doigts l'extrémité de la brindille et j'ai tiré doucement. Elle a glissé hors du sol tel un os de sa cavité, lisse, usée mais exsudant un reste huileux, soyeux, chaleureux dans ma main : la terre avait articulé quelque chose d'humain.

Le seul être humain que j'apercevais, c'était Aaju qui s'approchait dans son kilt et ses bottes de caoutchouc. Si quelqu'un au monde savait ce que faisait, fiché dans la terre, cet objet qui ressemblait à un os, c'était bien elle. Elle s'avançait vers moi, son fusil sur l'épaule. J'aimais beaucoup Aaju. J'appréciais sa façon de réfléchir avant de parler. Elle m'avait confié que, d'ordinaire, à Iqaluit, elle ne manquait pas de travail – celui de la vie de tous les jours ou celui de la réflexion requise par ses études de droit –, qu'elle trouvait parfois peu gratifiant, alors qu'elle se sentait, au cours de cette expédition, traitée comme une reine.

Je lui ai fait signe de la main, accroupie sur le sol. Avais-je bien fait d'en extraire le morceau de bois ? Je l'ai remis dans son trou. On ne voyait pas que je l'avais touché, ce qui m'a réconfortée. Je ne voulais pas être de ceux qui dérangent les choses du Nord, qui les déplacent, qui les profanent. J'ai lancé :

— Il y a quelque chose…

Aaju est venue me retrouver et s'est baissée.

— Ah !

— Est-ce que ça pourrait être un piquet de tente ?

— Non, pas un piquet de tente.

Elle a déterré la brindille de son trou et l'a levée vers le ciel pour mieux l'examiner.

— Ce sont des *pauktuutit*. Les chevilles qu'on utilise pour faire sécher les peaux de caribou.

Elle ne regardait plus la cheville, qu'elle tenait encore dans sa main, mais le sol.

— Quoi?

— Je cherche les autres. On en dispose cinq en cercle pour mettre la fourrure à sécher, avec la peau sur le dessus.

En scrutant le sol, elle en a trouvé une deuxième, puis encore une.

— On s'y prend toujours de la même manière aujourd'hui. Celles-ci doivent être... l'équipage de ce navire a dû...

Je n'avais pas établi de lien entre les *pauktuutit* et la vieille cafetière, les morceaux de planches ou les débris dont notre historien nous avait dit qu'ils avaient appartenu au *St. Roch*. Aaju voulait-elle dire que c'était l'équipage qui les avait laissées là durant l'hivernage?

— Sauf qu'ils étaient européens, lui ai-je opposé.

— Mais ils auraient pu apprendre cela de nous, a rétorqué Aaju. Autrement, leurs peaux n'auraient été bonnes à rien. Elles se seraient toutes recroquevillées.

Aaju semblait bel et bien persuadée que les chevilles remontaient à l'hiver 1942. Elle en savait tellement plus que moi au sujet de tout ce que nous trouvions sur notre chemin. Mais je n'arrivais pas à balayer la question de savoir si les chevilles, les morceaux de vaisselle ou d'os faisaient partie de l'histoire des Blancs ou bien de celle, ininterrompue, des peuples qui habitent le Nord aujourd'hui. Aaju disait vrai : ces deux modes de vie s'interpénétraient depuis longtemps. Sans ses guides inuits, Ikualaaq et Kinguuk, le navire de Larsen ne se serait peut-être jamais arraché à la banquise. Et comment aurais-je fait pour déchiffrer le Nord sans Aaju et Bernadette, les deux femmes inuites qui expliquaient patiemment leur terre natale aux gens qui, comme moi, sans la moindre intention d'y demeurer, traversaient cette région que nous persistions à appeler le passage du Nord-Ouest? Aujourd'hui encore, m'avait dit Aaju, son peuple chassait le caribou. Tandis que le mien s'entêtait à pourchasser le mythe d'une terre virginale qui attendait, vacante, que nous venions la « découvrir ».

Des voyageurs nous avaient rejointes. Aaju a accompagné notre groupe vers un endroit où il ne semblait rien y avoir. Je me suis surprise à me demander s'il lui arrivait de s'amuser de l'attention passionnée que nous portions à la moindre de ses paroles. Je l'imaginais penser : *Comment font-ils pour ne pas voir? Croient-ils vraiment qu'il n'y a rien ici? Ou s'ils imaginent qu'il y a quelque chose, pourquoi ont-ils besoin qu'on leur montre ce que c'est?*

— Cette végétation rabougrie qui nous entoure, a-t-elle lancé, nous l'appelons *tingaujaq* : ce qui ressemble aux poils du pubis.

Tout le monde s'est esclaffé. Elle a poursuivi :

— C'est inflammable. On frotte deux silex pour créer l'étincelle.

Comme j'étais lente, sur la toundra, à comprendre l'humour subversif d'Aaju. Aujourd'hui, j'essaie de me rappeler si les gens ont ri, s'ils ont réagi d'une façon qui aurait pu laisser croire qu'ils avaient compris le sous-entendu érotique, mais je crois que non.

Aaju nous a prédit que les fleurs jaunes qui émaillaient les *tingaujaq* allaient bientôt changer, se couvrir de duvet.

— Alors, quand nous marchons dans la toundra,

cette fleur nous rappelle : « Il faut mettre un manteau, il faut chasser le caribou, l'hiver est proche. »

Nous étions en août et, dans quelques semaines à peine, l'ardeur du soleil s'étiolerait. Nous enjambions les racines tarabiscotées des saules de l'Arctique, dont Aaju nous a appris qu'ils étaient plusieurs fois centenaires. Ils poussaient à l'horizontale, tête baissée, rasant le sol. Nous sommes parvenus à des rochers qui, n'importe où ailleurs, auraient passé inaperçus, mais Aaju nous a dit qu'ici, on les considérait comme des éminences, et qu'ils regorgeaient de nourriture.

— Les oiseaux chient partout sur la roche parce que c'est ici qu'ils nichent, parce que c'est en hauteur… même si ce ne l'est pas beaucoup…

Tandis que les autres poursuivaient leur chemin, Aaju est restée près de ce rocher couvert de lichen d'un or orangé, qui évoquait une carte géographique peinte sur une peau couleur d'étain.

— J'aime ça, a-t-elle soupiré. J'aime les couleurs.

Elle a fait lentement le tour de la roche, sans perdre une goutte de sa richesse flamboyante.

— J'aurais dû prendre mon appareil photo.

Je me suis demandé ce que la terre disait à Aaju, ce qu'Aaju gardait pour elle. Quelle générosité elle avait, quelle patience. Je l'avais vue manger des graines à corbigeaux auxquelles j'avais trouvé le goût de l'eau. Elle y décelait une douceur qui m'échappait. Je me suis demandé si elle trouvait cela pénible de marcher avec nous et d'essayer d'articuler, en tant que porte-parole de cette terre, les paroles qui nous aidaient à la percevoir. Elle avait passé plus de temps que nous en compagnie du rocher flamboyant. Si les fleurs de *tingaujaq* la prévenaient de leur voix ténue qu'elle devait enfiler son manteau et partir chasser le caribou, que pouvait lui souffler le lichen avec la cascade minutieuse de ses formes, son cri chromatique qui nous paraissait, à nous autres, muet? Laissant Aaju seule avec la roche, je me suis dirigée vers un filet d'eau sur lequel Junko, la spécialiste des huarts, observait une flottille d'oisillons miniatures.

— En japonais, m'a-t-elle soufflé, on les appelle « canards des glaces ».

Des flaques d'eau couraient parmi les saules et leurs feuilles rampantes, reflétant le ciel avec une douceur qui les rendait fantomatiques. Une mare était entourée de joncs d'une hauteur étonnante. Des touffes blanches d'*umingmak* flottaient entre leurs hautes tiges. Les bœufs musqués qui s'étaient arrêtés là pour boire avaient déjà repris leur errance.

Pourquoi est-ce si difficile d'accepter un cadeau? Un de mes bons amis, forcé par les circonstances à compter sur la générosité d'autrui, m'avait déjà dit que j'avais tort d'être si indépendante.

— Quand les humains donnent, avait-il poursuivi, c'est parce qu'ils cherchent la guérison. Quand je suis obligé d'accepter la générosité des autres, je me dis que c'est un privilège de pouvoir donner. Accepte ce qu'on te donne. Ne sois pas toujours celle qui offre.

J'ai fait le tour de l'étang en grappillant des filaments de laine, laissant la terre m'offrir ce présent et m'efforçant de ne pas me sentir coupable. Comme si je ne le méritais pas. Cette laine, quelqu'un d'autre en avait-il besoin? Qui savait même qu'elle était là? Je l'ai prise, comme la terre et les *umingmak* souhaitaient sans doute que je prenne, je l'ai lavée et je l'utilise encore aujourd'hui avec révérence, brin par brin.

Ah, mais peut-être un oiseau en avait-il besoin ?

A-t-on jamais fini de douter ?

Cette nuit-là, nous avons mis le cap sur le rivage de l'île du Roi-Guillaume où, en 1845, 129 hommes de l'expédition de Franklin, contraints d'abandonner leurs navires prisonniers des glaces, ont marché vers la mort et sont entrés dans la légende. Munie de mon carnet à dessin, je me suis dirigée vers la bibliothèque où Sheena dirigeait un de ses ateliers d'art. Dans une boîte, sur la table, se trouvaient des cartons sur lesquelles elle avait écrit des instructions énigmatiques avant de les retourner.

— Prenez-en une, m'a-t-elle lancé d'un ton espiègle.

Je les ai remuées avec circonspection, du bout des doigts.

— Allez. Tout ira bien.

J'ai choisi un carton qui disait : « Déformez quelque chose. » Déconcertée, je me suis tournée vers elle dans l'attente d'une explication, mais elle n'a pas levé le nez de son dessin. Cela me faisait un peu peur. Déformer quelque chose ?

Tandis que je me débattais avec le carton que j'avais tiré, notre navire s'approchait du détroit de Rae, nommé en hommage à l'explorateur écossais John Rae, qui était rentré en Angleterre pour apporter à Jane Franklin une bien triste nouvelle : non seulement son mari n'avait pas réussi à découvrir le tant convoité passage du Nord-Ouest, mais ses hommes, dans leur marche hallucinée, amaigris dans leurs chemises de soie et leurs gilets à chevrons, s'étaient livrés au cannibalisme. Tout cela s'était déroulé à quelques milles seulement de notre position actuelle. Cette histoire d'Européens dont j'étais porteuse entrait en conflit avec tout ce que j'avais vu et senti dans cette contrée. Cette terre était chargée d'une telle puissance, d'une telle bienveillance qu'elle m'avait paru plus nourricière, plus profonde, que tous les lieux que j'avais foulés dans le Sud, cet autre monde.

Le bateau longeait la côte de l'île du Roi-Guillaume. J'étais contente de sentir l'eau sous nos pieds : à l'instar du profond mystère boréal qui se faisait jour en moi, elle ne connaissait ni lignes droites, ni angles, ni logique linéaire trop facile. S'y trouvent, en suspension, des algues invisibles entremêlées de rêves et d'os. S'il y avait quelque chose de difforme, me suis-je dit en contemplant le *koan* que m'avait posé Sheena, c'étaient bien mes tentatives répétées de tracer la carte de ce voyage au lieu de prendre conscience que, la carte, c'était moi, que la puissante terre du Nord était déjà en train de se dessiner dans mon être.

CHAPITRE SEIZE

Gjoa Haven

Le lendemain matin, nous avons mouillé l'ancre dans le havre de Gjoa Haven, l'unique hameau de l'île du Roi-Guillaume. Il illustre à merveille la dualité introduite par l'histoire européenne qu'on a plaquée sur un prétendu « Nouveau Monde » en réalité très ancien. Comme d'autres lieux de l'Arctique, il porte un nom européen et un nom inuit. Le navire de Roald Amundsen, l'explorateur norvégien qui y a séjourné pour étudier le pôle magnétique, se nommait *Gjøa*. D'un même souffle, l'histoire européenne attribue à Amundsen la fondation de cette communauté tout en précisant que, s'il y est demeuré aussi longtemps, c'était pour séjourner auprès des Inuits de la région, qui lui ont enseigné leurs coutumes ancestrales. Quant au nom inuktitut du hameau, Uqsuqtuuq, il fait référence à la graisse abondante qu'y trouvaient les chasseurs nomades.

Lorsque notre zodiac a touché terre, un Inuit nommé Simon s'est approché de nous pour répondre à nos questions. Il portait un chapeau de laine artisanale avec des

rayures d'azur, d'indigo et d'un rouge ardent qui resplen-
dissaient comme une aurore boréale, et un pompon extra-
vagant du même fil chatoyant.

— Votre chapeau, lui ai-je dit. Belle laine.

— Oui.

— C'est du crochet.

— Ça fait dix ans que je l'ai.

— Il a l'air tout neuf. D'où vient-il?

— Du nord du Québec.

Il s'est détourné pour nous conduire vers le hameau,
traversant une étendue sablonneuse qui semblait avoir été
retournée pour les besoins d'un chantier de construction
et qui portait les traces crénelées de la machinerie lourde.

— Traditionnellement, m'a expliqué Bernadette
Dean tandis que nous lui emboîtions le pas, les Inuits
venaient chasser l'ours dans l'île du Roi-Guillaume. Ils n'y
restaient pas longtemps. Personne n'habitait ici.

Ils vivaient, a-t-elle précisé, plus loin vers le sud, dans
une baie abritée au bord de la rivière Back. Vers la fin des
années 1920, la Compagnie de la Baie d'Hudson avait jeté
ici les bases d'un avant-poste. Pourtant, en 1960 encore,
le hameau ne comptait pas plus d'une centaine de résidents permanents – contre un millier aujourd'hui –, car
les Inuits avaient continué à tirer parti de la terre selon
leur ancienne coutume, différente de l'habitude des
Blancs de former des peuplements statiques, permanents.
Aujourd'hui, les Inuits d'Uqsuqtuuq pratiquent encore la
chasse, la pêche, la danse du tambour et les chants de
gorge dans cette région qu'ils continuent à quitter pour
rejoindre leurs camps traditionnels, sur la rivière Back
entre autres.

Derrière Simon, qui nous regardait grimper depuis la plage dans nos bottes de caoutchouc, une enfant de sept ans portait son petit frère blotti, comme dans un amauti, dans un chandail d'homme à capuchon dont elle était vêtue. La fermeture à glissière bien remontée et les manches nouées sur sa poitrine empêchaient la petite boule de glisser.

Tandis que nous nous promenions dans ce petit port dont Amundsen avait dit qu'il était l'un des meilleurs du monde, nous nous trouvions au point de contact même des gens qui y sont chez eux et de ceux qui, poussés par la soif de richesses, par la poursuite d'un rêve ou par un désir de conquête, ne font qu'y passer. Nos pas nous menaient vers le centre communautaire. Je sentais la fébrilité des enfants et des aînés qui s'attroupaient pour nous voir. Au programme : tambour, danse et vente d'artisanat.

Nous n'étions pas venus pour faire les boutiques mais pour observer, pour apprendre. Pourtant, j'étais en proie à l'esprit compétitif du shopping : je voulais être la première à pénétrer dans la salle où les vendeurs avaient déjà étalé leurs marchandises sur des tréteaux ou des tables de jeu. Or, dans l'entrée, je suis d'abord tombée sur un adolescent, dont le nom ne figurait sans doute pas sur la liste officielle des artisans autorisés à vendre à l'intérieur. Il avait sculpté dans l'os de petits animaux qu'il avait enfilés pour en faire des colliers. Mais ce qui avait retenu mon attention, c'était son couteau de sculpteur posé à côté d'un ours en os, grand comme la moitié de sa main, qui évoquait l'ours polaire de l'île Beechey à une différence près, sur laquelle je n'arrivais pas à mettre le doigt.

— Est-ce que l'ours est à vendre ?

— Je n'ai pas terminé. Je pensais que votre bateau allait venir demain.

— Alors tu voulais qu'il soit prêt demain.

Il a hoché sa tête couverte d'un capuchon du même genre que celui que porte mon adolescente restée à la maison. Son visage exprimait à la fois le regret de ne pas pouvoir vendre son ours aujourd'hui et l'effort qu'il faisait pour ne pas en paraître affecté. Mais il me plaisait, cet ours. J'aimais les marques qu'y avait laissées la main du garçon : trace de rabot, encoche, lignes assurées bien que douces.

— Est-ce que je peux te l'acheter même s'il n'est pas fini?

Il m'a regardée comme si je n'étais pas très gâtée côté intellect.

— Je veux dire : y verrais-tu une objection? Il me plaît comme il est.

Une partie de moi éprouvait de la honte. Laisse cet artiste achever son ouvrage! Comment me sentirais-je si quelqu'un me demandait de lui remettre une histoire aux trois quarts écrite? Comme si elle laissait à désirer. Je refuserais.

— Pourquoi pas…

Après l'avoir regardé comme pour lui faire ses excuses, il m'a tendu son ours que je lui ai payé le centième de ce qu'allaient débourser les autres en échange de sculptures exécutées par ses aînés, terminées celles-là.

— Je peux te photographier avec l'ours?

Ma balourdise n'avait-elle donc pas de bornes? Je voulais pouvoir le regarder encore, lui, l'artiste, car je savais que j'allais adorer l'ours qu'il avait sculpté. Mais qu'est-ce au juste qui lui donnait cet air bizarre? Il était inachevé, mais il y avait autre chose qui ne concordait pas avec mon peu de connaissances au sujet des ours polaires.

— D'accord.

— Comment tu t'appelles?

Je ne pouvais pas faire l'acquisition de cette œuvre sans connaître le nom de l'artiste, mais je me sentais encore une fois idiote, une touriste imbécile qui ne connaît rien à ce qui différencie un ours de qualité d'un ours inachevé.

— Jacob.

Quand il m'a tendu son ours, j'ai senti qu'il était doué pour la sculpture. J'aime les œuvres en devenir. La vision de leur créateur y reste chargée de possibles. Mais aussitôt que j'ai montré l'ours à l'un des autres passagers, il m'a donné avec enthousiasme la recette qui me permettrait de remédier à ses défauts.

— Quand vous serez rentrée chez vous, procurez-vous une lime grande comme ça – il a écarté ses doigts de trois pouces – dans un magasin de fournitures pour artistes, au rayon de la sculpture. Et limez toutes ces traces de coupe.

Mais ces marques, c'était justement ce qui me plaisait. Je l'ai tout de même laissé parler. Cela me serait peut-être utile un jour de savoir comment achever toute seule une sculpture de pierre. Je pouvais toujours classer ses instructions avec les autres informations utiles que je n'aurais jamais le temps de mettre en pratique dans cette vie-ci, comme la méthode pour filer ma laine de bœuf musqué à l'aide d'un fuseau ou la façon de fabriquer un cadran solaire d'urgence et de m'en servir.

— Pour qu'il brille bien, a-t-il repris, poncez-le pendant une demi-heure avec du papier sablé de grain 180.

J'ai hoché la tête.

— Ensuite, mouillez du papier sablé sec très fin, de grain 600, et continuez à poncer pendant encore deux heures.

Il a attendu que je prenne tout cela en note.

— Il y a des gens qui utilisent de la cire, mais pas moi. Cet ours va acquérir un joli éclat même sans ça.

Un joli éclat? L'ours en était si loin que je n'arrivais pas à l'imaginer prendre un fini satiné. Voulait-il dire qu'il allait se mettre à luire comme les sculptures inuites que proposent les boutiques de souvenirs qui pullulent à Ottawa, aux abords de la colline parlementaire? Le teint crayeux, grêlé, de l'ours de Jacob pouvait-il se transformer… mais était-ce vraiment ce que je voulais?

— Ensuite, vous pourrez fabriquer vos propres sculptures; avant ces étapes, il vous suffira d'acheter de la pierre à savon et une scie de petite dimension pour dégrossir le bloc. On en trouve dans les quincailleries.

— Merci.

J'ai glissé l'ours de Jacob dans ma poche. Effacer les marques de ses mains comme si elles étaient fautives ou indésirables? Les remplacer par l'idée que je me faisais d'une surface parfaite? Non. Je me suis souvenue de la fois où mon père m'avait proposé de remettre en état un vaisselier de facture grossière qu'il avait déniché pour mon compte, dans la baie de Bonavista.

— Il n'y a que les musées ou les idéalistes de l'émission *Antiques Road Show,* avait-il déclaré, pour vouloir conserver les objets dans l'état où ils les ont trouvés. Toute cette poussière, cette crasse, accumulées pendant un demi-siècle dans le sous-sol de quelque vieille dame. Ils n'ont pas à vivre avec dans leur cuisine…

Mais j'avais imploré mon père de limiter ses interventions à le nettoyer doucement et à réparer un montant cassé. Je le savais capable de lui donner fière allure, mais je préférais laisser ce buffet raconter ses vieilles histoires.

— J'ai laissé le coin usé par toutes les mains qui l'ont ouvert au fil des années, m'avait-il annoncé.

En effet, le coin d'une des portes ressemblait à un morceau de beurre léché par le chat. Je ne l'avais pas remarqué ; j'étais contente qu'il n'y ait pas touché mais qu'il l'ait vu, et aussi qu'il me l'ait dit. En glissant l'ours de Jacob dans ma poche, je savais que je voulais conserver de la même façon la marque de ses mains. Mais pourquoi sa forme me paraissait-elle incorrecte ? Je l'ai montré à l'un de nos scientifiques :

— Sa silhouette ressemble à celle d'un ours polaire, mais pas tout à fait. Il y a autre chose. Il est blanc, mais…

— Nous venons d'entrer dans l'aire géographique où l'ours polaire cède la place au grizzly, m'a-t-il répondu. On a longtemps pensé que tout croisement entre ces deux espèces était impossible. Mais aujourd'hui, alors que la banquise fond et que l'habitat des deux espèces se transforme, de nombreux observateurs ont aperçu des ours hybrides. On possède pas mal de preuves de leur existence, et si c'est bien le cas, c'est ici qu'ils se trouveraient. Peut-être – il a soulevé l'ours pour mieux l'examiner – l'ours que vous avez ici en est-il un. Regardez, ici. Ce museau, la largeur du poitrail, la dimension de la tête…

Mon ours avait ainsi, deux fois plutôt qu'une, un caractère inachevé.

Je suis entrée dans la salle communautaire pour assister aux danses. D'un côté étaient assis les hommes, les femmes et les enfants d'Uqsuqtuuq qui avaient fabriqué des objets à vendre. Une fillette vêtue d'un magnifique manteau de laine brodée, perlée et ornée d'une queue de loup ou de renard, se faufilait parmi les artisans. Élisabeth, celle qui m'avait montré son ravissant caraco ancien, m'a soufflé :

— Si seulement j'avais un manteau pareil, assez grand pour moi…

Avec ses épaules bouffantes, ses manches cloche et ses basques, celui-ci ressemblait moins à tous les autres manteaux que j'avais vus qu'à une robe de cérémonie conçue pour le froid boréal.

— Je n'ai qu'à le lui demander.

— Vraiment?

— Je la vois, elle court vers les toilettes. Je vais lui poser la question.

— Vous n'allez pas la suivre?

— Mais oui. Je vais juste lui demander qui a confectionné ce manteau.

J'ai couru derrière l'enfant à qui j'ai adressé un sourire pas trop terrifiant, du moins l'espérais-je.

— Salut.

— Salut.

Petit rire.

— Mon amie Élisabeth aime beaucoup ton manteau. Elle se demandait qui l'a fabriqué.

Sur les talons de la petite fille, j'ai fait le tour des marchands de pendentifs en griffes d'ours, d'objets sculptés avec les outils qu'il fallait jusqu'à ce qu'ils reluisent, de mocassins, puis de chapeaux, jusqu'à une femme qui conversait avec ses amies. Élisabeth s'est approchée timidement et, quand nous nous sommes croisées de nouveau, elle tenait un schéma détaillant tous les points sur lesquels elles s'étaient entendues, la couturière et elle. Dans quelques mois, l'artisane allait lui envoyer chez elle, dans le Sud, un manteau de cérémonie tellement somptueux qu'il faudrait à Élisabeth toute son audace pour le porter dans la rue. Entre son manteau d'Uqsuqtuuq et son caraco de laine, Élisabeth serait vêtue comme une reine du Nord.

Après avoir marchandé le prix de quelques pendentifs – des griffes de grizzly –, un passager américain venait d'apprendre que la loi lui interdisait de les faire entrer aux États-Unis. Je me suis demandé encore une fois comment on attire à nous ce qui nous séduit. Cela me faisait réfléchir à l'usage différent qu'on fait des parties d'animaux, les griffes par exemple, selon qu'on habite ou non dans l'Arctique. J'ai acheté deux de celles dont l'Américain avait dû se départir, trouvant cela étrange d'avoir le droit de les rapporter chez moi, car le sud du Canada me semblait à ce moment aussi éloigné du Nord que la Floride ou le Texas.

Assise au milieu d'outils et d'ustensiles de cuisine, une vieille dame exposait un *ulu* artisanal. Je m'en suis saisie.

— Il a l'air ancien.

Elle a hoché la tête.

— C'est vous qui l'avez fabriqué?

Hochement de tête.

On en trouvait partout dans le Nord, dans la main de

243

leurs utilisateurs ou les broderies de leurs manteaux et couvertures, mais ceux auxquels avaient accès les touristes étaient en général inutilisables, objets décoratifs fabriqués en vitesse avec des matériaux neufs ni assez épais, ni assez solides pour trancher quoi que ce soit. Aaju Peter en avait un vrai, dont elle s'était servie pour nous montrer comment découper de la viande de phoque crue en petits cubes semblables à des rubis frémissants, maniant d'un geste circulaire la lame en demi-lune qu'elle tenait fermement par sa poignée d'os. Les *ulus* véritables se caractérisaient par leur forme, aussi agréable à regarder qu'à manipuler, la beauté née de leur utilité et de leur sobre élégance.

— Combien ?

Après avoir empoché l'ours de Jacob et deux griffes de grizzly, voilà que je convoitais cet *ulu*. Ce qui m'inquiétait, c'était qu'il était usé ; cette femme avait aussi bien pu l'attraper chez elle à la dernière minute avant de se rendre là où nous étions rassemblés. Enlever son ustensile de cuisine à une vieille dame ? J'avais plutôt intérêt à me servir de mes propres couteaux Sheffield en acier inoxydable aux poignées ivoire, un pour la marmelade et l'autre pour le bon beurre de vache Devon.

— Soixante dollars.

D'où vient cette pulsion, ce besoin d'emporter un petit morceau de quelque chose, de quelque part ou de quelqu'un, de le posséder, d'en faire une partie de soi ? Alors que l'ours polaire m'avait enseigné notre unité à tous, ici, dans la salle communautaire de Gjoa Haven, je me dissociais de nouveau. Séparée, je voulais faire partie des *ulus*, partie des grizzlys, de l'ours de Jacob, de la chorégraphie qui se déployait maintenant un peu plus loin. Or, malgré mon amour de la danse, j'en étais incapable, moi qui ai toujours dansé, même en pleine rue, au risque de me couvrir de ridicule. Je m'étais blessée aux tendons d'Achille et je redoutais qu'ils claquent si j'entrais dans la danse. Je n'avais pas plus envie de quitter le Nord en hélicoptère de sauvetage que de mettre à l'épreuve la clause de rapatriement d'urgence de ma police d'assurance.

J'ai acheté l'*ulu* avec sa lame en arc de cercle. Cercle qui, comme un arc-en-ciel, n'était qu'en partie visible, et qui, tout comme la complétude exprimée par la terre, l'ours polaire et les bœufs musqués, existait sans doute alors même que je m'en dissociais par intermittence. J'ai pris l'*ulu* – beau à ravir avec sa tige de cuivre, sa poignée d'os, sa lame d'acier – en luttant contre le sentiment de le ravir à la femme qui l'avait fabriqué. Ne m'étais-je pas souvent réjouie de vendre des objets de ma fabrication ? Ceintures, sacs à main, chapeaux, récits. Je m'étais séparée de plusieurs parties importantes de mon être, de mes créations, et avec la recette j'avais acheté de la viande, des fruits, des billets d'avion ou des pommes de terre. On crée un objet, on l'aime, on le vend ; nous, les femmes, sommes peut-être plus nombreuses à faire commerce de ce que nous avons fabriqué, utilisé, aimé – et sans doute nous unit-elle, cette affaire de création, de renoncement, de perte, de désir, d'échec, de soif de complétude.

Jacob : le garçon qui avait sculpté l'ours. La femme dont je détenais maintenant l'*ulu* : elle s'appelait Sarah. Si je savais comment ils s'appelaient, c'était parce que je leur avais posé la question. Mais ils ne m'avaient demandé mon nom, ni l'un ni l'autre.

Tandis que les danseurs dansaient, nous nous sommes rendus, quelques-uns d'entre nous, au bureau du centre communautaire pour voir la collection d'objets historiques de Gjoa Haven. Laissant les autres examiner sculptures et cartes marines, j'ai dérivé vers un coin tranquille, mais quelqu'un m'avait suivie : un villageois que je n'avais pas remarqué jusque-là. Affublée du vieil imperméable Helly Hansen de mon mari, couvert de ciment, de peinture, de ruban adhésif et trop grand pour moi, je savais que je ne payais pas de mine. Mon mari me dirait plus tard que l'imper était sans doute la raison qui avait poussé cet homme à me choisir pour me confier ce qu'il avait à me dire. C'est le genre d'imper, a-t-il précisé, qui attire les confidences.

— Combien de temps, m'a soufflé l'homme à l'oreille, comptez-vous rester par ici ?

— Je pense qu'on passe juste la journée.

— Vous ne serez pas là la semaine prochaine. Dommage.

Chaque fois que la vie me propose une interaction intrigante, une sorte de mécanisme me pousse à répondre comme si tout était parfaitement normal. Ce qui est parfois regrettable, mais dans ce cas, je me suis dit que j'étais trop vieille, trop mal fagotée pour qu'il tente de me séduire ou de me détrousser. L'homme, qui s'exprimait à mi-voix, avait beau me serrer de près, je ne décelais aucun danger.

— Et pourquoi donc ?

— Il y a environ soixante ans de ça, le père Henry a mis la main sur le journal de bord de Franklin.

— Le père Henry ?

— Notre curé. C'est un vieux bonhomme inuit qui lui a remis les documents. Il les a enveloppés dans un genre de toile cirée, puis les a placés dans une boîte en fer-blanc, avant de les enterrer ici, à Gjoa Haven.

— Le journal de bord de Franklin?

C'était presque impossible de ne pas élever un peu le ton en parlant d'un tel document. Je me suis souvenue d'un minuscule écriteau collé au mur du modeste hôtel parisien où j'ai séjourné durant ma vingtaine. On demandait instamment à l'aimable clientèle de conserver son *sang-froid* dans l'éventualité d'un incendie ou de toute autre circonstance indésirable, peu importait la force des flammes. On n'avait jamais retrouvé le journal de bord de Franklin. Pas un bouton de ses habits n'avait été exhumé. À bord de notre vaisseau, tout le monde avait, à un moment ou à un autre du voyage, nourri le rêve de voir ressurgir sous nos yeux tel ou tel vestige de l'expédition Franklin, recraché par la toundra ou par les vagues qui léchaient le rivage rocheux. Nathan Rogers avait jeûné une bonne partie du voyage, et je lançais des sondes psychologiques de mon cru autour du navire, par air, par mer ou par terre. Nous tendions l'oreille sans relâche dans l'espoir de capter les indices de ce territoire de mystère. Le journal de bord de Franklin? Divaguait-il? Avais-je bien entendu?

— Ici même, en ville. On va le déterrer la semaine prochaine.

— Vraiment.

— Il y avait un seul oncle qui était au courant, et il n'a rien dit jusqu'à l'année dernière. C'est lui qui a gardé le secret.

— Votre oncle?

— On a un archéologue qui va venir creuser la semaine prochaine avec son assistant. L'excavation sera faite en bonne et due forme et nous enverrons le document à Ottawa pour examen.

— À Ottawa?

— Il y a un tas de détails juridiques. Si vous voulez me suivre dans mon bureau, je peux vous montrer tous les papiers confidentiels.

Je l'ai suivi. Il a sorti de son secrétaire des papiers qu'il s'est mis à photocopier à mon intention, dont un contrat liant la famille de cet homme à une étude de notaires et d'avocats de Sherwood Park, en Alberta. Il m'a également tendu le procès-verbal d'une rencontre entre sa famille et des représentants du gouvernement du Nunavut, un historien et un avocat-conseil au sujet de documents enfouis et réputés provenir de l'expédition perdue de Franklin de 1845.

Les papiers y étaient décrits comme ayant été enveloppés, avant d'être enterrés, dans de la toile cirée, puis enfermés dans une boîte en métal. Il y aurait bel et bien une fouille le même mois et l'envoi de la boîte, encore scellée, à l'Institut canadien de conservation, à Ottawa. Bien que reconnaissant la nécessité de conserver les papiers dans les meilleures conditions possible, la famille tenait mordicus à ce qu'ils soient au bout du compte rapatriés à Gjoa Haven. Il était fait état de discussions entourant la garde, temporaire ou permanente, des documents de Franklin. Qui en serait le vrai propriétaire lorsqu'ils seraient exhumés? Les membres de la famille avaient signé une montagne de formulaires de consentement, stipulant

248

comment ils voulaient ou non que soit utilisé ce rapport préliminaire que l'inconnu venait également de me flanquer dans les mains.

— Pourquoi me donnez-vous tout ça?

— On attendait le bon moment. Le gouvernement s'intéresse de plus en plus au passage du Nord-Ouest. Ils veulent aller plus loin qu'une simple surveillance. Ce moment, c'est maintenant.

La musique de la danse me parvenait, mêlée aux acclamations de la partie de football qui se disputait non loin. Les derniers traînards qui étaient venus avec moi visiter l'exposition d'objets anciens étaient partis s'amuser avec les autres. J'étais seule avec cet homme, cette histoire du journal de Franklin et mon cœur qui palpitait. Je revivais l'époque de mes premiers contrats de journalisme pour l'*Evening Telegram* de St. John's, à peine mon diplôme de l'école de journalisme en poche. On me confiait les missions insipides dont les reporters chevronnés ne voulaient pas : calendrier des collectes de sang de la Croix-Rouge ou dîners de charité du Rotary International. Le point culminant de mes journées était l'instant où, tous les matins à 11 h 15, le rédacteur sportif se levait de son siège, ouvrait la porte de secours de notre troisième étage et frappait dans ses mains pour effaroucher un millier d'étourneaux qui s'élevaient des branches d'un couple de frênes luttant pour leur survie dans la cour. C'était avant l'époque des ordinateurs : nous avions des machines à écrire IBM Selectric et une presse à imprimer qui occupait tout le deuxième étage. Les nouvelles nous parvenaient au moyen de téléscripteurs logés dans un cubicule au sol couvert d'une langue de papier qui relayait à n'en plus finir les informations de l'agence Reuters et de La Presse canadienne, pour la plupart sans intérêt.

Environ un mois après avoir été engagée, je me trouvais seule dans la salle de rédaction. Tout le monde était sorti manger et j'en profitais pour travailler en cachette sur mon roman quand une fanfare d'alertes s'est soudain mise à sonner, résonner, bourdonner du côté des téléscripteurs. Je me souviens d'avoir gardé mon *sang-froid* alors que, si j'avais eu un tant soit peu de bon sens, je me serais levée d'un bond pour aller voir ce qui se passait. Sauf que moi, j'écrivais un roman. « Les vagues de son émotion se retirèrent de ce qu'il avait cru être son cœur, venais-je de taper, laissant derrière elles un lit d'argile limoneuse… » ou quelque fadaise de la même eau. Les téléscripteurs vibraient de la tête aux pieds. Pourquoi n'y avait-il pas un seul journaliste dans tout l'immeuble, à part moi ? Pas même Regina Best, qui signait une fois la semaine la chronique mondaine, ce qui ne l'empêchait pas de passer le plus clair de son temps dans la salle de rédaction, vêtue d'un de ses caftans somptueux, comme si elle était indispensable. Je me suis dit qu'il valait sans doute mieux que j'aille jeter un coup d'œil. Osant me glisser parmi les téléscripteurs, j'ai saisi l'un des rubans de papier qui m'arrivaient à la cheville.

Le pape.

Je ne me souciais pas particulièrement de lui, contrairement à bien des gens, sauf que, apparemment, on venait de lui tirer dessus.

Quelle tuile. Comme je fréquentais le cinéma, je savais que j'étais censée me précipiter au deuxième et hurler en agitant les bras : « Arrêtez les rotatives ! »

Coiffés de leurs visières vertes, un crayon sur l'oreille, les typographes et leurs apprentis sortiraient alors de derrière les machines, avec parmi eux Orson Welles et William Randolph Hearst. Qui me jetterait dehors, voilà ce qu'il ferait, pour m'apprendre à oser paralyser l'impression alors que, de toute évidence, le pape n'avait pas une égratignure et que je m'étais tout imaginé. Je suis retournée m'asseoir à mon pupitre, pétrifiée, jusqu'au retour des vrais journalistes qui sont aussitôt passés à l'action.

Qu'enseignaient-ils donc à l'école de journalisme? Les vieux loups de la profession ne répétaient-ils pas sur tous les tons que c'était de la rigolade? Ne l'avais-je pas vérifié moi-même, l'année où j'avais obtenu la note de passage au cours de reportage télévisé en dessinant des nuages et de la pluie pour illustrer les prévisions de la météo, tandis que des gens comme Susan Ormiston réclamaient haut et fort la tête des politiciens menteurs et corrompus pour faire sortir au grand jour toute la vérité? Voilà pourquoi, tantôt coiffée d'un hijab, tantôt d'un casque de camouflage alors que les balles lui sifflent aux oreilles, elle est devenue la correspondante étoile de la télévision publique alors que moi... où étais-je donc?

À Gjoa Haven, en train d'écouter un homme du nom de Wally Porter me confier qu'il savait où était enfoui le journal de bord perdu de Sir John Franklin. Cela, je m'en souciais, contrairement au pape, et je n'étais pas la seule, c'était important aux yeux de bien des gens... sans doute pas autant que ceux qui tenaient à la santé du pape, mais tout de même... je ne pouvais pas céder encore une fois à la paralysie. Je devais faire quelque chose. Mais il suffit d'avoir besoin d'un téléphone public pour n'en trouver aucun ! Pourquoi n'avais-je ni conservé mon vieux fichier Rolodex rempli de numéros importants ni fait mon entrée dans le XXIᵉ siècle en me procurant un téléphone intelligent ? Comment allais-je m'y prendre cette fois-ci pour arrêter les rotatives ? Le journal de Franklin était sur le point d'être exhumé dans quelques jours à peine, ici même, à Gjoa Haven, après plus de cent soixante ans, avec tous ses secrets : la gloire, l'ignominie, le scorbut, le cannibalisme, de la main même de Franklin…

Wally Porter m'avait communiqué tout ce qu'il avait l'intention de me révéler. Il fallait qu'il s'occupe de la paperasse, m'a-t-il annoncé, en préparation du grand jour. Même si je tenais ces documents secrets en main, j'ai décidé que la journaliste qui annoncerait la nouvelle ne serait pas moi. Cela ne m'appartenait pas. Bien qu'un des buts de ce voyage fût de découvrir des témoignages du passage des explorateurs européens, ce n'était pas ma spécialité. Je pensais sans cesse aux bœufs musqués, à la terre, à l'ours de l'île Beechey, c'était leur éloquence qui faisait les grands titres de mon journal à moi, le point convergent de mes intérêts. Il me manquait une certaine assurance, la frénésie de l'heure de tombée, un intérêt quelconque pour le chapitre de l'histoire du Nord intitulé *La Grande Exploration des Blancs*. Mais je savais exactement à qui m'adresser.

Filant comme le vent dans Gjoa Haven, je me suis mise à demander aux passagers qui prenaient des photos ou se promenaient entre la partie de foot et la salle de danse :

— Vous n'auriez pas vu Ken McGoogan, notre historien de l'Arctique ?

Quelqu'un a désigné la coopérative. Le cœur battant la chamade, j'ai gravi les marches quatre à quatre et parcouru les allées où s'alignaient les boîtes de corned-beef et les piments verts parachutés, tout comme moi, d'un autre univers. Puis j'ai aperçu Ken près des sachets de thé et je lui ai tapoté l'épaule. Je savais que la nouvelle dont je me préparais à lui faire part revenait à annoncer au chevalier Galaad que j'avais vu dépasser du sol une coupe d'argent au bord de laquelle adhérait encore une goutte de la grâce divine.

— Pourriez-vous – j'étais hors d'haleine – venir un instant avec moi? Je voudrais vous parler de quelque chose.

Ken m'a suivie sur le perron et s'est adossé au mur tandis que je déballais toute l'histoire. Il m'a écoutée attentivement, sans manifester son excitation ni interrompre ce qui devait lui sembler une élucubration. Plus je parlais, plus j'espérais qu'il dirait quelque chose, mais il m'a laissée poursuivre jusqu'à ce que je finisse par conclure, en désignant le centre communautaire d'un signe de tête :

— Il est là-dedans. Enfin, il s'y trouvait voilà quelques minutes.

J'avais dans l'idée que Wally Porter risquait de s'évaporer, autorisant Ken à s'imaginer que j'avais tout inventé, moi qui me sentais déjà suspecte aux yeux des experts du bord à cause de ma tendance à m'assoupir dès qu'ils discouraient trop longuement de sédiments alluvionnaires ou de la différence entre les labbes pomarins et parasites, alors que je pouvais crocheter jusqu'au petit matin dans la bibliothèque en écoutant Nathan Rogers interpréter *Dark Eyed Molly*. Or, le destin de Franklin m'intéressant presque autant qu'il passionnait Ken, je sentais mon visage rougir et brûler d'enthousiasme tandis que je lui révélais le secret du journal enfoui. Ken aurait eu une conduite irréprochable dans un hôtel parisien en flammes. Tout au long de mon laïus, il ne s'est pas départi un instant de son *sang froid*. Suivant calmement mes directives, il est allé trouver Wally Porter à qui il a prêté la même oreille attentive qu'à moi, après quoi il a pondu un article qui allait faire les manchettes nationales et internationales.

Ce soir-là, au dîner, notre table a partagé une bouteille de scotch. J'étais ravie que Ken ait fait honneur à cet événement bien mieux que je ne l'aurais pu moi-même, lui qui en connaissait, dans chaque veine de son cœur d'historien, les moindres détails et qui possédait, dans le milieu journalistique, suffisamment de contacts pour répandre la nouvelle. Mais je ressentais tout de même un pincement de fierté, puisque c'est moi qu'on avait choisie pour servir de canal à sa diffusion. J'avais donc décidé qu'il était enfin temps, à ce repas, de porter ma barbe d'explorateur, solidement fixée à mon visage au moyen des boucles discrètement passées autour de mes oreilles. Je ne doute pas un instant qu'elle a grandement contribué, aux yeux des experts du navire, à ma réputation d'authentique découvreuse d'importants secrets de l'Arctique.

CHAPITRE DIX-SEPT

L'île Jenny Lind et Bathurst Inlet

Notre navire avait traversé pendant la nuit le détroit de Simpson, au sud de l'île du Roi-Guillaume, franchissant la ligne imaginaire à partir de laquelle le détroit de Rae s'appelle golfe de la Reine-Maud. Au petit matin, après avoir mouillé l'ancre aux abords de la petite île Jenny Lind tout embrumée, nous avons débarqué en zodiac sur son rivage sablonneux. Ce n'est pas le nom d'un officier de marine ni d'un secrétaire de l'amirauté que porte cette petite île, mais celui d'une soprano, surnommée « le rossignol suédois », que l'explorateur John Rae avait admirée à Londres. Le XIXe siècle attribuait généreusement ce sobriquet aux cantatrices : j'avais déjà foulé le sol d'une autre île nommée Twillingate, à Terre-Neuve, berceau de la prima donna Georgina Stirling, alias Marie Toulinguet, également connue sous le nom de « rossignol du Nord ». N'en déplaise aux distingués mélomanes d'Europe, l'île de Jenny, tout comme celle de Georgina, n'était qu'un caillou perdu dans la brume. Ni l'une ni l'autre n'avait jamais eu l'honneur d'être fréquentée par un rossignol en chair et en os, oiseau qui, dans les vieux pays, était associé au romantisme, tout comme les rêves de trésors cachés dans les colonies. Ce avec quoi Bernadette Dean n'était pas du tout d'accord.

Nous déambulions dans le brouillard qui couvrait l'île Jenny Lind. Comme j'avais refusé une fois de plus de prendre part à la promenade longue, je suivais à pas lents la plus brève, déchiffrant la calligraphie des pistes des oies des neiges dans le sable. Son pays manquait à Bernadette, particulièrement les arbustes fruitiers. Nous approchions d'un endroit où elle espérait trouver des bleuets, dont elle s'ennuyait comme seuls en sont capables les gens qui aiment vraiment leur coin de pays. Je n'avais jamais éprouvé de nostalgie aussi poignante, mais cela ne m'empêchait pas d'observer que celle de Bernadette était bien réelle. Dans le brouillard, on distinguait à peine les passagers qui s'étaient joints à la longue randonnée, juchés sur une lointaine crête rocheuse. Les couleurs familières de leurs anoraks rouges et bleus se taisaient : ombres gris bleu à la file indienne se découpant sur l'horizon, ils courbaient l'échine pour se protéger du brouillard jusqu'à ce que celui-ci les avale un par un…

— On dirait, a remarqué Bernadette d'un ton sec, les hommes de Franklin.

C'était vrai. Ils étaient la réplique exacte de l'équipage de Franklin, comme s'ils reconstituaient une scène tirée de l'imaginaire européen, et inuit aussi, apparemment : les explorateurs blancs courant à leur perte, sombrant un par un dans l'oubli, vidés de toute individualité par les éléments.

Nous les avons regardés se perdre dans la brume. Je

me demandais si Bernadette nous considérait, nous qui ne faisions que passer dans cette région, de la même manière que les hommes de Franklin, navigateurs de passage, sans cesse poussés par leur quête, errant d'un bout à l'autre du continent sans jamais en découvrir le centre, car pour cela, il faut d'abord trouver un point où rester immobile.

La brume laiteuse donnait naissance à des créatures blanches, des oies des neiges volumineuses et lumineuses qui n'en émergeaient que pour mieux s'y dissoudre, se roulant en boule puis déployant leurs plumes en un éventail resplendissant. J'avais trouvé, couchés sur le sable, deux os en forme de croissants se reflétant l'un l'autre. Ils étaient plats avec des cavités et des arêtes intéressantes, de la taille environ du demi-cercle que je pouvais former avec mon pouce et mon index. Après avoir hésité, en proie à la culpabilité, j'avais tout de même fini par glisser dans ma poche ces deux parcelles de blancheur nées du brouillard blanc. Je me demandais si c'étaient les mâchoires de petits renards polaires. Notre biologiste passait justement à proximité. Quand je lui ai montré les os, il a dit : « Phoque ? » d'un ton que je n'ai pas trouvé très assuré. J'en avais beaucoup vu à Terre-Neuve, et ces os-là me paraissaient différents.

— Chaque fois que je les regarde, je pense à un petit renard.

— Non. Les molaires sont trop petites. Je pense qu'il s'agit ici d'un phoque.

Ici et là surgissaient des amas de pierres : deux colonnes mystiques surmontées d'un torse, puis d'une tête, pour former un corps humain. Je suis tombée nez à nez avec une de ces sentinelles de pierre que nous avons appris à nommer *inukshuks*. Celui-ci se dressait, magnifique, bien plus haut que moi. Une de ses jambes plantées dans le sable, l'autre juste à la lisière de l'eau, il s'efforçait de me parler. Je me suis demandé depuis combien de temps il était là, je tentais d'imaginer comment ces pierres avaient résisté aux amoncellements de la glace sur le rivage durant l'hiver et le dernier printemps. Un autre de nos savants de bord a émergé du brouillard et s'est émerveillé :

— De toute beauté.

— Il est là depuis longtemps, vous pensez ?

— Difficile à dire.

— Je veux dire, vous croyez qu'un des nôtres pourrait l'avoir construit ce matin ?

Il m'a dévisagée, franchement déconcerté :

— Qu'est-ce qui vous fait penser une chose pareille ?

Ce n'était pas la première fois que, incertains de l'âge, de la provenance, de l'authenticité ou de l'identité d'une de nos trouvailles boréales, nous hasardions différentes conjectures. Cet endroit suscitait la multiplication des récits, des interprétations. Oui ou non, Franklin y flottait-il toujours entre deux eaux ? Qu'avais-je dans mes poches ? Des mâchoires de phoque ou les os d'une autre bête ? Sur quoi étais-je tombée, un ours polaire, un grizzly ou un amalgame que certains considèrent comme une créature mythique ? Et si c'était bien un hybride, était-ce de l'histoire ancienne ou un nouvel élément de la longue saga de l'Arctique ?

— Je croyais que l'eau, le sable... que tout ça bouge avec le temps. Est-ce possible qu'il soit là depuis bien longtemps ?

— Tout à fait ; il existe peut-être depuis belle lurette.

Je suis remontée à bord en réfléchissant toujours à l'*inukshuk*. En voyant Nathan assis en train d'accorder sa guitare, j'ai su en un éclair :

— C'est vous qui l'avez construit.

— Quoi ?

— Il est magnifique. Les gens croient que ces pierres ont été placées là il y a très longtemps.

— Ah.

— Des scientifiques. Ils pensent que l'*inukshuk* se trouve là depuis des siècles.

Il a rejeté la tête en arrière et l'ornement de sa langue percée a scintillé.

— Il est vraiment superbe.

— Merci, *dude*. Comment tu l'as su ?

— Même les pierres qui ne touchaient pas l'eau étaient mouillées.

Nous avons pouffé de rire, après quoi il s'est mis à répéter *Willie O Winsbury* pour la jouer en spectacle plus tard dans la soirée. J'étais triste à l'idée que notre voyage touchait à sa fin. Aaju et Bernadette, Nathan, Sheena, Élisabeth et les autres passagers m'avaient permis de me rendre compte à quel point on peut s'attacher aux êtres, même quand on s'imagine préférer la solitude. On recevait des avis : « Dernier jour aujourd'hui pour nous remettre votre lessive. » Du linge à faire laver ? Je n'en avais pas, mais je savais ce que ces avertissements signifiaient : nous allions bientôt traverser le golfe du Couronnement en direction de Kugluktuk, notre destination, le point final de l'histoire, après quoi nous allions nous éparpiller et repartir vers le Sud, chacun chez soi.

— Les anciens, nous a confié Aaju pendant le

dîner, disent que l'esprit est tellement fort que le corps, en comparaison, est une plume que le vent pousse sur la toundra.

Je n'avais aucun mal à m'identifier à cette plume balayée au gré du vent sur le territoire que nous venions de parcourir, mais je ne trouvais pas mon esprit plus fort qu'elle. À la lumière de notre dispersion prochaine, toutes les âmes, toute la beauté que j'avais découvertes me manquaient déjà. Ce soir-là, au bar-salon, pendant le spectacle de Nathan, j'ai bu un brandy avec le capitaine. Nous n'avions pas parlé depuis que Wally Porter m'avait annoncé l'exhumation prochaine de la boîte enfouie à Gjoa Haven. Je lui ai demandé, retenant quelque peu mon souffle, ce qu'il en avait pensé.

— À supposer qu'il y ait vraiment quelque chose d'enterré à cet endroit, on ne sait pas ce que c'est, m'a-t-il répondu, parfaitement calme. Le journal de bord de Franklin ? C'est ce que dit la rumeur. Moi, je ne crois que ce que je vois.

Nathan a entonné *Willie O Winsbury* :

Défais-toi, défais-toi de ta robe roussie comme les fruits du néflier, dresse-toi nue sur ce rocher…

Ce n'était pas facile d'écouter en même temps deux hommes aussi beaux. Puisque le capitaine faisait le même métier que John Franklin, j'étais curieuse de connaître ce qu'il en pensait. Pendant ce temps, Nathan chantait les amours, filiales ou autres, des capitaines et des rois à travers les âges, et sa voix était de celles qu'on écoute de tous les os de son corps, pas seulement ceux de l'oreille, qui ressemblent à des coquillages.

— Quel genre d'indications, lui ai-je demandé, un

journal de bord comme celui-là était-il susceptible de contenir?

Le capitaine gardait le silence.

— Que contiendrait-il si c'était vous qui l'écriviez?

Était-il grand seigneur, duc ou chevalier, chantait Nathan, *homme de rang ou de renommée…* Je connaissais depuis longtemps cette chanson dont la mélodie m'emplissait de mélancolie.

— Il aurait continué à écrire – le capitaine a bu une gorgée de brandy, les yeux perdus dans le lointain – jusqu'à son dernier souffle. Jamais il n'aurait abandonné.

À voir son expression, j'ai mesuré à quel point il était facile pour un capitaine de perdre son navire. Je me suis rappelé que le navire jumeau du nôtre avait coulé dans l'Antarctique après avoir heurté un iceberg, il y avait de cela moins de quatre ans. J'ai interrogé notre capitaine à ce sujet.

— Oui, le capitaine de ce vaisseau est un de mes amis. J'ai moi-même navigué à son bord.

J'ai bien vu que cela l'attristait de penser au navire englouti.

Tout de soie rouge habillé, chantait Nathan, *ses cheveux abondants tels des rubans dorés…*

— D'après vous, ai-je poursuivi, quelle est la qualité la plus importante que doit posséder un capitaine de vaisseau?

Je m'attendais à ce qu'il se taise un instant pour réfléchir, mais il a répondu du tac au tac:

— La patience.

— La patience?

J'aurais cru qu'un capitaine devait se distinguait par

sa présence d'esprit ou par son sang-froid imperturbable. L'homme assis à mon côté avait l'air cartésien, prudent, résolu. Mais patient ? En quoi la patience était-elle nécessaire pour un capitaine ? Que pouvait-il attendre au juste ? De toute évidence, j'ignorais tout de son métier.

Nathan a entonné l'une de ses nouvelles compositions, *Le Joyau de Paris*: *La mer était mauvaise et la pluie tombait dru sur le Nouveau Monde, le jour où j'y suis parvenu...*

— Oui, a répété le capitaine, se souvenant. La patience.

Nous ne savions ni l'un ni l'autre à quel point nous en aurions bientôt besoin.

Tout paraissait tranquille dans la nuit. La lune presque pleine nous attirait vers un continent revêtu d'une douceur, d'un charme diffus, que je n'avais encore jamais observés dans le Grand Nord. Le matin venu, nous sommes partis marcher sur un terrain si accueillant, bien qu'inhabité, qu'il m'a rappelé Boyd's Cove, dans la baie des Exploits, à Terre-Neuve, où Gerald Squires, à la suite d'une vision, a sculpté Shanawdithit, la dernière survivante des Béothuks. Je me souviens du jour où je suis allée la contempler pour la première fois – seule dans le clair-obscur d'un bois d'épinettes et de bouleaux. J'avais senti dans la roche et dans l'eau qui nous entouraient la présence de son peuple, ces Béothuks qui n'ont pas survécu au débarquement de l'homme blanc à Terre-Neuve. Rien de désuet dans la façon qu'a Boyd's Cove d'inviter chaque être humain à une vie de joie, et c'était le même accueil, la même nature bienveillante, nourricière, qui sautait aux yeux dans Bathurst Inlet, où pourtant personne ne nous attendait.

Nous marchions de front, Aaju, l'anthropologue Kenneth Lister et moi, et nos arrêts fréquents obéissaient à l'invitation pressante de la terre, doublée de la certitude absolue que cet endroit avait déjà abrité des gens qui l'aimaient. Là-bas s'élevait une colline, là reposait une cuvette, ici se serrait un groupe d'arbres, chétifs mais protecteurs, juste assez drus pour amortir le vent. Un pin solitaire se dressait au-dessus d'une pierre à moitié enfouie, telle une stèle dans un vieux cimetière. On aurait dit la pierre tombale improvisée de quelqu'un, mais de qui ?

— Ça ressemble, a observé Aaju, à des sépultures d'hommes blancs. Une tombe d'Inuit aurait des cailloux empilés par-dessus, à moins qu'on n'ait enterré quelqu'un de malfaisant.

— Le peuple de Thulé se serait beaucoup plu ici, a remarqué Kenneth. Mais les Blancs, les baleiniers, c'est pour les bélugas qu'ils seraient venus. Il y a une belle plage et une quantité de points de vue.

Notre feuille de route indiquait que l'endroit était autrefois habité par la nation Kingaunmiut, qui a laissé derrière elle des vestiges tels que des cercles de tente en pierre ou des restes d'animaux, chassés pour leur viande et leur peau. Même Franklin était passé par ici durant l'été 1821, au cours de sa première tentative pour découvrir l'insaisissable passage. Ici encore, notre parcours nous menait à un point de convergence dont l'influence rayonnait sur plusieurs mondes, faisant de l'homme venu d'Europe, ce prétendu Vieux Continent, un nouveau venu, un visiteur identifiable par une note griffonnée en marge d'une histoire commencée bien avant son entrée en scène. Cette terre si ancienne nous parlait de l'instant présent, de sa présence immédiate, d'une vitalité insistante et persistante dont nous faisions partie. J'avais beau être consciente que, tout comme Franklin presque deux siècles plus tôt, nous ne faisions que passer, je sentais la terre m'intimer de ne pas m'inquiéter de mon appartenance. Cette terre qui, ainsi qu'Aaju et Bernadette avaient tenté de me l'expliquer, ne jugeait personne. Elle traitait tout le monde avec la même dignité et il ne tenait qu'à nous de lui rendre la réciproque. C'était cela que la terre attendait de nous, ici, dans le Grand Nord, comme partout ailleurs dans le monde.

Notre ornithologue Richard Knapton m'a appris que la grande plume que je venais de recueillir avait appartenu à une buse pattue. Sur la plage, une pierre faisait signe à ma main de la saisir.

— Qu'est-ce que ça peut être ? ai-je lancé à Marc St-Onge, l'interrompant en plein saut vers un rocher qu'il s'apprêtait à interpréter pour un cercle d'étudiants bien plus méritants que moi ; il ne manquait jamais de faire preuve de courtoisie, même envers les cancres.

— Ça, m'a-t-il répondu, c'est du calcaire et de la micrite, une roche jeune : elle n'a qu'un milliard six cents millions d'années. Elle témoigne de l'histoire de la ligne de faille de Bathurst, qui est à l'origine de l'existence de l'anse de Bathurst Inlet.

Cette plume et cette pierre, je les ai gardées. La plume avait erré au-dessus de cette région pendant une durée indéterminée. Quant à la pierre rouge sombre et dure comme un morceau de cœur ou de gésier, malgré sa jeunesse, elle m'emplissait d'un savoir tacite chaque fois que je la prenais dans mes mains.

J'ai rejoint Kenneth Lister au sommet du promontoire qui domine la plage. L'un comme l'autre, nous ne quittions qu'à contrecœur cet endroit qui se révélait de façon si éloquente fait pour les êtres humains, car les lieux peuvent autant que nous avoir besoin de compagnie. Elle était charmante, cette plage, avec ses aspérités et ses anfractuosités. Je comprenais Franklin de s'être arrêté ici dans son embarcation en écorce de bouleau. Et je me demandais qui pouvait bien reposer sous cette stèle européenne.

— Pour moi, ce sont les endroits comme celui-ci, m'a confié Kenneth, qui témoignent de l'histoire véritable … là où deux cultures, sortant de leurs aires balisées, sont entrées en interaction, créant un territoire qui n'existe pas sur les cartes, une zone… vivante.

Cette nuit-là, je suis sortie seule sur le pont afin de contempler une pleine lune spectaculaire qui illuminait le paysage de l'Arctique, répandant à perte de vue son vif-argent dans un enchantement bleuté. Plus tard, en croisant Marc, je lui ai demandé s'il l'avait remarquée. Marc avait fini par éroder ma résistance à sa matière. John Houston l'avait surnommé le missionnaire des roches, et je ne pouvais qu'acquiescer devant la conviction butée dont il faisait preuve et que j'avais déjà observée chez les gens très religieux que fréquentait mon premier mari. Les leçons de Marc avaient un je-ne-sais-quoi qui refusait de se dissiper malgré tous mes efforts pour leur échapper. Je les trouvais exaspérantes et pourtant conviviales.

— Oui, m'a-t-il répondu, j'ai vu la lune, elle est juste au-dessus de la division columnaire.

— La division columnaire?

— Oui, voyez-vous…

Et dans son emportement, il n'a plus été question de notre vieille lune ordinaire.

Ces colonnes prismatiques étaient dues à un phénomène de refroidissement… quelque chose à propos d'épais flots de lave… de perpendicularité… de seuils rocheux. Quelque chose, je n'ai pas tout à fait saisi quoi, formait toujours un angle droit par rapport à la surface de refroidissement. Il y avait autre chose d'hexagonal vu d'en haut…

À Bathurst Inlet, je n'étais pas arrivée à suivre son laïus au sujet de l'évolution paléoprotérozoïque du supergroupe de Goulburn. Je m'accrochais quand il parlait d'amas chaotiques, de glissements ou de coulées de boue, mais pour un instant seulement. Les géologues, j'en étais convaincue, étaient capables de réduire toute discussion touchant la lune aux minéraux dont elle se compose. Or les cailloux ne m'intéressaient pas en tant que tels, du moins me l'imaginais-je.

Cependant, grâce à Marc, je commençais à comprendre que la matière inorganique avait survécu à tout ce qui avait retenu notre attention au cours de notre périple. Qu'elle était antérieure à la vie telle que nous la connaissons. À l'ours polaire de l'île Beechey. Selon Marc, elle se trouvait même à l'origine de l'ours polaire, puisque c'était la vie minérale qui alimentait la flore dont se nourrissaient les créatures que dévorait l'ours. En se soulevant, la roche qui s'étendait sous nos pas constituait le principal agent de changement, ce qui n'était pas près de cesser, que je le reconnaisse ou non au cours de ma vie, cette vie fugitive comme une plume, si j'en croyais Aaju. C'est malgré moi que je m'intéressais aux minéraux. La pierre rouge que j'avais trouvée à Bathurst Inlet était jeune, avait estimé Marc : un milliard six cents millions d'années à peine, ce qui n'était rien à côté des stromatolites, ces étranges pierres fossiles aux motifs spiralés, décrites par lui comme les traces les plus anciennes de la vie sur terre et les « ancêtres de toutes les formes de vie actuelles ». Ces volutes m'ont rappelé les paroles d'une amie qui, un jour où je lui confiais que je me sentais coincée dans ma routine, m'avait dit que ce que nous voyons comme un cercle fermé représente peut-être en fait les circonvolutions d'une spirale s'élevant vers une phase d'expansion.

CHAPITRE DIX-HUIT

La suprématie du roc

Au quatorzième jour de notre voyage, l'atmosphère du navire a changé. Je pensais à mon mari, à mes filles qui cueillaient des figues et des tomates à Montréal en cette fin d'été, ou se promenaient à bicyclette le long de pistes ombragées. Tout le monde pensait à son chez-soi. Nathan Rogers, qui s'ennuyait de sa femme et de sa fille, ne parlait que de son désir ardent de les revoir. Bernadette avait hâte de retrouver ses fourrés de bleuets et de recevoir des nouvelles de l'enfant nouveau-né.

La feuille de route nous annonçait une dernière nuit à bord avant notre destination, Kugluktuk. À quatre heures, nous avions tous rendez-vous au salon pour nous remémorer notre voyage et échanger des anecdotes. Le dîner serait suivi d'un spectacle de variétés qui, en fermant pour un instant la porte à toute réflexion approfondie, nous permettrait de donner libre cours au chahut, à la fantaisie, à la camaraderie qui m'était si peu familière et que je commençais à apprécier. On se pressait dans les corridors en riant, on se promettait de boire un scotch, on trouvait toutes sortes de façons de se dire au revoir.

— Nous, on ne dit pas au revoir, m'a appris Bernadette Dean. On dit… et elle a prononcé un mot en inuktitut que j'ai oublié d'écrire et de retenir.

Il y avait déjà longtemps que mon carnet ne réussis-
sait plus à contenir toutes mes notes. J'en avais rempli un
sac à sandwich Ziploc rangé dans le tiroir de ma table de
nuit, dans la cabine 108, avec ma réserve de réglisse et
de noix salées à la limette et au piment fort. Le sac Ziploc
était plein à craquer ; mon journal avait fini par me
paraître trop officiel, trop encombrant pour que je l'emporte quand j'arpentais la toundra, sans compter que la
terre m'empêchait presque d'écrire en marchant, elle qui
parlait trop même si elle ne disait pas un mot. Je m'étais
donc mise à gribouiller des notes sur des bouts de papier :
au verso de la liste des fournitures à apporter à bord, dans
les marges de la feuille qui donnait le nom et les compé-
tences des accompagnateurs, sur les portions vierges des
feuilles de route que l'on glissait sous la porte de nos
cabines. Pages arrachées aux carnets que m'avait donnés
Sheena McGoogan, sur lesquelles j'avais griffonné les
noms anglais, latin et inuktitut des fleurs de la toundra
(silène de l'Oural : *nodding campion, pulluliujuit, Silene
uralensis*), suivant la bonne vieille habitude des humains
– aux résultats bien aléatoires – qui consiste à donner un
nom à ce qu'on cherche à comprendre. J'avais écrit : *tout le
monde est parti à la recherche du plongeon catmarin.*
Crayonné : *qu'advint-il de Franklin ?* Sur une enveloppe,
j'avais inscrit *Gavia stellata*, dont j'avais dû glisser la plume
à l'intérieur, sauf que le vent l'avait emportée. J'avais plié
la feuille que Nathan Rogers m'avait donnée, avec les
paroles de la nouvelle chanson qu'il avait écrite en cours

de route. Il y avait mon dessin du caraco de laine d'Élisabeth et l'histoire de la facture de lait d'Emily Carr. J'avais bourré mon sac à sandwich de tous ces souvenirs de voyage à la fois si précieux et si dénués de substance : comment ferais-je pour comprendre tout ce qui se cachait derrière les mille petites choses que j'étais parvenue à noter ou à croquer ? C'était impossible, mais tout ce que j'avais, c'était ces mille petites choses, mes souvenirs et ce que l'Arctique avait gravé dans mon cœur.

En allant rejoindre les autres dans le salon, je suis passée au pied de l'escalier menant à la cabine du capitaine devant la table où nous déposions nos minéraux et nos spécimens ; le crâne de renard qu'Aaju avait rapporté de l'île Jenny Lind trônait parmi les bouts de plumes, les fragments d'os et les curiosités botaniques recueillies et partagées afin d'alimenter la discussion. Au mur était accrochée la nouvelle carte publiée en 1999 par la Société géographique royale du Canada, sur laquelle nous avions tracé jour après jour la ligne de notre parcours : partis du Groenland, nous avions suivi le détroit de Lancaster, puis longé les détroits de Peel, de Franklin et de James Ross, contourné l'île du Roi-Guillaume, traversé le golfe de la Reine-Maud, dépassé Ikaluktutiak, sillonné aller-retour l'enivrant inlet Bathurst, puis pénétré dans le golfe du Couronnement où notre vaisseau se préparait maintenant à parcourir la dernière partie du voyage en direction de…

Le navire a fait une embardée.

La coque a raclé quelque chose de gros, qui n'avait rien en commun avec les morceaux de banquise que nous avions effleurés dans le fjord Karrat. Un vacarme sans fin, un horrible, irrépressible, déplacement hors de l'eau qui ne ressemblait en rien au balancement si doux, si ondu-leux, que nous avions connu jusque-là. C'était une sorte de rupture : s'inclinant avec fracas, le navire s'efforçait de s'immobiliser, en vain. Tandis qu'il poursuivait son avance effrénée, je me suis figée. Tout le monde s'est figé. Adossée contre la cage d'escalier, je me suis laissée glisser par terre, le dos appuyé contre la surface perpendiculaire la plus stable alors qu'elle n'était plus ni perpendiculaire ni stable. Le temps décrivait d'étranges cabrioles, phénomène cou-rant lorsqu'un long parcours sans encombre est inter-rompu par une collision catastrophique. Nous assistions à l'échouement de notre vaisseau ; alors qu'une partie de mon cerveau espérait une résolution miraculeuse, je pre-nais – nous prenions tous – conscience qu'il ne pourrait pas se redresser. Il s'était produit quelque chose qui allait bouleverser tous nos projets. Le navire n'atteindrait pas sa destination.

Durant l'éternel instant que dura le grincement atroce, la sirène d'alarme que nous avions entendue au début de la croisière, pendant l'exercice d'évacuation, s'est déclenchée. En repensant à ma maison, à mon mari, à mes filles, je me suis dit que nous allions sombrer, que nous étions perdus et que je n'avais pas rédigé de testament. Quelle imprévoyance de ma part ! Comment avais-je pu être assez stupide pour ignorer l'imminence de la mort qui nous guette sans cesse ? J'ai calculé le nombre d'années qui restaient à ma benjamine avant qu'elle termine son secondaire et je me suis demandé comment elle ferait, pri-vée de mes dernières années de maternage, pour acquérir son indépendance.

La sirène hurlait avec insistance ; les machines, quant

à elles, s'étaient tues. Dehors, j'ai aperçu la côte, à environ un mille, et je me suis dit que nous n'allions peut-être pas mourir en fin de compte : nous avions des chaloupes de sauvetage. J'ai pensé aux feux sur la toundra, à la pêche qui nous nourrirait jusqu'à l'arrivée des secours… s'ils venaient. À moins que le navire, dressé de toute sa hauteur et gîtant de plusieurs degrés, ne finisse par basculer, par couler comme son jumeau dans l'Antarctique ? Que m'avait dit le capitaine à propos de ce genre d'événement, pas plus tard que la veille au soir, quand je l'avais interrogé sur la qualité la plus importante que devait posséder un capitaine de vaisseau ? *La patience.* Je n'avais pas compris, je m'en souvenais fort bien, pourquoi c'était de patience que devait s'armer un capitaine – notre capitaine –, et voici qu'il en aurait besoin. Pas seulement en théorie.

Nathan s'est assis à côté de moi. Je me suis aperçue que les autres, voyant bien que n'étions pas en train de couler, reprenaient leurs esprits.

— Ça va ?

Nathan était calme. Au début de la croisière, quand il m'avait raconté la mort de son père, il m'avait aussi confié qu'il n'avait jamais peur en avion ; en effet, quelle était la probabilité qu'il trouve la mort exactement de la même façon que son père ? Il n'avait pas parlé d'un naufrage, mais il m'avait décrit ce qu'il ferait si jamais il se trouvait à bord d'un avion en perdition ou dans toute autre situation de danger mortel.

— Je voudrais mourir comme mon père avant moi, m'avait-il déclaré. En prêtant main-forte aux autres passagers. En assurant la survie du plus grand nombre. En essayant de les rassurer. En risquant ma vie pour sauver la leur. C'est ce qu'a accompli mon père, et c'est comme ça que je voudrais agir moi aussi.

La sirène qui refusait de se taire nous rappelait qu'il fallait faire quelque chose : on nous avait communiqué le protocole à suivre lors des premiers moments d'insouciance, au début du voyage, où l'exercice d'alerte nous avait paru fictif bien qu'un peu inquiétant. L'écho se répercutait dans le gouffre qui nous séparait de l'infime possibilité d'une catastrophe et que nous espérions ne jamais devoir franchir.

Pendant qu'on mettait les chaloupes à la mer, nous devions aller chercher nos gilets de sauvetage dans nos cabines, puis, après les avoir enfilés, redescendre à notre lieu de rassemblement. J'ai descendu les marches quatre à quatre, je me suis emparée de mon gilet et aussi de mon sac Ziploc bourré de notes : le navire en perdition qui allait m'en séparer n'était pas encore construit. Après l'avoir fermé et enfoncé dans ma poche, j'ai aussi empoigné l'ordinateur de Yoko, au cas où elle lui aurait confié des notes irremplaçables. La porte voisine de la nôtre, celle que j'avais vue mystérieusement entrouverte, avec l'inscription incompréhensible PÉ peinte dessus, était maintenant fermée. Comme si les mots se révélaient soudain en toutes lettres, son sens s'est illuminé dans mon esprit : « porte étanche ». À moins d'un mètre de ma cabine, cette porte jouait maintenant le rôle pour laquelle elle était vraisemblablement conçue. Tandis que je remontais à toute vitesse vers mon lieu de rassemblement, la sirène retentissait sans cesse, jusque dans mes veines où elle se mêlait au battement de mon cœur. C'était comme si une corne de brume avait revêtu le casque et le bouclier de l'amazone pour tirer de leur sommeil jusqu'aux marins morts depuis des lustres. Elle poussait un son grave, assourdissant, visant à nous pénétrer de la nécessité absolue d'accomplir chaque geste dans le moindre détail.

Notre chaloupe était descendue. Nous attendions. Les petites embarcations de sauvetage orange flottaient joyeusement sur l'eau comme des bouchons bizarrement enjoués. Quelqu'un a dit que nous n'allions pas nécessairement y descendre, qu'elles étaient prêtes en cas de besoin. Nous apercevions la roche sur laquelle nous étions échoués, plate, à fleur d'eau. Mais était-elle bien stable, et qu'en était-il de l'eau qui l'entourait?

Les gens se relayaient les renseignements qu'ils recueillaient; à mon sens, tout cela n'était que ouï-dire. Je voulais que quelqu'un me rassure une fois pour toutes: allions-nous couler, oui ou non? Il semblait que non, mais comment se faisait-il que tout le monde soit tombé d'accord là-dessus? Les heures qui suivraient m'ont appris à quel point le monde me paraît plus précaire qu'aux autres. Une heure après l'accident, le consensus voulait que nous ne courions pas de danger immédiat. Aucun navire ne croisait dans les parages, mais nous étions en contact avec la Garde côtière canadienne, qui avait peut-être des remorqueurs. Les gens se débarrassaient de leurs gilets de sauvetage qu'ils suspendaient aux fauteuils du salon, mais moi, je gardais le mien. Des passagers bien intentionnés, qui avaient l'habitude de naviguer, m'encourageaient gentiment à l'enlever, mais je tenais bon: nous étions en équilibre instable sur un rocher, qui savait quand le vent se lèverait et ferait gîter notre navire, l'envoyant glisser au fond de l'océan? Qui pouvait dire quels dommages la coque avait subis ? Même quand, dans les haut-parleurs, le chef de notre expédition nous a officiellement autorisés à ôter nos gilets, j'ai gardé le mien à portée de la main alors que les autres rapportaient le leur dans leur cabine. Le dîner serait servi comme d'habitude, nous annonçait-on, dans la salle à manger : un peu tard sans doute, mais délicieux comme toujours.

J'ai regardé les autres s'y rendre à la file indienne et les serveurs apporter des plateaux magnifiques aux tables inclinées selon un angle inédit. Pourquoi le soulagement qui se répandait dans l'ensemble du groupe ne m'atteignait-il pas ? Comment, me demandais-je avec stupéfaction, pouvait-on déguster un repas de cinq services dans un moment pareil ? Assise sur un divan, au bar qui jouxtait la salle à manger, mon gilet de sauvetage à mes pieds et mon sac Ziploc rempli de notes enfoncé dans ma poche, je les regardais passer. Comment faisaient-ils pour avoir faim ? Pour ma part, je doutais de ne jamais pouvoir manger de nouveau.

On me traitait avec gentillesse. L'une des passagères, une jeune femme aimable avec qui je m'étais liée, m'a offert un des minuscules comprimés sédatifs que son mari avait apportés « au cas où ». C'était peut-être ça. Je devais être la seule à ne pas avoir emporté de Lorazépam. Sheena McGoogan, toujours aussi adorable, est sortie de la salle à manger en ne me voyant pas déballer mon sempiternel morceau de beurre danois. Elle m'a tendu un bout de pain :

— Tenez, je comprends que vous ne voulez rien avaler en ce moment, mais il faut prendre un petit quelque chose parce que plus tard, cette nuit, vous allez regretter de n'avoir rien mangé.

Je l'aimais particulièrement à ce moment où j'ai mangé mon pain comme une petite fille qui obéit à une maîtresse d'école bienveillante. Me souvenant d'avoir laissé mon concertina dans la cabine, je suis descendue le chercher et je me suis rassise avec l'instrument sur mes genoux pendant que les autres continuaient de manger. À la nuit tombée, chacun a regagné sa cabine. Le vaisseau échoué, immobile, avait perdu sa faculté utérine de nous bercer. Allongée sur une banquette près de la fenêtre du salon, j'ai fini par m'endormir.

Les lève-tôt sont arrivés à six heures et demie pour prendre leur café. Je n'étais jamais sortie du lit à temps pour voir le salon ainsi orné de melons et de croissants aussi légers qu'appétissants. Les choses avaient adopté pour de bon notre nouvelle inclinaison et, bien que l'angle fût léger, il était déconcertant de marcher dans les corridors ; on se serait cru dans un escalier roulant en panne : dérapages contrôlés, équilibre faussé.

Le soleil s'est levé. Des passagers se sont hissés à l'extérieur et installés pour lire sur le pont en pente. Le bruit courait qu'un brise-glace de la Garde côtière, le *Henry Larsen*, s'apprêtait à nous porter secours. Une atmosphère festive se répandait peu à peu : un passager s'était mis à donner des leçons de yoga sur le pont tandis qu'Aaju, attablée à la terrasse du café, s'était lancée dans un atelier de découpage et d'assemblage de peaux de phoque. J'avais fini par remiser mon gilet de sauvetage dans sa niche. Je m'étais penchée au-dessus du flanc du navire pour observer le récif qui nous retenait prisonniers. J'étais obligée de reconnaître que nous y reposions de manière plutôt stable.

— Nous sommes situés, a précisé le chef de l'expédition par l'entremise des haut-parleurs, à 67 degrés 58 minutes de latitude nord et 112 degrés 40 minutes de longitude ouest... à proximité des îles Home... de l'archipel du Duc de York...

L'ampli s'est mis à crachoter, occultant le nom que les explorateurs avaient attribué aux autres groupes d'îles.

— Le bateau gîte mais son assise est stable. Nos citernes de ballast prennent l'eau, mais elles ne sont pas essentielles. Nous savons que la coque a subi quelques dommages. Sous la poupe, il y a trois ou quatre mètres de profondeur. Le capitaine essaie de profiter des marées pour rééquilibrer le navire de façon qu'il se dégage du rocher, mais il n'y a que trente à quarante centimètres d'écart entre marée basse et marée haute.

Patience, m'avait dit le capitaine. Je constatais qu'il mettait cette maxime en application maintenant qu'il venait de me rejoindre pour examiner, penché par-dessus le flanc du navire, le rocher dont il souhaitait si ardemment nous délivrer. Quelqu'un avait dit « par nos propres moyens », et j'ai compris qu'il ne voulait pas – que pas un capitaine ne souhaite – voir son navire ou ses passagers secourus par la garde côtière. Sous nos yeux, la marée montait peu à peu ; après s'être déchargé de deux embarcations de secours de dix tonnes, le navire a fait machine arrière. Le capitaine a actionné les propulseurs d'étrave qui se sont mis à pétrir l'eau, se servant de l'ancre comme point d'appui dans le but de déloger le navire. Mais il n'a pas bougé d'un pouce.

Patience.

J'ai vu le capitaine s'efforcer encore et encore de nous libérer, son visage rougi par l'effort d'attendre le retour de la marée. Les heures passaient. Les passagers formaient un club de lecture, sortaient leurs aquarelles, répétaient un spectacle de variétés. Après avoir passé deux semaines à bord de ce navire, j'avais fini par découvrir l'endroit où tout le monde disparaissait pendant que j'arpentais seule le pont du milieu : ils montaient sur le pont supérieur, lieu festif couvert de chaises longues, fréquenté par les goélands cendrés, les pétrels fulmars et les phalaropes, surmonté de ciel à perte de vue. Un paradis pour les amateurs d'oiseaux. Après le départ de tout le monde, alors que tombait la deuxième nuit de notre mésaventure, je suis restée pour recevoir la visite des aurores boréales, qui ne nous avaient pas encore fait cet honneur. Je me suis mise à danser sous leur chorégraphie vert, violet et argent, battant la mesure avec mes bottes de randonnée décaties. Notre ballet s'est poursuivi tard dans la nuit, jusqu'au moment où un membre de l'équipage, poli, timide, a gravi l'escalier pour me réprimander doucement :

— S'il vous plaît, m'dame… Le capitaine demande si vous auriez la bonté de ne pas danser sur le plafond de sa chambre.

Les boutons de son uniforme scintillaient dans la lueur des aurores.

CHAPITRE DIX-NEUF

Kugluktuk

Le lendemain, le capitaine a fait une nouvelle tentative pour combiner la puissance du moteur avec celle des marées afin de séparer de la roche le navire qui s'est ébroué en poussant des grondements retentissants.

— Le capitaine, nous apprit l'annonce qui suivit, n'essaierait pas de faire bouger le bateau s'il y avait quelque danger de l'endommager davantage. Il s'est entretenu avec des navigateurs qui se trouvent dans la région. Cependant, en raison du grand nombre de variables et d'inconnues, il n'a pas l'intention d'agir à la légère ni sans s'entourer de toutes les précautions possibles.

Je n'ai pu m'empêcher d'imaginer ce qui se produirait si le bateau ne parvenait à s'arracher du récif que pour se révéler incapable de flotter. À quel point la coque était-elle endommagée ? Qu'arriverait-il si… c'est alors que j'ai aperçu Marc St-Onge. Si quelqu'un à bord savait ce que cet affleurement rocheux était ou non capable d'infliger à notre navire…

— Salut, Marc.

— Salut, Kathleen.

— Quel, euh…

Marc savait fort bien que j'étais nulle en géologie. Les questions que je lui posais ressemblaient à celles que j'adressais à mon professeur de science-fiction, à l'université, interrogations propres à quelqu'un qui ne comprendrait jamais rien. Or, contrairement au prof de littérature, Marc était non seulement généreux mais indulgent envers les gens un peu bouchés, comme moi. Pour ce qui était de la bêtise, Marc avait un seuil de tolérance très élevé.

— Quel type de roche diriez-vous que… je veux dire… savez-vous quoi que ce soit au sujet du rocher sur lequel nous sommes échoués ?

J'étais prête à entendre une analyse méticuleuse, plusieurs hypothèses, des réflexions sans conclusion précise.

— C'est de la roche gabbroïque. Une version horizontale mais inclinée – puisque ici tout est incliné – des colonnes prismatiques. Je pense que, à la suite de ce petit incident, celle-ci sera très bien répertoriée.

D'après le chef de notre expédition, elle ne figurait pas sur les relevés du capitaine : les observations du golfe du Couronnement sur lesquelles nous nous basions étaient identifiées comme « diverses », ce qui voulait dire qu'il était possible que Franklin en personne en ait relevé quelques-unes, tandis que d'autres avaient été effectuées n'importe quand entre son époque et la nôtre.

Le brise-glace *Henry Larsen* n'allait pas nous secourir ce jour-là, contrairement à ce qu'on nous avait annoncé plus tôt. Par contre, un autre navire, l'*Amundsen*, s'était mis en route depuis l'endroit où, avec une brochette de géologues, il était occupé à dresser la carte des fonds sous-marins de l'Arctique pour le compte d'un consortium d'exploitants dont faisait partie la British Petroleum. Comme il venait d'être équipé de douze laboratoires et d'une quantité considérable d'équipement de recherche, on était loin du simple brise-glace. L'*Amundsen* avait passé l'été à consigner de nouvelles observations qui, à en croire l'équipage de notre vaisseau, si nous les avions connues, auraient pu nous permettre d'éviter cet accident. Il voguait maintenant à notre secours à une vitesse maximale de seize nœuds et demi, avec une centaine de milles à parcourir. Nous allions rester perchés des jours sur notre roche gabbroïque. Ceux qui nous attendaient à la maison verraient passer en notre absence la date prévue de notre retour.

Dans la bibliothèque, notre équipage avait installé quelques téléphones. Comme il était difficile d'obtenir un signal depuis notre emplacement, on nous demandait de limiter à une minute la durée de chaque appel. Le mieux, disait-on, serait de parler tandis que nos familles écouteraient. J'ai décidé d'appeler le frère de mon mari, qui est agent immobilier et passe son temps scotché à son cellulaire, alors que mon mari laisse mourir la batterie et oublie son téléphone dans son camion quand il va grimper dans les cheminées, s'appuyer contre la clôture pour recevoir des leçons sur la culture des tomates grecques ou discuter du chevreau nouveau-né de la femme de l'apiculteur. Environ trois mille cinq cents kilomètres séparent Montréal du golfe du Couronnement. J'ai crié :

— Louis !

— Kathleen ? Tu n'étais pas censée rester dans le Nord jusqu'à demain ?

— Je n'ai qu'une minute. Tais-toi. C'est moi qui vais parler.

— D'accord!

Louis est un Dandenault, et les Dandenault comprennent au quart de tour.

— Tout va bien. Nous sommes échoués sur un récif. Nous ne sommes pas en danger. Mais je ne serai pas rentrée à temps. Nous aurons plusieurs jours de retard. Préviens Jean. Dis-lui de ne pas s'inquiéter. Mais de ne pas se rendre à l'aéroport jusqu'à ce que je le contacte de nouveau.

— Vous n'êtes pas en train de couler?

Les Dandenault savent aussi poser la question essentielle.

— Non. Bye.

— OK. Bye.

Cinquante-neuf secondes : une parfaite transmission Winter-Dandenault. Louis était au courant, j'avais respecté le délai prescrit, tandis qu'à la maison personne n'allait paniquer. De retour sur le pont, je me suis allongée sur le ventre pour lire un livre que j'avais déniché dans la bibliothèque du bord : *Une histoire du monde arctique, le dernier territoire imaginaire,* de Robert McGhee.

« Squelettes, équipements et effets personnels tracent une piste qui s'étire vers le sud jusqu'à la côte arctique où s'évanouit tout vestige de l'expédition », écrivait-il au sujet de Franklin. Bien que les missions aient échoué à retrouver les navires disparus, poursuivait-il, « elles atteignent un autre objectif : celui de cartographier le lacis de chenaux dont se compose le passage du Nord-Ouest […] ».

Le pont, stationnaire dans son nouvel angle, était baigné d'une douce chaleur. Notre navire ne tressaillait plus avec les marées et nous nous étions résignés à attendre les secours. McGhee, qui n'avait écrit son livre que trois ans plus tôt, décrivait la conception qu'on se faisait de l'Arctique au XIXe siècle : « Forteresses de cristal qui se détachent sous des cieux irisés d'aurores fantastiques ou embrasés de multiples soleils reliés par des arcs ou des cerceaux de lumière, [...] le sentiment de se trouver en présence d'un autre monde [...]. »

Quel sentiment étrange, pour une naufragée à un jour de navigation de notre destination, Kugluktuk, de lire Robert McGhee. Étrange, car ce qu'il décrivait existait toujours et que nous en avions fait partie, le temps qu'avait duré notre voyage. En voguant dans le sillage de Franklin, nous les avions contemplées, ces forteresses de cristal, ces aurores fantastiques, nous avions trouvé dans ce monde un autre monde aux propriétés physiques et psychologiques extraordinaires que je n'avais observé jusque-là que comme un pressentiment, un chatoyant fil d'Ariane. Posés en équilibre dans ce monde-là, nous attendions, immobiles, un navire baptisé *Amundsen,* en l'honneur du premier homme à avoir parcouru le lacis de chenaux dont parlait l'auteur. Or, avant de recevoir ce nom, le vaisseau qui s'élançait à notre secours en avait un autre : en 1979, date de sa construction à North Vancouver, il avait été baptisé NGCC *Sir John Franklin.*

Tout ce que j'avais lu au sujet de la façon dont les expéditions perdues dans l'Arctique passaient le temps en espérant des secours, nous l'avons fait. Le spectacle de variétés a eu lieu : mon numéro préféré fut la chorale des passagers japonais dirigée par Yoko, y compris la belle

Motoko, la jambe toujours plâtrée. Ken McGoogan a interprété *The Roseville Fair*, la chanson de Bill Staines, après quoi j'ai empoigné mon concertina et entonné une des ballades à un sou que Johnny Burke chantait dans les rues de St. John's au tournant du siècle. Un appel a retenti dans les haut-parleurs : on avait un besoin urgent de ruban adhésif pour fermer les boîtes de livres qui seraient évacuées de la bibliothèque. J'ai brandi triomphalement le rouleau que ma fille m'avait conseillé d'emporter.

Nous avons attendu pendant deux nuits et la majeure partie de trois jours, jusqu'au moment où, pendant le troisième, le bruit a couru que l'*Amundsen* jetterait l'ancre tout près de nous vers la nuit tombante. Il enverrait ensuite de petites embarcations couvertes nous cueillir au pied de l'escalier suspendu que nous avions si souvent emprunté pour poser pied à terre, il faudrait ensuite saisir les bras des gardes côtiers et nous laisser mener à leur bord. Il fallait attendre qu'on appelle notre nom.

Comme le mien commence par un *w*, j'avais l'habitude d'être appelée parmi les derniers. Cette fois, je goûtais ce sursis : j'allais pouvoir faire un dernier tour de notre navire pour lui dire adieu. Sur le pont, quelque chose m'a poussée à me départir de mes bottes en piteux état, à les laisser suspendues dans le Nord : je les ai enlacées, la langue pendant hors de leur gueule de cuir déchirée, autour d'une bouée de sauvetage attachée au bastingage. Je savais que quelqu'un les trouverait, puisque ni notre capitaine ni son équipage n'allaient abandonner le navire avec nous. Ils demeureraient à bord jusqu'à ce que des remorqueurs viennent libérer le navire ou qu'il se rétablisse – ce qui semblait de moins en moins probable – et parte par ses propres moyens se faire radouber en cale sèche. J'avais donc noué mes bottes et préparé mes bagages, je m'étais assise pour attendre mon nom quand Nathan est arrivé avec sa guitare : il voulait m'en chanter une dernière. Pas besoin de me demander laquelle. Il savait que ce serait *Dark Eyed Molly* d'Archie Fisher. Nous étions tombés d'accord, Ken McGoogan et moi, pour déclarer que nous pourrions l'entendre encore et encore, jusqu'à la fin du monde. J'ai donc écouté la voix caramel et goudron de Nathan l'entamer de nouveau, le cœur empli de tout ce qui s'était passé pendant ce périple. Il n'en était qu'à la moitié quand, décalé de sa place dans l'alphabet, mon nom a retenti dans les haut-parleurs. Je ne voulais pas l'entendre. Je ne voulais pas quitter cette chanson.

— Je te chanterai le reste à terre, une autre fois, m'a promis Nathan.

Alors, lui tournant le dos, j'ai mis le cap vers la porte béante ouverte sur le golfe. En voyant les chaloupes de la garde côtière couvertes de bâches orange, leurs ponts bordés de hublots en cellophane, transborder notre groupe dans l'*Amundsen* rouge et monumental, quelque chose m'a frappée. Avec leurs salopettes, leurs bandes réfléchissantes et leurs casques protecteurs jaune canari, les gardes côtiers altéraient l'identité collective et individuelle de nos passagers, qui s'étaient montrés jusque-là d'intrépides aventuriers. Voilà qu'ils nous prenaient un par un par le bras, comme si nous étions des petites vieilles, des vieillards chenus, traumatisés par le choc. Jeunes et bien bâtis, athlétiques, affables, les gardes côtiers s'étaient précipités pour nous tirer de... eh bien, du péril, du danger, de l'effroi où nous étions plongés. Ils n'avaient pas l'air de remarquer que nous n'avions pas passé les trois derniers jours à scruter l'horizon, les yeux pleins de larmes, guettant l'arrivée de nos sauveurs, mais à nous prélasser sur notre pont incliné, absorbés par une discussion sur la philosophie de l'Arctique, quand ce n'était pas à nous enrouler les genoux autour de la nuque pendant le cours de yoga ou à faire la fête au bar-salon en échangeant des ballades écossaises et des haïkus sur les fleurs de pommier. Ou alors ils s'en fichaient. Ils semblaient aveugles à notre bonheur, à notre euphorie même – si l'on exceptait l'heure terrible et presque oubliée – et surtout au peu d'empressement que nous mettions à quitter notre navire bien-aimé. Ils nous tendaient des bras protecteurs couverts de caoutchouc, manipulaient délicatement nos frêles silhouettes et nous aidaient à descendre dans leurs nacelles bâchées avant de s'élancer à toute vapeur, dans un jaillissement d'écume – quelques passagers chantaient, j'ai entendu un harmonica – vers l'*Amundsen* qui nous dominait de toute sa hauteur.

À cause de la buée dans les hublots de plastique, il était difficile de voir le navire que nous laissions derrière nous, avec son capitaine et son équipage toujours à bord. Le cou tordu, j'ai ignoré les avertissements de rester accroupie. Je voulais contempler une dernière fois notre cher vaisseau et je l'ai fait. J'ai vu de mes yeux les dommages que lui avait causés le récif gabbroïque, sa proue émerger de l'eau, sa coque rouge vin, submergée en temps normal, s'élever à l'air libre. Notre bateau bleu et blanc avec ses gracieuses lignes, ses pavillons, ses hublots : incontestablement en perdition.

Nombre d'entre nous croient encore à la possibilité

qu'il puisse, avec un peu d'aide, rentrer de lui-même au port, une fois dégagé du récif. En réalité, il avait subi de sérieuses avaries et, pour le libérer il faudrait près de trois semaines et de nombreuses tentatives de sauvetage de la part d'une équipe de plongeurs. Selon le rapport de l'enquête qui a suivi, les rafales et les fortes mers pendant la première semaine de septembre allaient faire rouler et tanguer le navire, qui heurterait le fond, aggravant les dégâts déjà subis par la coque et les réservoirs diesel. Enfin libéré, il se rendra à Ikaluktutiak, puis de là au Groenland, en Islande et finalement à Gdańsk, où il recevra les réparations nécessaires.

Mais, à bord de l'*Amundsen,* nous ignorions tout cela. Nous pensions bien à l'équipage, nous demandant ce qu'ils allaient manger et combien de temps ils allaient devoir patienter. Mais notre perception du navire abandonné – le souvenir que nous en conservions – était toujours celle d'un vaisseau magique où nous avions connu la beauté et vibré du délicieux frisson du Nord.

Nous avons atteint Kugluktuk au lever du soleil. Dans des embarcations ouvertes, dont certains disaient qu'elles s'appelaient Hurricane, la garde côtière nous ont transportés jusqu'au rivage que l'explorateur Samuel Hearne s'était donné pour destination au XIXe siècle : le lieu dit Kugluktuk par les Inuits, mais dont l'appellation coloniale est Coppermine. À bien des égards, la carte dont il s'était servi ne différait pas beaucoup de celles que nous consultions deux cent trente ans plus tard. Le débat faisait rage autour de la précision de telle ou telle marque ou observation, et dans les mois suivant notre voyage la question se poserait à savoir pourquoi nos relevés topographiques ne nous avaient pas renseignés sur le rocher où s'était échoué notre vaisseau. Étaient-ils ou non à jour ? Parmi les articles publiés par les médias, tant du Vieux Continent que du Nouveau Monde, presque tous mentionnaient que les eaux de l'Arctique n'avaient souvent jamais été cartographiées. Un des géologues, Steve, m'a confirmé à bord de l'*Amundsen* que la tâche de dessiner la carte de l'Arctique se poursuivait en ce moment même.

— Vous, a-t-il ajouté en balayant d'un geste Nathan, Sheena, Ken et tous ceux qui avaient pris part, pendant notre périple, aux discussions touchant l'histoire, l'archéologie, la géographie et la musique, vous participez tous à ces travaux.

La population de Kugluktuk nous a prêté son complexe de loisirs. Nous avons choisi un coin du gymnase pour rouler nos chandails en guise d'oreillers et nous couvrir de manteaux pour sommeiller une heure. Les villageois nous ont envoyé des cartons de jus de fruits et des collations destinées au réfectoire de l'école. Je me suis étendue près d'un poteau de but de foot, mais je n'ai pas beaucoup dormi. Je suis sortie à la rencontre des enfants qui jouaient avec un chiot husky et, dès qu'ils me l'ont mis dans les bras, j'ai ressenti le lien inconditionnel que j'éprouve avec les chiens : la situation me paraissait tout d'un coup moins désespérée, en dépit de la fatigue extrême qui affectait tout le monde sauf Motoko, que je venais de voir retoucher son rouge à lèvres avec un miroir de poche, assise par terre, son plâtre étendu devant elle.

Un avion de la compagnie Canadian North s'est posé.

Il venait nous chercher pour nous ramener vers le Sud. J'ai fait la queue avec Élisabeth et Nathan pendant que s'exécutait une procédure d'embarquement qui, de toute évidence, n'avait pas été conçue pour le nombre de passagers que nous étions ni la quantité de bagages que nous emportions. Nathan en a profité pour enseigner à Élisabeth quelques exercices d'équilibre tirés des arts martiaux. À cloche-pied, elle s'est mise à mimer un héron bleu levant bien haut les mains et la jambe, sereine et triomphale. J'ai bien essayé de me tenir sur une jambe, mais j'ai vacillé comme un clown ivre alors qu'ils se lançaient dans une gracieuse démonstration d'escrime sans épées. J'avais l'impression d'être la seule à tenter de dissimuler mes larmes derrière mes lunettes de soleil de pacotille.

Dans l'avion, je me suis retrouvée assise à côté d'une petite femme discrète aux cheveux longs, qui semblait voyager seule et dont je n'avais pas encore fait la connaissance. J'ai senti l'aéronef s'arracher à la terre sacrée, s'élever dans l'air pour me ramener à ma vie ordinaire, et si ce n'avait été de leur étrangeté, j'aurais laissé les paroles de ma voisine glisser derrière mes larmes sans les écouter.

— Est-ce que ce sont des femmes ou des oiseaux ?

Elle désignait l'aile, de l'autre côté du hublot ; pour une raison que j'ignore, chaque fois que j'ai pris l'avion, j'ai presque toujours été placée juste derrière l'aile. Je ne voyais qu'un ciel bleu sans nuages.

— Des oiseaux ? On a dû les dépasser.

— Non. Ici : regardez.

— Je ne vois pas d'oiseaux.

— Alors ça doit être des femmes.

Comment était-ce possible qu'il y ait des femmes

dans le ciel, à côté de notre avion? J'ai observé plus atten-tivement ma compagne de voyage avant de suivre la direc-tion qu'elle m'indiquait et de remarquer des indentations sur l'aile, plus foncées que le reste. Je ne connais rien à la conception des aéroplanes, mais… pensait-elle vraiment que ces marques sur l'aile étaient des femmes ou des oiseaux?

— Vous voulez dire… ai-je répondu en pointant les zones sombres du doigt.

— Oui! Alors vous les voyez. Est-ce que ce sont des femmes? Ou bien des oiseaux?

Je me suis aperçue que cette femme vivait dans un autre monde et que, tout au long des jours précédents, au Groenland, dans la toundra et pendant toute notre traver-sée dans le sillage de Franklin, alors que nous découvrions des cairns, des os, des cafetières abandonnées par des expé-ditions perdues, des oies des neiges, des ours polaires et des plongeons catmarins, quelqu'un, ou plusieurs quelques-uns – des anges faisant le voyage avec nous –, avaient veillé sur elle, veillé sur sa sécurité, veillé à ce qu'elle ne s'égare pas davantage, ne soit pas encore plus désorientée qu'elle ne l'était déjà. Maintenant, c'était mon tour, et je lui ai dit d'une voix douce que ces quatre femmes-oiseaux, faites d'ombres et de sections d'aile, faisaient partie de l'avion. J'ai convenu qu'il s'agissait d'une illusion d'optique et que, en effet, ces ombres pouvaient prendre l'apparence de ce qu'elles n'étaient pas. Nous avons continué ainsi jusqu'à notre arrivée à Edmonton et au début de notre descente vers l'aéroport, mon visage avait eu le temps de sécher.

CHAPITRE VINGT

La terre sacrée

Mon passage dans le Nord m'avait dotée d'un nouveau sens, comme la vue ou le toucher, comme l'ouïe, sauf que c'était la totalité de mon être, mon individualité qui ne se sentait plus séparée de la terre, qui servait d'organe récepteur.

Après mon retour à la maison, je n'arrêtais pas de penser non seulement au Nord lui-même, qui vivait au sommet du monde *en ce moment*, mais aussi aux différentes interprétations de son histoire selon divers points de vue. Je savais qu'à New York était conservée une composante de l'histoire du Nord qui englobait des aspects de toutes ces versions : fragment de la terre vivante, elle appartenait aussi bien à l'histoire des Inuits qu'à celle des Européens, témoignant également d'un lieu bien plus éloigné qui permettait d'observer l'ensemble de nos tribulations humaines sous un tout autre angle, de très haut. Ce morceau du Nord que je désirais voir et toucher, c'était la météorite que Robert Peary avait rapportée en 1897 de Savissivik, au Groenland, où reposait depuis plusieurs millénaires ce morceau de fer tombé du ciel, dont des générations de Groenlandais avaient martelé des fragments pour en façonner des outils de chasse. Jusqu'à ce qu'il la leur enlève.

— Jamais je n'aurais cru voir le jour, disais-je à mes amis, où je me déplacerais pour contempler un caillou géant, mais voilà l'effet que m'a fait le Nord. Voilà ce que ça m'a fait, de naviguer en compagnie d'un grand prêtre des minéraux, pour finir échouée sur un récif de roche gabbroïque.

Peary avait dû construire une section de voie ferrée – la seule de tout le Groenland – afin d'y convoyer ce morceau de fer arraché à son royaume pour l'embarquer sur le *Hope,* un vapeur de 370 tonnes qu'il avait affrété à cette intention. Tout cela lui aura pris cinq ans. En fait, la météorite était en trois morceaux. Les chasseurs lui avaient dit qu'ils les avaient baptisés Ahnighito (la Tente), la Femme et le Chien, chacun possédant son histoire qu'ils lui avaient racontée, à la suite de quoi il les avait emportés tous les trois dans le but d'en faire don à sa femme, qui les avait vendus au Muséum américain d'histoire naturelle pour la somme de quarante mille dollars.

J'ai fait part à Bernadette Dean de mon intention d'aller voir Ahnighito.

— Il faudra que tu lises, m'a-t-elle répondu, comment ils s'y sont pris pour abattre des murs afin de faire entrer cette météorite dans le musée.

— Vraiment?

— Oui, et pendant que tu y seras, il y a autre chose là-bas. Le *tuilli* de ma grand-mère s'y trouve aussi, mais dans la réserve.

Cela m'a rappelé l'histoire qu'elle m'avait racontée au sujet de Shoofly, la femme qui était tombée amoureuse d'un capitaine de baleinier originaire de Boston, à qui elle avait offert ses vêtements ornés de motifs perlés, et tout le mal que Bernadette avait eu pour convaincre le personnel du musée de les lui montrer. J'avais beaucoup repensé à cette scène, durant laquelle Bernadette s'était sentie comme à l'école secondaire Sir John Franklin : une fillette inuite à laquelle les professeurs blancs inculquaient leur vision de son univers et de tout ce qu'il contenait. J'avais fait des recherches pour savoir à quoi les habits pouvaient ressembler et réalisé plusieurs dessins. L'idée m'a enthou-siasmée :

— Crois-tu, lui ai-je demandé, que ce serait possible d'obtenir l'autorisation de voir le *tuilli* de Shoofly ?

— Demande à parler à Laila Williamson et dis-lui que tu me connais ; tu ferais sans doute mieux de l'appeler d'avance. De cette façon, ils te donneront accès à la réserve où il est entreposé, avec ses jambières, ses bas et les parures pour ses cheveux.

J'ai laissé un message téléphonique à Laila Williamson, qui m'a rappelée dans l'après-midi :

— Nous avons mis des images des habits de Shoofly en ligne. Pourquoi ne pas tout simplement les consulter là ? Les photos ont été prises pas un spécialiste et vous pourrez voir tous les détails.

— Je vais me rendre au musée de toute façon pour voir Ahnighito, la Femme et le Chien…

En prononçant leurs noms à voix haute, j'avais l'im-pression de parler d'êtres vivants que je connaissais per-sonnellement et non d'objets inanimés.

— Je prévois passer toute la fin de semaine à New York.

— Ah bon, eh bien, il vous sera impossible de voir les habits puisque nous ne sommes pas ouverts au public le week-end.

— Je comprends, mais je n'ai pas encore acheté mon billet de retour : je n'ai qu'un aller simple en autocar. Comme je n'ai pas encore décidé si j'allais revenir en car ou en train, je peux choisir le jour qui me plaira.

Quel dommage, semblait insinuer Laila, de poireauter pour rien alors que je pouvais rentrer chez moi dimanche comme prévu, surtout que les habits étaient si bien illustrés en ligne. Doucement, précautionneusement, sans vouloir paraître désagréable ou insistante, j'ai poursuivi :

— Des fois, quand on voit un objet, quand on se trouve dans la même pièce que lui, *en sa présence,* eh bien, je suis romancière et… les choses peuvent me parler différemment quand je me trouve dans le même espace qu'elles… puis je me suis tue.

— Bon, très bien. Il vous faudra remplir le formulaire pour les chercheurs invités.

J'ai emmené ma fille Esther à New York. Nous nous étions bien amusées quand nous étions allées à Londres, quelques années auparavant. Nous étions montées au sommet du dôme de la cathédrale Saint-Paul, nous avions filé dans la ville au sommet d'un autobus à impériale et plongé notre regard dans les yeux des statues rêveuses qui menaçaient de prendre vie et de nous entraîner vers les forêts arthuriennes. Imitant Virginia Woolf, nous nous étions régalées de sandwiches au fromage et aux oignons à Stonehenge, incapables de nous retenir de rire devant l'immuabilité de ces rituels si *british*. Mais notre visite à New York s'est passée différemment. À 4 h 30 du matin, quand notre bus nous a laissées au coin de la 8ᵉ Avenue et de la 42ᵉ Rue, j'étais complètement terrorisée à l'idée de sortir du terminus.

— Viens, maman, a lancé Esther. Ce ne sont que des New-Yorkais après tout, des gens qui vivent leur vie.

Et elle m'a entraînée au Lucky Star Café, puis dans la rue. Nous avons contemplé les vitrines de Tiffany, la collection de costumes du musée de Brooklyn et, dans les boutiques, les chemises à la dernière mode, couvertes de poils et de plumes. Des hommes en t-shirts arborant l'emblème d'un organisme de bienfaisance, la NYC Street to Home Outreach, se penchaient au-dessus d'une femme dont la pancarte déclarait pourtant : « Laissez-moi tranquille, je n'ai besoin de rien. » Avec ses drapeaux de soie dorée, ses arbres géants et ses gardiens, la patinoire du Rockefeller Centre paraissait minuscule ; ce qui est également vrai de Stonehenge. Le parc Bryant ensommeillé, charmant, tranquille ; les oiseaux assoupis dans les arbres. Ensuite, les lions de pierre de la bibliothèque. Nous qui, à Londres, hurlions « Ça suffit ! » au palais de Buckingham, et à toutes les statues, à New York, avec sa joie, son exubérance, ses possibilités, nous n'arrêtions pas de nous exclamer : « Encore ! »

Le lundi, Esther est rentrée à la maison tandis que je me dirigeais vers le Muséum d'histoire naturelle qui donne sur la 77ᵉ Rue et dont la tour imposante s'élevait vers le ciel, dominant Central Park. Accompagnée d'un gardien, Laila Williamson est venue à ma rencontre. C'était tout à fait le type de femme qui me plaît : sérieuse, sévère, sans artifice, une femme qui va partout où elle veut. Le gardien s'est volatilisé et Laila m'a entraînée dans l'obscurité d'où a surgi – était-ce bien elle ? – étincelante, *gigantesque*...

— Est-ce que c'est...

— La météorite du cap York, Anhighito, oui.

Nous sommes passées sans nous arrêter devant Ahnighito, et Laila a poussé des portes de verre dépoli où étaient affichées toutes sortes d'interdictions. Après être montées dans un ascenseur réservé au personnel, nous avons longé des corridors, puis des murs couverts de hautes armoires qui, devinais-je, contenaient des pièces que le musée avait acquises, mais n'exposait pas dans ses galeries. Nous glissant derrière des employés assis à leur bureau, nous avons pénétré dans une pièce peinte en gris où se trouvaient d'autres armoires fermées. Sur une table, disposés avec une précision rigoureuse sur un lit de papier, m'attendaient les habits de Shoofly, le *tuilli* de l'arrière-grand-mère de Bernadette, tombée amoureuse du capitaine de baleinier George Comer, qui lui avait fait l'amour, l'avait prise en photo, s'était langui d'elle et était revenu la chercher ; elle s'était embarquée avec lui sur l'océan et on disait qu'elle lui avait donné un fils que tout le monde appelait John.

— Le numéro d'acquisition de ce vêtement, m'a appris Laila, est le 1902, l'année où George Comer nous en a fait don. Il est usé, comme vous pouvez le voir. Elle s'est promenée dedans : on voit qu'il a accumulé une saleté normale pour un vêtement porté.

Elle s'est mise à triturer une partie de la frange finement découpée qui s'était défaite.

— Le caribou perd énormément de poils. Nous avons une photo qui la montre installée devant une machine à coudre, mais je crois que celui-ci est entièrement cousu main. C'est difficile de coudre du cuir à la machine.

Laila m'a fait signer, à titre de chercheuse invitée, une convention de reproduction stipulant que je devais demander la permission avant de publier toute photographie prise par moi, alors qu'il y avait déjà en ligne des images de Shoofly portant sa tenue, que tout le monde pouvait voir sans recourir à mes photos. Ainsi étalé, le *tuilli* était tout plat, ce qui m'a frappée. Il ressemblait aux poissons salés sur leurs vignots de bois, pas sur les plages de Terre-Neuve, mais dans les musées qui prétendaient représenter la vie avant la mort de la pêche à la morue. En me penchant pour l'observer de plus près, j'ai remarqué que l'arrière-grand-mère de Bernadette avait peint sur le plastron des scènes de la vie quotidienne.

— Les navires de Comer, m'a expliqué Laila, avaient hiverné là. À l'époque, il vivait en partie avec les Esquimaux. Elle faisait partie du groupe Aivilik.

Les Esquimaux. Je n'avais plus entendu personne prononcer ce mot depuis longtemps ; disait-on encore cela aux États-Unis ? J'ai essayé d'imaginer comment je me sentirais si quelqu'un appelait ma grand-mère ou mon arrière-grand-mère « une briquetière du Northumberland, descendante de spécimens de la fusion entre les Pictes et les Gaëls », tout en conservant dans ses archives une de ses couvertures au crochet. Mais rien à faire, et même si j'y étais arrivée, cela n'aurait pas été pareil.

Je sentais la mort planer tout autour du *tuilli* ainsi

étalé, tout aplati. Dans les appellations « Esquimaux » et
« Aivilik », dans la tour de ce bâtiment, dans tout l'édifice
avec son art topiaire, ses fenêtres comme des meurtrières
et les tuiles sculptées de ses linteaux. Dans ce tombeau
où des êtres vivants se consacraient à la classification
d'objets assassinés, comme les milliers de miraculeuses
créatures ailées capturées par Audubon, les collection-
neurs de papillons et tous les explorateurs au temps des
colonies, depuis l'âge d'or de la marine à voiles européenne jusqu'à nos jours.

— Et ça…

Je désignais du geste une des scènes brodées avec des
perles par Shoofly sur le capuchon du *tuilli*, ce qui lui avait
sans doute pris autant de temps qu'à un scientifique, à un
réalisateur de documentaires ou à un écrivain pour créer
une scène de la vie quotidienne n'importe où au monde.

— C'est une scène de chasse, a répondu Laila
Williamson. La chasse au caribou.

Il y avait des perles rouges, jaunes, noires, bleues
et blanches, à l'exception du chasseur en pantalon vert et
chemise rose. Le caribou était rouge, et des étoiles resplen-
dissaient dans le ciel. À l'occasion d'une exposition intitulée *Infinity of Nations* au National Museum of the American Indian, consacré à l'histoire, à la culture et aux arts des
Indiens nord-américains, Bernadette m'avait confié
qu'elle avait rédigé à propos du *tuilli* un texte où elle avait
cité la scène de chasse au caribou comme sa préférée entre
toutes, puis elle s'était exclamée que Shoofly aurait été
ravie de savoir que sa descendance chassait toujours le
caribou, se servant des peaux pour se vêtir et se chausser.
Dans son texte, elle disait aussi que les anciens lui avaient

appris qu'une partie des motifs avaient été suggérés à Shoofly par George Comer et qu'elle s'était demandé s'il pouvait s'agir des étoiles ou des formes géométriques du plastron. Toutefois, j'ai remarqué que ces formes ressemblaient aux gousses végétales, aux fleurs et aux graines que j'avais observées dans l'Arctique.

Et ça, toujours sur le plastron, qu'est-ce que c'était, une paire de bottines victoriennes ? À cause de leurs talons robustes mais élégants, je leur trouvais un air de famille avec les anciennes bottines européennes à crochets et à boutons, pas du tout conçues pour arpenter la toundra. Plus tard, quand je l'ai interrogée à leur sujet, Bernadette m'a révélé que George Comer avait offert à Shoofly une paire de bottes délicates, faites pour flâner sur les trottoirs de Londres ou de New York, une ombrelle à la main, nourrissant les pigeons de l'autre, tout en admirant, comme ma fille et moi, les brillants qui ornaient les cous de velours noir dans la vitrine de Tiffany. Comer avait offert à Shoofly des chaussures comme toutes les femmes les adorent, qu'elles portent des richelieus comme Laila Williamson ou des savates semblables à celles que j'avais lacées à notre navire abandonné dans l'Arctique. Comer avait offert des chaussures à Shoofly ainsi qu'un amant en offre à sa bien-aimée, mais comme il avait une autre vie avec une autre épouse, il ne caressait pas chaque nuit les pieds de Shoofly. Ou peut-être était-ce simplement qu'il n'était pas le plus fin observateur ; à moins qu'il n'ait volé ces bottes à Julia, sa femme banche, pour les offrir à Shoofly, croyant que les pieds de toutes les femmes se ressemblent. De toute façon, elles étaient trop petites. Et qu'avait fait Shoofly de cette paire de bottes si alléchantes qui ne lui allaient pas ? Elle avait brodé son *tuilli* à leur image, ce qui lui avait permis de marcher malgré tout, d'arpenter la terre où elle vivait en arborant leur splendeur.

Sentant que Laila Williamson désirait retourner à d'autres préoccupations, je lui ai demandé :

— Vous travaillez sur quelque chose d'intéressant en ce moment ?

— À vrai dire, nous venons de recevoir une collection des Indiens de l'ouest du Mexique…

Ahnighito m'attendait en bas en compagnie de la Femme et du Chien, beaucoup plus petits. J'ai ressenti la même chose que quand j'étais assise par terre, dans le Nord, auprès des pierres dressées sous le ciel de l'Arctique. Pour une fois, un esprit porté par l'instinct de fuite vers les choses immatérielles était revenu au bercail, retenu et nourri par le sol. Le sol, à la fois aimant et corps céleste, qui traverse l'espace et attire d'autres corps.

Ahnighito, la Femme, le Chien, c'est comme la grande main de mon mari qui se pose sur mon cœur quand je suis anxieuse ou triste. Ils exercent ce pouvoir muet de réconfort, cette parole sans mots mais substantielle : la source inarticulée de tous les vocables. Petit et lisse, le Chien est, proportionnellement à Ahnighito et à la Femme, comme un vrai chien, chéri et joueur. J'ai vu les endroits où les Groenlandais, laissant de franches cicatrices, y avaient taillé des éclats pour en fabriquer des outils avant d'être interrompus par Peary, qui avait commencé par obtenir leur confiance avant de leur subtiliser le Chien, la Tente, la Femme.

Juste à côté, dans la salle d'exposition, une voix hors champ tonitrue :

— *Des échantillons spectaculaires de partout sur la planète…*

Une femme et son enfant défilent devant Ahnighito. Sans les regarder ni lui, ni le Chien, ni la Femme, la mère se lance dans une explication abstraite sur les météorites. J'entends presque un chasseur lancer à Peary : « À nous, ils étaient utiles. »

Là-haut, je savais que Laila Williamson était occupée à replier soigneusement le *tuilli* de Shoofly pour le ranger. Je n'avais pas demandé à voir également ses jambières ni ses parures pour les cheveux. Malgré la courtoisie et la disponibilité de Laila Williamson, je me sentais triste sans savoir pourquoi. S'asseoir avec Ahnighito et ses compagnons, les toucher, palper la trace du métal prélevé par les chasseurs sur la Femme, sur le Chien pelotonné à fendre l'âme… pourquoi Peary n'aurait-il pas pu les laisser au peuple groenlandais, ce Chien, cette Femme et leur abri, Ahnighito ? Ahnighito. Plus tard, j'ai demandé à Bernadette d'où venait ce nom.

— Nous avons un mot dans notre langue, dans mon dialecte : *angijuq* qui signifie « grand » ou « gros ». Bon, le mot que tu m'as écrit a les mêmes racines, mais les hommes – les Anglais – de cette époque l'on écrit approximativement, selon ce qu'ils entendaient.

Tout en restant le plus précis et le plus scientifique possible, le Muséum d'histoire naturelle laisse à l'intuition la place qui lui revient. « Une octaédrite moyenne », ainsi décrit-il la composition de cette sidérite ferreuse, sur une plaque qui prétend aussi que les chasseurs ont très bien pu inventer cette histoire de tente, de femme et de chien à l'intention expresse de Peary, pour lui plaire. La pierre repose, inconnue, ignorée des hordes qui font ce que font les gens qui vont au musée : venus pour s'instruire, qu'apprennent-ils au juste ?

Plus tard, à Montréal, par un jour ensoleillé du mois de janvier, j'ai pris conscience que, sous mes pieds, ce n'était pas la toundra mais bien les trottoirs glacés de la rue Jean-Talon. Ce matin-là, les touches de charme se limitaient à un vol de pigeons entre l'avant-toit d'une pharmacie et un abribus en piteux état. En passant devant un immeuble résidentiel, j'ai remarqué pour la deuxième fois en une semaine une grille qui, en dépit des − 16 °C ambiants, crachait un air chaud comme un jour d'été. Au dernier sommet européen sur l'économie, notre premier ministre avait déclaré aux dirigeants de ce monde qu'il ne servait à rien de plafonner les émissions de gaz à effet de serre, puisque c'était irréaliste. À quoi le premier ministre espagnol, après l'avoir dévisagé comme s'il débarquait d'une autre planète, avait rétorqué que, à moins de modifier nos comportements à l'échelle mondiale, nous étions condamnés.

Les érables défeuillés de Montréal avaient perdu toute splendeur. Moineaux et pigeons choisissaient plutôt comme perchoirs les gouttières et les corniches, laissant les arbres nus, craquelés, brillants de glace sous un ciel livide. Les passants les ignoraient : promeneurs de chiens, personnel de bureau se pressant avec son café dans une tasse en carton, vieilles dames essoufflées, encombrées d'une canne et de sacs de pommes et de papier hygiénique.

Je me suis souvenue de la splendeur devinée bien des

années auparavant derrière ces choses si ordinaires : moineaux, branches, humble charme des ruelles ou des terrains vagues envahis par les mauvaises herbes. Or, déjà quand j'étais jeune, je pressentais que sur la terre et sur sa beauté pesait une menace indéfinissable dont personne ne parlait, chacun poursuivant son petit bonhomme de chemin comme si l'on avait la certitude, dans notre région privilégiée du monde, que la vie ne s'arrêterait jamais. Même aujourd'hui, quand tout le monde avait entendu sonner au moins quelques-unes des sirènes d'alarme annonçant les périls qui guettaient la planète, les comportements n'avaient pas changé. Une telle capacité de continuer comme si de rien n'était, alors que les règles du jeu de la vie avaient si manifestement changé, me stupéfiait.

Bravant leur nudité fissurée par l'hiver, les arbres employaient le vocabulaire des bourgeons, des branches enlacées, entrecroisées dans leur élan vers le haut, émouvantes dans leur désir de lumière. Ils avaient une *présence*, que je parvenais maintenant à ressentir si je me concentrais pour l'entendre, pour l'intercepter, comme la terre de l'Arctique m'avait appris à le faire. Les arbres, avec leur corps comme j'en ai un moi-même, plongeaient leurs racines vers l'eau claire des profondeurs. Ces racines, ces arbres, on ignorait la force qui les habitait ; force qui n'avait rien à voir avec l'autodéfense ou avec l'avancement personnel. Ce n'était pas la force qui s'agite sans cesse et fait éclater les frontières, mais plutôt celle que leur conférait l'intensité, la gravité de leur présence. Si je tendais l'oreille, si je recevais ce qu'avaient à dire les arbres, même en hiver, même en ville, j'entendrais le témoignage d'un être magnifique que personne ne captait. Et que disait la terre tandis que nous vaquions en toute hâte à nos occupations quotidiennes ? Elle murmurait : « Écoutez ! Il se passe quelque chose de nouveau. »

Depuis mon retour dans le Sud, je n'étais plus la même. Chaque feuille, chaque pierre, chaque nuage me parlaient maintenant du Nord, répétant le message qu'il s'était efforcé de me communiquer. Je cherchais du regard qui – en admettant qu'il y eût quelqu'un – pourrait entendre ce message et en prendre acte. Ce soir-là, en regardant les nouvelles, j'ai appris que le gouvernement du Canada avait publié un communiqué donnant le calcul de ce que valait un ours polaire si l'on tenait compte de sa viande, de sa fourrure, du tourisme, de toutes les autres façons dont cet animal contribuait au produit national brut. Avec son cocktail de gravité et de bonhomie habituel, le présentateur-vedette Peter Mansbridge en avait fait l'annonce d'un ton qui sous-entendait « enfin une bonne idée », mais tout ce que je voyais, c'était une opération comptable qui laissait complètement de côté l'essence de l'ours, de la terre ou du peuple du Nord ; c'était l'ancienne mesure des valeurs, celle du régime colonial.

À cet instant précis, un concept neuf – un mot nouveau – m'est parvenu par l'entremise de ma fille Juliette, qui étudiait le climat dans son cours de géographie. Ce mot, c'était « cryosphère », l'un des rares termes scientifiques porteurs d'une profonde résonance humaine et sacrée. Formé à partir du grec *kryos* (froid, glace) et *sphaira* (globe), il désigne les parties de la Terre où l'eau est présente sous forme de glace. Comme nous le savons, cette part est en train de fondre, de rétrécir, alors que nous nous accrochons à des politiques et à des modes de vie qui ne font qu'accélérer le processus. Nouveau pour moi, il ne figurait pas dans mon *Oxford Dictionary*. Dans mon esprit, il s'est disloqué en morceaux qui sont partis à la dérive, tels des morceaux de banquise, pour donner l'énoncé « Crie, ô sphère », m'inspirant une élégie qui m'a habitée tandis que je me demandais comment vivre ma vie, maintenant que j'étais revenue dans le Sud.

Crie, ô sphère! pleure, globe adoré; gémis, peuple, qu'une terre sacrée soit ainsi bafouée… Crie, ô sphère, si un jour, marchant dans le Nord, je ne ressentais plus que le corps minéral de la terre et non son âme sacrée…

Bernadette Dean et Aaju Peter me manquaient, autant leur voix que leur point de vue. Mais une autre voix de femme autochtone se faisait entendre. Theresa Spence, la chef de la communauté attawapiskat du Canada, avait entamé une grève de la faim en signe de protestation contre les conditions de vie de sa nation. Entre-temps, les Premières Nations de tout le pays commençaient à contester une nouvelle loi qui privait de protection les rivières, les lacs et la terre pour des raisons purement économiques. D'autres groupes autochtones et leurs alliés de Nouvelle-Zélande, d'Amérique du Sud, d'Afrique, des États-Unis et d'Israël joignaient leur voix à celles des Premières Nations du Canada pour déclarer, partout au monde, la fin de l'adhésion aux anciens modèles colonialistes qui traitaient la vie comme une matière première plutôt que comme une responsabilité sacrée. J'ai décidé de prendre l'autobus et d'aller rendre visite à la chef Spence dans le tipi où elle menait sa protestation, dans une île minuscule de la rivière des Outaouais.

Je suis arrivée à Ottawa le 31e jour de sa grève de la

faim. À un quart d'heure de marche du site, ni les chauffeurs de taxi ni les commerçants n'avaient la moindre idée de ce qui s'y déroulait. J'avais beau leur demander mon chemin vers le tipi de la chef Spence ou évoquer sa grève de la faim, on ne savait ni où elle se trouvait, ni ce qui la motivait. À Montréal, mon mari m'avait bien prévenue que ce qui m'apparaissait comme le début d'un soulèvement mondial passerait inaperçu aux yeux de la majorité d'une population qui, comme d'habitude, courait follement pour arriver à l'heure au travail.

Piétinant dans la neige, j'ai dépassé le château Laurier en direction de ce qui figurait sur ma carte comme l'île Victoria. Je n'ai pas tardé à déboucher dans la rue Wellington, qui passe directement devant les édifices du Parlement. Nous étions un peu après Noël ; le crépuscule venait de tomber. Sur leurs austères murs de pierre, une projection dessinait des flocons géants rouges, verts et blancs ; la Flamme du centenaire ondulait dans sa vasque, entourée de touristes qui prenaient des photos. J'avais beau savoir que l'île Victoria se trouvait juste derrière la colline du Parlement, je ne la voyais pas. La tour de la Paix et l'édifice du Centre dressaient leurs épaules imposantes. Pour qui me prenais-je de marcher devant ces lieux de pouvoir avec mes vieilles bottes de pluie et mon sac à dos contenant trois œufs durs, quelques pincées de sel entortillées dans du papier d'aluminium et un thermos de thé du Labrador ?

Je redoutais de me retrouver sur un de ces échangeurs en trèfle où les êtres humains qui vont à pied n'ont pas leur place. Je craignais de me perdre, de ne jamais trouver Theresa Spence ni son tipi, moi qui étais venue seule, intruse dépenaillée, qui passait sans permission devant la Flamme et la porte de la Reine, avec mes convictions sur lesquelles l'horloge hautaine de la Tour ne manquerait pas de jeter un regard soupçonneux. La rue Wellington n'aboutissait-elle donc jamais ? Ah, là, sur la droite, j'ai aperçu le pont du Portage, avec sa chaussée divisée envahie de véhicules qui passaient en vrombissant, bordée de nuit des deux côtés. Je me l'étais imaginé plus petit. Je me serais penchée pour observer l'île Victoria, peut-être descendre quelques marches vers le tipi que j'aurais clairement distingué depuis la route. Mais je ne voyais que du noir. Qu'est-ce que j'étais venue faire là ?

J'aurais pu trouver là une raison suffisante de rentrer à la maison, ce qui serait passé aux yeux de certains comme un retour à la raison, et pas trop tôt. Mais j'ai poursuivi mon chemin. De quel côté du pont se trouvait le tipi ? Qu'est-ce qui m'autorisait à m'approcher du campement de la chef ? J'avançais toujours, n'écoutant que la conscience que l'Arctique m'avait appris à discerner dans la terre, l'air, l'eau. En dépit de la circulation qui couvrait toujours le pont, je sentais couler dessous l'eau de la rivière des Outaouais ; je distinguais aussi une masse obscure là où les arbres poussaient dru. La lune, qui avait atteint sa plénitude la nuit précédente, illuminait le ciel au-dessus des édifices du Parlement qui se dressaient maintenant derrière moi. Implorant la terre de me guider, j'ai fait la sourde oreille au bruit des voitures et braqué mon regard vers la neige qui ourlait le pont dont j'avais presque atteint l'extrémité : qu'allais-je faire si je le traversais sans trouver la moindre ouverture ?

C'est alors que j'ai remarqué, illuminée d'or et de

307

bleu dans la neige assombrie, une piste qui, tournant le dos au pont, se dirigeait vers ma droite et descendait le remblai. Je l'ai suivie jusqu'à ce que j'aperçoive des pieux pointant au-dessus d'une palissade : le sommet en forme d'étoile du tipi. Pas un bruit, mais de la fumée s'élevait de l'intérieur et il y avait un portail entrouvert à travers lequel je voyais des flammes danser. Il était gardé par un jeune homme à qui j'ai senti que j'allais devoir m'expliquer sur mes intentions.

Quelles étaient-elles au juste ? Pourquoi cet endroit était-il si silencieux ? Autour du feu, deux femmes jouaient avec un enfant qui tenait un tambour. J'apercevais des arbres, une hutte et la fumée d'un autre feu monter derrière un appentis. Je me suis adressée au jeune homme :

— Bonsoir.

— Salut.

J'aimais la façon dont rien dans son attitude ne contestait mon droit de me trouver là, tout en m'invitant subtilement à lui dire le fond de ma pensée.

— Je suis venue de Montréal en autobus. J'espère que ça ne dérange pas. Je voudrais présenter mes respects à la chef Spence… sa grève de la faim. Ça irait si j'entrais faire ça ?

— Bien sûr. Elle dort en ce moment. Mais vous pouvez entrer. Si vous voulez, vous pouvez faire une offrande de tabac.

Je l'ai remercié et je suis passée comme si je savais de quoi il parlait. Une offrande de tabac ? J'ignorais ce que cela signifiait, mais ce qui était sûr, c'est que je n'en avais pas sur moi. J'ai trouvé gentil de sa part de tenir pour acquis que j'apportais une offrande, quelle qu'elle soit.

J'avais effectivement prévu un petit cadeau pour la chef, mais ce n'était pas du tabac.

L'enfant s'est mis à chanter en s'accompagnant au tambour, d'une voix plus puissante et prophétique que je ne l'aurais imaginé. Le second feu qui brillait derrière l'appentis était celui, sacré, de la chef Spence et de ses sympathisants : autour, il fallait respecter certaines traditions. L'une d'entre elles m'interdisait de sortir mon calepin, de filmer ou de photographier quoi que ce soit. Christine, que j'appelle ma sœur hors-la-loi – c'est elle qui m'avait offert des funérailles vikings pour exorciser les fantômes de mon premier mariage –, était venue de Toronto et, ce premier soir, je l'ai trouvée assise avec les quatre ou cinq personnes qui priaient ou devisaient autour des flammes. Nous nous étions imaginé que l'îlot serait bondé au point qu'il n'y aurait plus de place pour nous. Mais nous étions là, nous et une petite douzaine de personnes : une aînée qui passait de la prière aux blagues, l'enfant au tambour et sa mère, une femme qui m'a raconté comment elle s'était cachée dans le désert qui borde la frontière canado-américaine et arrangée pour nourrir sa marmaille pendant des années tout en échappant aux gardes-frontière.

Dans cette solitude quasi totale, dans ce calme immense, je me suis imprégnée du parfum purificateur de la sauge et du réconfort des flammes. Ce feu sacré m'a prodigué de vénérables bénédictions dont je savais avoir toujours manqué.

Je suis descendue jusqu'à l'arbre qui poussait au bord de la rivière, auquel les gens avaient attaché des étoffes de prière nouées autour d'un peu de tabac, et j'ai contemplé sur l'autre rive les édifices du Parlement si hauts, si proches. Telle une pierre sertie dans une bague, cette îlette était fichée droit au cœur de l'histoire du Canada. Je me suis demandé comment elle s'appelait avant d'être baptisée en l'honneur de la reine Victoria, me rappelant que, dans l'Arctique, chaque site portait deux noms : l'un anglais, vestige de l'époque coloniale, plaqué par-dessus l'autre, celui que lui avaient donné les nations originelles.

Cette nuit-là, près du feu, l'enfant au tambour a entonné un chant :

Je me souviens du temps
Où nous restions debout toute la nuit à chanter
Aiéé haï awé… Aiéé haï awa…

Au matin, j'ai entendu gronder au-delà de la rivière le bourdonnement des machines qui font tourner la ville tandis qu'ici, dans l'île, retentissaient le choc d'une hache sur le bois, le cancan des oies sauvages, un portail qui couinait, la neige qui crissait sous nos pas, suivis des tambours et des chants qui se sont élevés du tipi de la chef, dont s'occupaient les guérisseuses. Les anciens commençaient à se réunir et je les ai entendus s'interroger :

— Que faisons-nous pour nourrir la prochaine génération d'aînés, les gens qui ont quarante ou cinquante ans aujourd'hui ?

J'avais entendu chuchoter que le nouveau mouvement de protection de la terre était mené par des femmes. Le rassemblement grossissait ; j'ai appris qu'on attendait le débarquement des médias d'information cet après-midi, accompagnés de membres du Parlement, et que la chef avait un message à communiquer au monde entier. J'avais toujours mon petit cadeau à son intention, que je voulais remettre à quelqu'un avant l'arrivée des foules. J'ai donc demandé à un grand homme amical coiffé d'un chapeau de fourrure, planté à l'extérieur de son tipi, si je pouvais le laisser quelque part.

— C'est du thé du Labrador que j'ai cueilli à Terre-Neuve.

J'y avais joint une carte décorée d'une photo où on voyait un bœuf musqué, tout petit au milieu d'une vaste étendue de neige. Je le trouvais bien solitaire après avoir observé la façon dont les *umingmak* de Mittimatalik se blottissaient les uns contre les autres pour former une montagne de chaleur. Solitude que la chef devait ressentir elle-même en dépit de la foule qui se rassemblait. Personne d'autre ne s'était encore joint à son jeûne. Le visage de l'homme s'est éclairé.

— Merci. Je vais le lui donner.

Il s'est chargé du sac de feuilles au parfum âcre comme si c'était de l'encens ou de la myrrhe. Moi qui me sentais mal à l'aise d'offrir quelque chose d'aussi dérisoire, il m'a donné l'impression que je lui faisais don d'une partie de moi-même, de mon temps, de la terre. C'était vrai. Ce thé, j'avais passé tout un après-midi à le récolter en plein soleil sur une hauteur de la côte ouest de Terre-Neuve, tout en me remémorant d'autres cueillettes en compagnie de mon vieux copain Art Andrews sur la lande de la baie Witless. Ma récolte répandait un parfum médicinal, débordant du soleil des Maritimes et bourré de mes souvenirs : je l'avais cueilli pour moi, mais à la dernière minute, juste avant de quitter Montréal, j'avais eu l'idée d'en offrir à la chef, qui buvait des tisanes pendant son jeûne. Si je n'avais pas été assez avisée pour apporter du tabac, me disais-je maintenant, au moins cet homme bienveillant avait-il accepté ce dont j'avais pensé à me munir.

Parmi les journalistes qui commençaient à se rassembler, j'en ai remarqué un qui ne portait pas d'appareil photo. Coiffé d'un chapeau de feutre, griffonnant sur un bloc-sténo semblable à ceux que j'avais appris à utiliser à l'école de journalisme, il devait peser à peine plus de cent livres. Les flocons de neige pris dans sa barbiche avaient fondu avant de se recristalliser. Il s'est mis à interroger l'homme qui avait pris mon thé du Labrador d'une voix dont les inflexions lui donnaient l'air hystérique. J'ai remarqué que le cerbère était beaucoup plus patient que moi quand on m'adresse la parole d'un ton agressif.

— Qui êtes-vous, en fait ? voulait savoir le journaliste. Un gardien du feu ?

— Non.

— Pas un gardien du feu ? Mais quoi, alors ?

— Un gardien de la paix.

— La paix entre qui et qui ?

— Entre tout le monde.

J'ai bien songé à m'éloigner, mais j'étais intriguée par le contraste entre la véhémence de l'interrogateur et le calme de son interlocuteur. En mon for intérieur, je condamnais ce journaliste, m'estimant plus douce que lui, ce qui est très loin de la vérité, et je n'arrivais pas à m'en arracher, d'autant plus qu'il venait de poser une question qui me tarabustait.

— Comment s'appelait cette île, dans le temps ?

— Ici, c'est l'île Victoria.

— Mais son nom autochtone, c'est quoi ? Vous l'appelez comment ?

— On l'appelle l'île Victoria.

L'homme à la barbichette s'est lancé dans une harangue voulant que ce ne pouvait être son nom véritable. N'étions-nous pas en territoire algonquin non cédé ? « Victoria », n'était-ce pas un nom anglais ? Ce gardien de la paix n'était-il pas assez futé pour comprendre qu'il était impossible que son peuple ait nommé cette île Victoria depuis le commencement ?

— On l'appelait, lui fut-il répondu d'une voix calme, l'île à la Pipe.

Soit Barbichette ne l'a pas entendu, soit que le feu nourri de ses questions le propulsait déjà vers un nouveau sujet. Incapable de me taire plus longtemps, je me suis adressée au gardien de mon offrande :

— Excusez-moi, l'île à la Pipe... pourriez-vous m'en dire un peu plus ?

— C'est à cause des rapides, m'a-t-il expliqué : l'eau se rétrécit et sa force soulève une vapeur qui ressemble à la fumée d'une pipe.

— Mais c'est une terre sacrée, non ? s'acharnait le barbichu.

Je ne savais pas trop ce qu'il voulait. Il n'avait pas l'air d'avoir écrit quoi que ce soit au sujet de l'île à la Pipe. Il ne faisait que reposer en boucle ses questions sur la terre sacrée.

— Il est bien sacré, cet endroit ? C'est pour ça que vous l'avez choisi pour faire la grève de la faim ?

Il demandait sans arrêt si la terre était sacrée, et j'ai eu encore une fois l'impression qu'il n'entendait pas la réponse prononcée d'une voix si basse, d'une voix si douce, ce qui ne l'a pas empêchée de me rentrer dans le corps avec une force indubitable. Le gardien de la paix a soufflé :

— Toute la terre est sacrée.

Toute la terre est sacrée. C'est la vérité, le lieu que nous appelons le passage du Nord-Ouest me l'avait appris, et pendant tout le printemps et tout l'été qui ont suivi, j'ai remarqué que mon voyage m'avait mise à l'écoute des choses de la nature, même les moins importantes : la pousse de verge d'or qui croissait dans la fissure entre la clinique du Carrefour dentaire et le trottoir de la rue Bélanger ; les écureuils du parc italien, boulevard Saint-Laurent ; rue Mozart, un arbre envahi d'oiseaux minuscules dans une flaque de soleil. Je n'en avais jamais assez, si bien que j'ai acheté une tente et que je suis partie dans la nature.

J'avais rencontré une femme-médecine qui m'avait montré comment trouver un endroit où vivre et jeûner plusieurs jours en consultant le vent, les animaux, les arbres, les pierres et les points cardinaux. Même après mon séjour dans le Nord, j'ai été étonnée de la quantité d'enseignements que prodigue la terre, pourvu qu'on se donne à elle sans distraction, pourvu qu'on tende l'oreille. J'avais entamé la lecture du livre d'Evelyn Eaton *I Send a Voice*, et j'étais marquée par l'importance de garder pour soi tout ce que peuvent communiquer la terre et les animaux à quelqu'un qui écoute vraiment, de crainte que

314

les gens se moquent ou ne comprennent pas, sur laquelle elle insiste tant.

Poète, romancière et conférencière née en Suisse, la Canadienne Evelyn Eaton a consacré les dernières années de sa vie à pratiquer la spiritualité associée à ses racines d'autochtone des Maritimes. Elle écrit : « Les augures, les indices qui nous parviennent, les Présences qui se font sentir, les réactions du monde naturel, les animaux qui viennent solliciter notre bénédiction… les fleurs qui s'ouvrent encore plus grand, les herbes qui se penchent vers nous, l'eau d'un ruisseau qui change de rythme ou de sonorité, on ne peut pas discuter de ces choses-là sans qu'elles perdent un peu de leur pouvoir, qu'on les prenne pour de simples coïncidences ou qu'on s'en moque. Mais on peut les découvrir, les ressentir et les comprendre pour peu que l'on consente à s'asseoir avec engagement et intégrité… »

J'ai porté ma tente dans les bois jusqu'à une clairière entourée de pins. J'allais y passer des jours et des nuits seule, sans rien à manger, rien à lire, sans autre compagnie que celle de la terre. La nuit, des chevreuils s'approchaient : j'entendais les exclamations de leur souffle chuintant lorsqu'ils passaient près de ma tente. Prêtant attention pour la première fois de ma vie aux quatre points cardinaux, j'ai souhaité bon voyage à des oies qui s'envolaient vers le sud et dont la calligraphie aérodynamique se réverbérait dans les motifs en *v* des branches de pin. Il ne va rien se passer, me disais-je au début. Mais je m'étais promis d'attendre.

Je me taisais depuis des heures quand le plus vieux pin m'a offert une bribe de son savoir silencieux. C'est ainsi que j'ai fait l'expérience d'une connexion qui s'était révélée à moi pour la première fois dans l'Arctique et qu'Evelyn Eaton appelle les réactions du monde naturel – subtiles mais indubitables –, audibles seulement à condition d'accepter de demeurer avec la terre plutôt que d'insister pour ne faire que passer dessus.

Evelyn Eaton a raison de dire qu'il faut que ces messages du monde naturel, pour un temps du moins, restent secrets. Pour la première fois de ma vie, j'ai entrepris d'interroger, plutôt que des maîtres humains, une corneille, un caillou blanc, une biche dans la nuit. Il m'est impossible d'articuler ici ce que la terre m'a enseigné au cours de cette première consultation amorcée après mon retour du Nord : formulé en majeure partie à ma seule intention, il n'incombe qu'à moi d'en prendre acte. Ce n'est encore que le murmure d'une nouvelle odyssée qui ne fait que commencer.

Remerciements

Merci à Bernadette Dean, à Aaju Peter, à Sheena Fraser McGoogan, à Nathan Rogers, à Élisabeth Richard-Moscovitz et à tous mes charmants compagnons de voyage. Merci aux accompagnateurs de l'expédition, particulièrement à Marc St-Onge pour sa patience et sa science des minéraux. Merci à Matthew Swan et à Adventure Canada pour leur généreuse hospitalité, et à Noah Richler pour son invitation à monter à bord. Merci à Rebecca Burgum, pour sa bonté et sa gentillesse. Merci à Laila Williamson, de l'American Museum of Natural History, pour m'avoir permis de voir les vêtements de Shoofly. Je tiens à remercier toute l'équipe de House of Anansi, tout particulièrement Sarah MacLachlan, Janie Yoon, mon éditrice dévouée, et Alysia Shewchuk, qui a conçu la couverture. Merci à Melanie Little, pour la révision attentive. Merci à mon agent, Shaun Bradley, pour l'instinct infaillible, le soutien et le discernement. Merci à Lois Carson, pour sa lecture et ses commentaires. Merci à Christine Pountney, pour ses prêches. Merci à ma famille, à mes amis et à la

terre, sans qui je souffrirais d'une grande solitude. Et merci
à toi, lecteur.

Les paroles de *The Turning* de Nathan Rogers, © 2011
Dry Bones Music (Winnipeg), sont reproduites avec la
généreuse permission de l'artiste.

J'ai une dette particulière envers Élisabeth Richard-
Moscovitz, qui a partagé avec moi ses souvenirs de notre
voyage, me permettant ainsi de me rappeler des détails que
j'aurais sinon oubliés.

Sources

Page 15 : *Quelques poèmes de William Wordsworth*, traduction d'Émile Legouis, Paris, Société d'édition Les Belles Lettres, 1928.

Page 19 : Edward Lear, *Les Mélis-Mélos*, traduction d'Henri Parisot, Paris, Père Castor / Flammarion, 1968.

Page 33 : *Ibid.*

Page 100 : *Ibid.*

Page 150 : Emily Carr, *Petite*, traduction de Michelle Tisseyre, Montréal, Éditions Pierre Tisseyre, 1984.

Page 282 : Robert McGhee, *Une histoire du monde arctique. Le dernier territoire imaginaire*, traduction de Jean Chapdelaine Gagnon, Montréal, Fides, 2007.

Table des matières

CRÉDITS ET REMERCIEMENTS

La traduction de cet ouvrage a été rendue possible
grâce à une aide financière du Conseil des arts du Canada.

Nous reconnaissons l'aide financière du gouvernement du Canada
par l'entremise du Programme national de traduction pour l'édition
du livre, une initiative de la *Feuille de route pour les langues officielles
du Canada 2013-2018 : éducation, immigration, communautés,*
pour nos activités de traduction.

Nous remercions le Conseil des arts du Canada pour son soutien financier
et reconnaissons l'aide financière du gouvernement du Canada
par l'entremise du Fonds du livre du Canada (FLC) pour nos activités
d'édition.
Canadä

Les Éditions du Boréal sont inscrites au Programme d'aide aux entreprises
du livre et de l'édition spécialisée de la SODEC et bénéficient du Programme
de crédit d'impôt pour l'édition de livres du gouvernement du Québec.
Québec

Couverture : Cee Pootoogook, *Nanuit Puijurtut* (Ours nageant), gravure sur
pierre et pochoir. Avec l'aimable autorisation de Dorset Fine arts.

EXTRAIT DU CATALOGUE

Ce livre a été imprimé sur du papier 100 %
postconsommation, traité sans chlore, certifié ÉcoLogo
et fabriqué dans une usine fonctionnant au biogaz.

MISE EN PAGES ET TYPOGRAPHIE :
LES ÉDITIONS DU BORÉAL

ACHEVÉ D'IMPRIMER EN SEPTEMBRE 2015
SUR LES PRESSES DE L'IMPRIMERIE GAUVIN
À GATINEAU (QUÉBEC).